首都师范大学文学院
首都师范大学中国女性文化研究中心
主 办

2020
总第22辑 / 1

中国
女性
文化

CHINESE
WOMEN'S CULTURAL
STUDIES

艾尤 主编

社会科学文献出版社
SOCIAL SCIENCES ACADEMIC PRESS (CHINA)

编委会

学术委员会（按姓氏笔画排列）

马自力　王兆胜　王艳芳　王德胜　毛　尖
艾　尤　白　烨　乐黛云　乔以钢　刘　勇
刘　俊　刘登翰　刘慧英　杨联芬　李　玲
吴思敬　沈庆利　宋素红　张　健　张志忠
张桃洲　张清华　陈晓明　赵稀方　洪　波
夏晓虹　郭媛媛　陶东风　曹惠民　董丽敏
樊洛平　戴锦华

主　编 艾　尤

编辑部（按姓氏笔画排列）

卢燕娟　何　旻　宋素红　陈子丰　林　品
郑丽芬　徐　震　郭　嘉　崔洁莹

改刊说明

在女性/性别研究臻于成熟的21世纪,女性或性别问题在社会现实与符号世界中所处的地位日益显著。正如张京媛在《当代女性主义文学批评》前言中所写,"女性主义批评在文化话语中的渗透改变了而且正在改变人们从前习以为常的思维方式,使传统的性别角色定型观念受到前所未有的冲击"①,无论现实生活还是学术研究,已无场域可以免受性别思维的影响。

长久以来,在菲勒斯(phallus)中心文化里,女性作为一种不可见的、遭潜抑的身份,总是处于缄默、缺席或被界定、被符号化的状态,成为空洞的能指。迄今所积累的女性研究成果,对既往的女性成见、偏见藩篱已从多方突破,激发女性意识的觉醒,从而引发对于性别本质主义的反思与反叛,扭转了先前固定不变之性别秩序与意义所代表的必然性。可见,女性主义是研究性别与权力的学说,是一种性别平权主义,它以性别问题为关注点,以女性在现实生活与文化处境中的独特经验,去反观男权中心文化,让我们看到文化与文本中不能再忽视的性别问题,故以此为底色的女性研究也是性别研究的一种。尽管女性研究与性别研究二者在学理上有区别,前者属于本体论范畴,彰显独特的"她"立场;后者属于方法论范畴,主要用于历史与文化解构,但是,在实际的研究中,女性研究与性别研究却是你中有我、我中有你,彼此难以分割。这二者的胶着状态,也使女性文学与性别文化研究成为难以切分的熔体,同时,也彰显在这一研究领域,文学与文化是极为重要的两个维度。

中国女性文化涵盖女性文学与文化研究,也就是关注文学与文化领域

---

① 张京媛主编《当代女性主义文学批评》,"前言",北京大学出版社,1992,第1页。

内一切和女性/性别相关的议题，尤其是对与女性相关的理论批评与探索、文学专题研究、文化专题研究。需要指出的是，女性文学与文化研究从一开始就是被放置在与传统的性别等级、性别认知和性别意识进行对话、挑战的语境下。具体来说，即便不同学派的研究者的思考路径与问题意识会有所不同，但他们都有几个共识：其一，女性文学与文化研究挑战父权制，即女性在家庭及社会的政治、经济、艺术等领域的从属地位；其二，女性文学与文化研究挑战受到父权制偏见影响而形成的性别观念；其三，女性文学与文化研究挑战受父权制影响的文学作品的标准选择、等级划分和批评的范式。因此，女性文学与文化研究注重对文学与文化领域相关女性问题进行重新审视，以期公允地对待女性及其关注的问题和价值观。与此同时，女性问题也不能脱离男性问题而存在，文学与文化中的男性传统以及理论与批评中的男权主义话语等，都是女性文学与文化研究观照的对象。

无论在西方还是东方，女性文学与文化研究的浪潮都是在20世纪60年代之后才逐渐兴起的，但其发展势头非常迅猛。就西方而言，专门的女性主义研究期刊和出版物大量涌现，高等院校也普遍开设了女性研究的项目与课程。而自20世纪80年代女性主义批评传入中国后，五四以来重视女性写作的传统又获得了新的发展机遇与空间，随之女性文学与文化研究也经历了理论译介、本土化和理论创建的过程。女性与性别视角在文学与文化研究中越来越不容忽视。与此同时，在借鉴、审视、批判西方范式的基础上，中国女性文学与文化研究还存在大量的议题有待审视与挖掘，它在中国历史与社会语境下的独特发展轨迹与趋势也是值得期许的。尽管女性文学与文化的内在勾连紧密，不可分割，但是目前学界尚缺乏聚焦这二者的学术刊物。因此，将女性文学与文化研究进行整合极有必要，也是当务之急。

本刊最初就是在中国文学与文化界关注女性写作的热潮中创办并发展起来的，自2000年创刊至今，已有20年之久。20年间，刊物不断开拓，对女性文化做了广博呈现，为刊物今天的发展奠定了基础。在此，衷心感谢王红旗、荒林、李琳等前辈筚路蓝缕的开创、扶持之功。现今，为适应新的时代风气，紧随学术的发展，我们新编辑团队于2020年对刊物进行改版，将刊物定位为以女性文学与文化研究为核心的综合性学术刊物，力图为海内外女性文学与文化研究搭建交流、砥砺的平台。为了进一步突出刊物风格，精准刊物定位，凸显本刊的学术性与研究性，刊物的栏目设置、正文版式等都进行了调整。

改刊后，刊物主要设"理论探索与批评""文学专题研究""文化专题研究"三个常规栏目，涵盖女性文学与文化研究范畴内的各个领域，包括性别理论与批评、中外女性（主义）文学研究，以及性别研究视阈下的文化研究和媒介传播研究等，力图展示华语学界在相关领域的前沿且颇具深度的学术研究成果，旨是挖掘、关注和探讨女性文学与文化研究的各种学术问题，所有文章皆按学术论文标准刊发。另外，其他栏目每期灵活机动地刊发书评、译介、对话、访谈、创作谈、人物评传等相关文章。总之，刊物的栏目设置和文章遴选，既立足于中国本土语境，也力求体现跨文化视野，挖掘和探讨女性文学与文化研究的重要问题，从而呼应"以文学文化会友，以思想学术立身"的办刊宗旨。具体来说，刊物的栏目定位与主题内容如下。

第一，"理论探索与批评"栏目，以性别理论探索与女性主义文学批评为主题，旨在多角度展示华语学界在性别理论与女性主义文学批评领域产生的最新学术成果，以宽广的学术视野、深切的人文关怀、鲜活的学术思考，呈现女性主义批评的文化视域，解析性别理论领域的关键问题，把握相关研究的前沿趋向，推动中国女性文学与文化研究向纵深发展。该栏目将聚焦和深耕五大方向的学术问题，邀请相关领域卓有建树的研究者和有志于性别研究的青年学人于此发表有洞见、有深度、有新意的学术文章：

（1）西方学界女性主义文学批评的译介与审视；
（2）华语学界女性主义文学批评的评述与自省；
（3）女性主义理论、性别理论既有成果的梳理与钩沉；
（4）性别研究领域重要理论问题的前沿探索与创见；
（5）性别研究问题意识下的经典理论重释与关键概念重构。

需要注意的是，女性主义批评不仅以文学文本与女性写作实践为研究对象，而且重新审视文明史当中的文化实践，深入探究文学和批评的社会与文化语境，并且向人文与社会科学领域中的传统观念提出新的挑战；建立在女性主义批评基础之上的性别理论，也不仅意味着对既存社会文化的性别建构方法、性别话语表述、性别权力机制进行分析，而且意味着对经典理论话语中的认知范式、话语主体、菲勒斯中心主义进行反思、批判与解构。因此，该栏目的约稿方向不仅包括那些围绕文学批评文本和女性主义理论文献展开研讨的论文，而且包括那些在性别研究问题意识下对美学史、哲学史、思想史的经典著作、重要流派、重大思潮以及关键范畴、著名命题、基本范式展开重新思考与批判性对话的论文。

第二，"文学专题研究"栏目，以文学中的性别问题为主，包括女性文学研究、文学文本中的性别研究，以及作家性别意识和作品中的性别问题研究等，力图在文学与性别文化之间建立交叉互文的研究桥梁。该栏目尤其关注具有历史感、能从历史脉络与文学史脉络的宏观视野下提出问题、探索问题的研究成果。该栏目关注的历史视野和问题意识，不仅仅指向既定历史问题和在历史纵深视野下观察到的丰富鲜活的当下问题，而且指向那些不断出现的有待研究者思考和回应，使之接续或改写历史的当下问题。简言之，该栏目既涵盖对过去的凝视和反思，又涵盖对新历史的生产和创造，力求通过这种纵横交织的研究视域，在一个较为广阔、深远的历史、现实文化语境中，对文学中的女性/性别问题做全面且深入的呈现，使性别视域下的文学研究成为有效知识的生产和创造。该栏目聚焦的议题主要包括以下方面：

（1）华语文学（中国及海外华文文学）的女性与性别问题研究；
（2）世界文学中的女性与性别问题研究；
（3）女性/性别研究视域下的文学史梳理与钩沉；
（4）性别理论视域下的作家身份与意识研究；
（5）性别研究视域下对文学经典的重读。

第三，"文化专题研究"栏目，以女性/性别研究问题意识下的文化现象与文化载体为中心，聚焦全球范围内文化及其传播中的历史与现实、理论与实践、载体与内容、生产与消费、传播与效果等议题，旨在以鲜明的性别视角、扎实的理论基础、深邃的历史意识，以及敏锐的现实观察力，深挖其中有关女性文化、女性主义传播、性别观念发展等相关问题。同时，该栏目既注重选题的前沿性研究成果，又征求有突破、有创新的基础性研究论文，该栏目关注的主要议题有：

（1）古今中外各种与女性、性别相关的文化及传播现象的研究；
（2）各种媒介或载体上的两性形象呈现与性别话语表述的研究；
（3）文化与媒介研究中的性别观念变革、女性主义历史钩沉与理论建树；

（4）性别视域下的文化产业生态、大众文化案例、青年亚文化动态的研究。

第四，综合栏目设置的宗旨是，在突出女性文学与文化研究特色的前提下，补充常设专栏在话题覆盖力所不逮之处，从而多角度、全方位地呈现研究议题的广泛性和深入性，与本刊的常设栏目交相辉映。该栏目具有一定的机动性和灵活性，以保持对本领域研究发展动态的及时跟进。

本集刊选用稿件的基本原则如下。

（1）求新，关注学术界、创作界的新人新作，关注新的社会文化现象，关注新视角下典型话题的新研究。

（2）开放，因为"求新"，故难免有不够成熟之处，有值得商榷之处，本刊力求提出一些新的研究议题与观点，以期能够引发读者、学界对于相关领域不同观点的学术争鸣。

（3）多元，除学术论文之外，举凡海内外与女性/性别文化有关的书评、译介、访谈、创作谈、人物评传也都可以纳入本刊；来稿不厚古也不崇今，力求兼具思想性与可读性。

以上表明本刊对文学与文化领域内女性/性别议题的广泛关注，以及"以文学文化会友，以思想学术立身"的办刊宗旨。一言以蔽之，本刊期待广大对女性文学与文化有思考、有研究的学者、朋友在此交流、辩驳、争论、碰撞，更期待得到学界的广泛关注、正面建议和坦率批评。本刊期待智慧思想能在这里火光闪现，学术能在这里沉潜载物。本刊全体编辑将秉持对学术的敬畏之心、对社会责任的担当，以此刊物为基点，为推进中国女性文学与文化研究的发展，为促进中国社会的性别和谐圆融，略尽绵薄之力。

主编的话

本辑作为改刊后的第一辑，所刊登的学术论文主要探讨了三大主题，突显对女性文学与文化问题全面且多层次的关注。具体说来，这三大主题分别为中西方具体历史文化语境下的性别理论与批评研究，对华语文学范畴内的作家作品尤其是女性书写的研究，以及针对文化现象的研究。

首先，本期的"特稿"推出了乔以钢的《语境与文学的性别研究》一文。这篇论文以"语境"作为关键词，围绕20世纪80年代以来，中国文学研究界的诸多性别理论译介者与女性主义文学批评家，就"语境"问题展开的思考及实践，进行了细致的考察和深入的探讨；文章视野宽广、材料翔实、逻辑清晰、论述深刻。作者的研究工作，对于我们思考中国特定的社会文化语境与中国文学界性别研究之间的关系，尝试建设一种既能参与国际文化对话又具有本民族文化特征的性别理论，无疑会产生良好的助益。

承接乔以钢论文的思路，本辑"理论探索与批评"栏目刊登的两篇论文都以西方经典的思想家为研究对象，并都将其放置在特殊的历史文化语境中进行重新审视。林品考察了弗洛伊德"俄狄浦斯情结"论作为父权文化隐喻被接受的前因后昊，并揭示这一理论内部隐含的性解放话语与反父权话语，以及在第一波女性主义浪潮的历史背景下，弗洛伊德的学说与女性主义话语的耦合。通过对以上问题细致、深入的分析，林品重估了弗洛伊德的性别理论与父权文化的关系，从而为思考"弗洛伊德是否为男权主义者"这个问题提供了新的路径。何磊的论文深入、细致地梳理了巴特勒研究在国内外学界的基本情况，文中以"9·11"事件后巴特勒思想的"伦理转向"为节点划分其理论体系，展现巴特勒由性别议题转向更广泛的政治伦理议题、由颠覆霸权到反思政治基础的思想转变过程。难能可贵的是，在承认巴特勒在当代英语学界举足轻重之地位的同时，何磊也介绍了国外学界对巴特勒思想的批判，从而可以更深入、更客观地审视巴特勒理论的思维框架。除此之外，以英语学界为参照，何磊还通过梳理中国巴特勒的接受与研究状况，指出当下巴特勒研究存在的不足，以及可供未来发展的空间与方向。这两篇论文均体现了该栏目的宗旨，即观照华语学界和西方学界的女性（主义）文学批评与性别理论研究，并力图挑战既有观念，提出有新意、有深度的创见。

本辑的"文学专题研究"栏目以沈庆利对两个核心概念的反思开篇。沈庆利的现当代文学研究视域宽广深远，他从鲁迅先生谈起，指出"自由"与"平等"是现代中国思想中极其重要的两个核心概念，对它们的理解及误读，在整个现代中国思想史和现代历史实践中都产生了深远的影响，其中对女性问题尤甚。由于中国社会的文化传统，对西方女权主义在中国的"适用性"及如何与文化传统"对接"等问题，学界应该给予重视。这样具有理论思辨色彩的反思，正是当下女性/性别研究所急需的。该栏目刊登的其余五篇论文均聚焦华语作家作品尤其是女性书写研究。其中，海外华裔汉学家梁丽芳对宗璞、戴厚英、徐小斌三代女作家的研究颇具历史感；段崇轩对王安忆小说理论及创作的探讨独具特色；而钱虹、胡璇则以"温情"为关键词解读迟子建作为女性作家的创作特质，很是精到。中国大陆之外，女性作家同样活跃在港澳台与海外华文文坛上，她们的表达亦越来越引起研究界的关注，本期栏目即选取了两位学者的研究成果。近年来，关于欧华文学的研究，尤其是欧华文学版图中女性书写现象，逐渐受到学界的重视，樊洛平、刘红英的两文均以此为研究对象。樊洛平从总体的世代推移与叙事类型着眼，讨论特殊时空处境中的女性创作，既对欧华女性小说的历史发展脉络进行了爬梳，又对其书写路向和样貌进行了整体观照。刘红英则以列维纳斯"他者"论为把手，在哲理意义上分析移民女作家林湄对分裂的自我身份的认知与超越，指出林湄的小说创作以其哲学思考在新移民作家中独树一帜。这两篇文章，分别从宏观和微观两个层面，呈现欧华女性文学的独特性，对大家了解欧华女性文学具有见微知著之效力。总之，本专题选取的论文都提出了见仁见智的议题，它们也是当下女性文学研究的热点和难点，期望这些论文能激起更多回应乃至争论。

"文化专题研究"栏目共刊登了五篇论文，涵盖了流行文化、媒介、传播等研究领域，主要对女性形象、流行文化等议题进行了多维度的探讨。幸洁的《东方女性形象的表演性研究——从迪士尼公主团说起》一文，从对迪士尼公主团的分析入手，探讨了在数字媒体语境下，中国当代女性的身份建构和文化表演。何苑与王晗啸的论文从文化维度理论和进化心理学的视角，对"阴柔文化"流行问题进行了全面的研究，指出这种流行文化的产生，不能简单地归结为网络媒介发展和女权主义崛起，而应当考虑到新技术条件下的现实社会结构变化，以及由此牵动的文化价值观念的转变。王雨童关于"偶像文化"研究的论文，借用德勒兹的"情动"概念，深入分析了中国深受互联网媒介塑造的娱乐偶像文化，提出了女性粉丝的自我建构实质是阶层文化分层的观点。卢佳华与郭嘉的论文从性别差异、公共生活、经济权利和社会规训四个角度，为未来广告中女性形象的平等呈现寻找合理化路径，其论述颇具启发性。董雅蒙的论文以《醒俗画报》中的女性为研究对象，剖析了清末民初社会的家庭暴力问题，从侧面反映了当时报人的价值判断和是非取向，具有一定的史料价值。对"偶像文化"和"阴柔文化"进行探讨的两篇文章，体现了该栏目对当下热点文化现象的关注；其余论文分别借助影视、广告、画报等媒介来讨论女性身份、形象的构建，在文化现象与媒介传播二者的关注和研究上，都既有侧重又有交叉，是该栏目宗旨的最好呈现。

小说、诗歌创作以及翻译都是人类最有创造力的文化活动，相比于有一定之规、戴着镣铐跳舞的学术论文，它们对人类的心灵世界是一种更直接、更活泼的反映。不过，学术刊物一般鲜少给创作者的发声留出空间。本期的综合栏目以"书评与访谈"为名，刊登了书评与访谈各一篇。其中，著名文学评论家白烨从多维度出发，对女作家汪一洋的长篇小说新作《国脉：谁寄锦书来》进行了评介，指出这是一部别具人情温润、人性温度、人文厚重的历史题材作品；马婧对意大利女汉学家、女权主义者朱西的访谈，主要介绍了朱西的中国现当代文学研究和翻译，以及她对女性、女权主义与文学之间关系的理解，让读者借由中西学者的访谈从不同的角度感受文学。

无论对理论的探索、对文学文本的解读、对文化现象的分析，还是对文学创作的讨论，上述栏目的文章都从各自的视角出发审视文本或实践，表达对于女性或性别问题的独特见解。它们共同体现了《中国女性文化》改刊后的宗旨，是本集刊的一次有益尝试。

目 录

栏目一 特稿

语境与文学的性别研究 …………………………………… 乔以钢 / 3

栏目二 理论探索与批评

弗洛伊德是男权主义者吗？
——重估弗洛伊德的性别理论与父权文化的关系 ………… 林 品 / 25
朱迪斯·巴特勒的接受与研究 …………………………… 何 磊 / 48

栏目三 文学专题研究

"自由"的误读和"平等"的偏失
——中国女权主义的一种反思 …………………… 沈庆利 / 73
活跃在大陆文坛的三代女作家：宗璞、戴厚英、徐小斌
——选自英文版《中国当代小说家：生平、作品与评价》… 梁丽芳 / 87
"新经典"的探索与构建
——评王安忆的小说理论及创作 ………………… 段崇轩 / 108
迟子建中短篇小说中的女性形象解读 ………… 钱 虹 胡 璇 / 124

欧华文学版图中的女性书写 …………………………… 樊洛平 / 139
他者伦理学视域下的存在镜像：林湄小说论 ………… 刘红英 / 157

栏目四　文化专题研究

东方女性形象的表演性研究
　　——从迪士尼公主团说起 ………………………… 幸　洁 / 171
"阴柔文化"流行的影响因素探析 …………… 何　苑　王晗啸 / 184
女性参与、情动理论与作为社会症候的偶像文化 ……… 王雨童 / 199
20 世纪 90 年代以来中国广告中女性形象呈现的性别
　　关系研究 ……………………………………… 卢佳华　郭　嘉 / 212
近代家庭暴力景观的文化言说
　　——以《醒俗画报》中的女性为研究对象 ………… 董雅蒙 / 223

栏目五　书评与访谈

有内力又有温度的历史书写
　　——读汪一洋的长篇新作《国脉：谁寄锦书来》 ……… 白　烨 / 243
中国当代文学特异性、意语译介及文体研究策略
　　——意大利女汉学家朱西学术访谈 ………… 朱　西　马　婧 / 247

约稿函 / 263

附录：栏目设置与投稿体例 / 265

Contents

Special Feature

A Gender Perspective on Context and Literature *Qiao Yigang* / 3

Theory and Criticism

Is Freud a Phallocrat? : A Revaluation of the Relationship between
   Freud's Gender Theory and Patriarchal Culture *Lin Pin* / 25
Reception and Research of Judith Butler's Critical Theory *He Lei* / 48

Literary Studies

Misunderstanding of Freedom and Bias of Equality: A Reflection on
   Chinese Feminism *Shen Qingli* / 73
Three Generations of Women Writers in China: Zong Pu, Dai Houying
   and Xu Xiaobin *Liang Lifang* / 87
Exploration and Construction of "New Classics Fictions": Comment
   on Wang Anyi's Novel Theory and Creation *Duan Chongxuan* / 108
On Female Images in Chi Zijian's Short Stories *Qian Hong, Hu Xuan* / 124
Female Writing in European-Chinese Literature *Fan Luoping* / 139

The Mirror Image of Existence from the Perspective of "Other" Ethics
on Lin Mei's Novels　　　　　　　　　　　　　　　Liu Hongying / 157

Cultural Studies

A Performativity Study of Oriental Female Images: Starting from
　　the Disney Princess Group　　　　　　　　　　　　Xing Jie / 171
Analysis of Factors Influencing the Prevalency of the "Feminized"
　　Youth Subculture　　　　　　　　　　He Yuan, Wang Hanxiao / 184
Female Participation, Affect Theory and Idol Culture as Social Symptom
　　　　　　　　　　　　　　　　　　　　　　　　　Wang Yutong / 199
Research on Gender Relations of Female Images in Advertisements in China
　　since 1990s　　　　　　　　　　　　　　　Lu Jiahua, Guo Jia / 212
The Cultural Theory of the Landscape of Domestic Violence in Modern Times
　　—Taking Women as a Research Center in the *Awakening Popular Pictorial*
　　　　　　　　　　　　　　　　　　　　　　　　　Dong Yameng / 223

Book Review and Interview

Historical Writing with Inner Strength and Humanistic Concern
　　—Reflections on Wang Yiyang's *Lastest Novel*, *Pulse of the Nation*:
　　Whose Letter did You Bring to Me　　　　　　　　　　Bai Ye / 243
The Particularity of Contemporary Chinese Literature, Its Italian Translation
　　and Strategies of Stylistics: Visiting Italian Sinologist Giuseppa Tambure
　　　　　　　　　　　　　　　　　　　Giuseppa Tamburello, Ma Jing / 247

Notice to Contributors / 263
Appendices / 265

栏目一

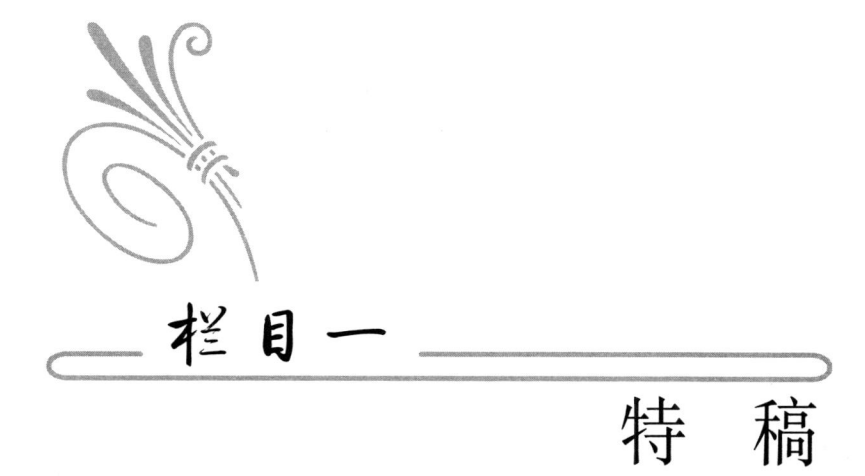

特 稿

语境与文学的性别研究

乔以钢[*]

摘要 20世纪80年代以来,在对国外性别理论译介和引入的实践中,语境成为探讨其有效性的重要视点之一。研究者结合本土实际,借鉴国外理论,利用文献资料,多层次地接近历史现场,对语境加以立体观照,就现代女性文学之发生,做出了复杂化、多元化的认知;与此同时,将语境视为不断生成的过程,具体考察"性别"在中国文学变迁的历史时空中的丰富内涵,深化对文学现象的分析,促进了性别理论的建设。

关键词 语境 文学 性别研究

Abstract Since the 1980s, in the practice of introducing and translating foreign gender theories, context has become one of the important viewpoints to explore these theories' effectiveness. Based on local realities, foreign theories and existing literature, the researchers this project take a three-dimensional view of the context at multiple levels and provide a complex and diversified understanding of the modern female literature in China. At the same time, by understanding context as a becoming process, the researchers examine the rich connotation and changing meaning of "gender" in the context of the history of Chinese literature. Their analysis deepen con-

---

[*] 乔以钢,南开大学文学院教授,研究方向为中国现当代文学、性别与现代中国文学文化。本文为国家社会科学基金重大项目"《中国女性文学大系》(先秦至今)及女性文学史研究"(批准号:17ZDA242)的阶段性成果。

temporary understanding of literary phenomena and further articulate concepts of gender theory.

Keywords　Context；Literature；Gender Study

人文社会科学研究在讨论各类问题时，离不开对语境的关注。所谓"语境"，既是讨论问题的立足点，也是需要不断认知和探寻的对象。20世纪80年代以来，中国性别议题的语境发生了很大的变迁。就文学领域而言，当我们将性别视角融入研究时，对语境的认知，关系到对将国外思想文化土壤中孕育的女性主义理论运用于本土文学文化现象的考察是否有效，是探讨当代中国性别理论建设不可回避的课题。本文围绕30多年来文学领域开展性别研究过程中有关语境问题的思考及实践进行考察和探讨。

一

20世纪二三十年代，英国人类学家马林诺夫斯基（B. Malinowski）先后提出了"情境语境"（context of situation）和"文化语境"（context of culture）的概念，初步构建了语境理论。情境语境指的是与言语交际活动直接相关的客观环境，文化语境指的是言语交际参与者所处的文化背景。[①]

传统意义上对语境的理解，大体包括上下文语境、特定情境下的语境和民族文化的传统语境等。其间包含了丰富的内容，不过指向的主要还是言语交际活动中的客观因素。随着语境研究向哲学的、认识论的层次深入，特别是伴随关联理论的发展，人们对语境的理解逐渐发生了重要变化。在新的意义上，它不再仅仅属于客观存在，而是同时还强调说话人和听话人之间的关联与互动。比如，有关认知语境的研究，由过去注重对交际场合的具体因素分析，转为注重对交际者的认知心理分析。人们意识到，语境因素只有通过接受者主观认知的过滤，才能对话语的生成和理解产生作用。这样，双方在交际中就构建起某种关联性。语境研究的思维演进，对我们思考如何构建符合中国社会文化和生活实际的性别理论，具有启发意义。

---

① 成利军：《语境理论发展述评》，《安阳师范学院学报》2017年第1期，第122~127页。

在国内，从学理意义上开展女性文学研究始自 20 世纪 80 年代。随着国外文学理论的大量引入，女性主义思潮在中国学界产生影响。与此同时，西方理论在本土的有效性引起学人的关注，语境就成为探讨这一问题的重要视点之一。

（一）译介主体对文化语境差异的自觉

据学界考证，"女性"和"女性主义"等现代汉语中的类似词语，有很多是 19 世纪以后在汉语、现代日语以及欧洲语言之间的互动中建构起来的。其间，译介活动构成重要的一环。例如，"女权"概念即经历了东西方交叉传播、翻译与再翻译的过程，是国人与外人（东洋人与西洋人）共同参与近代知识生产和传播的结果。① 20 世纪八九十年代，国内译介引进的女性主义理论主要来自欧美发达国家。这些国家近现代以来在经济和文化上的强势助推了理论的传播，也影响到中国学人对西方批评话语的接受心理。对于中国初兴的女性文学研究来说，在引进女性主义理论时如何认识本民族的历史文化，在此基础上做出选择和取舍，是一个需要面对的挑战。

当时承担这方面工作的，主要是部分从事外国文学及文艺理论研究的学者（如朱虹、王逢振、林树明等）。他们敏锐地意识到女性主义思潮的意义和价值，较早着手译介，力求拓展传统文学研究的格局。在早期有关国外文献的评述文章中，译介者程度不同地对本土的实际给予了观照。1981 年，中国社会科学院研究员朱虹撰文介绍了带有女性主义色彩的美国"妇女文学"②；1983 年，她编选的《美国女作家短篇小说选》由中国社会科学出版社出版。在该书"序言"中，朱虹评述美国 20 世纪 60 年代后期的女权运动，介绍其发生发展过程，推荐了弗吉尼亚·伍尔夫的《一间自己的房间》、西蒙·波娃的《第二性》、贝蒂·弗里丹的《女性的奥秘》、杰梅茵·格里尔的《女太监》等女性主义经典著作，以及凯特·米利特的《性政治》、桑德拉·吉尔伯特和苏珊·格巴的《阁楼上的疯女

---

① 详见陈雁《从矛盾的翻译到矛盾的立场：女权主义术语在近代中国的翻译与流转》，《复旦学报》2013 年第 1 期，第 105～114、158 页。
② 详见朱虹《美国当前的"妇女文学"——〈美国女作家作品选〉序》，《世界文学》1981 年第 4 期，第 275～294 页。

人》等女性主义批评文本。在对伴随西方女权运动勃兴而出现的女性学进行翻译时,朱虹将 Woman Studies 这个英文词组译为"妇女研究",对本土语境显然有所考虑。20 世纪 80 年代后期,女权主义的名作《第二性——女人》和《一间自己的屋子》先后翻译出版。① 同期,谭大立的《"理论风暴中的一个经验孤儿"——西方女权主义批评的产生和发展》、王逢振的《关于女权主义批评的思索》、黎慧的《谈西方女权主义文学批评》等论文,以及中国第一次以"女性主义"命名的论著《女性主义文学》、第一部西方女性主义文学批评文集《女权主义文学理论》也相继问世。②

可以看到,整个 20 世纪 80 年代,女权主义文学理论在中国的译介逐渐升温。据林树明 90 年代初所做的粗略统计,这一时期引进评介文章发表数量的大体情况是:1980 年至 1983 年,年均 5 篇;1986 年至 1987 年,每年 11 篇;1988 年增至 20 余篇;1989 年上升到 32 篇。③当时一些具有重要影响的学术刊物(如《文学评论》《外国文学评论》《上海文论》《文艺理论研究》)都加强了对女权主义文学理论的介绍。进入 90 年代,在迎接 1995 年联合国第四次世界妇女大会在北京召开的背景下,更多的相关理论批评译作的出版和发表,进一步营造了文学领域性别研究的学术氛围。

其间,张京媛主编的《当代女性主义文学批评》(1992)和李小江、朱虹、董秀玉主编的《性别与中国》(1994)产生了广泛的影响,二者均体现了一定的语境意识。前者是中国学者编选的第一部西方女性主义批评文选。主编在前言中对该书以"女性主义"作为 feminism 这一英语单词的汉译做出解释,说明之所以选择"女性主义"而非"女权主义"的译法,是因为"女性主义"既纳入了"女权主义"的抗争性,同时又吸收并强调"性别"的后结构主义的性别理论,"这个'性'字包含'权'

---

① 详见〔法〕西蒙·波娃《第二性——女人》,桑竹影、南珊译,湖南文艺出版社,1986;〔法〕伍尔夫《一间自己的屋子》,王还译,三联书店,1989。
② 详见谭大立《"理论风暴中的一个经验孤儿"——西方女权主义批评的产生和发展》,《南京大学学报》1986 年增刊;王逢振《关于女权主义批评的思索》,《外国文学动态》1986 年第 3 期;黎慧《谈西方女权主义文学批评》,《文学自由谈》1987 年第 6 期;孙绍先《女性主义文学》,辽宁大学出版社,1987;〔英〕玛丽·伊格尔顿编《女权主义文学理论》,胡敏、陈彩霞、林树明译,湖南文艺出版社,1989。
③ 详见林树明《新时期女性主义文学批评述评》,《上海文论》1992 年第 4 期。

字，或者说是被赋予了新的涵义"①。《性别与中国》遴选、翻译了哈佛大学费正清东亚研究中心于1992年召开的"用性别观念分析中国：妇女、文化与国家"国际学术研讨会的部分论文。这些论文的作者分别来自中国和美国。李小江在论文集的序言中，结合feminism的翻译，明确表达了中国妇女解放运动和西方女权运动，在本质上具有不尽相同的历史内涵的观点。她认为，虽然为了交流之便，确有必要使用一致的概念，"但更重要的是在使用同一概念之前，澄清它可能掩盖的性质迥异的历史内容"。这样做不仅是为了申述"我们的"历史的真实，还"是唯恐在今天重新迷失了我们自己"。在谈及中国的情况时，她采用"妇女解放运动"以区别于"女权运动"的表达。该序言指出，一方面，20世纪初西方女权主义进入中国后，在中国社会特定的历史条件下，从来就不是针对男人，而是针对封建社会——男人接过女权主义反对封建主义；另一方面，中国的妇女解放运动自发生之日起，无论在哪个政党的领导下，一刻也不能偏离民族革命的轨道。在民族主义的旗帜下，可以动用国家机器去动员妇女，也有可能通过国家政策去塑造妇女，将妇女问题直接纳入国家视野。"而这正是当代中国妇女解放运动的重要特点，已经构成了当代中国妇女生活的基调，需得我们由此出发——清理和剥离，从'家-国家'的传统中剥离出我们自己"。②

收入这部论文集的《中国当代小说中的病妇形象》（朱虹）一文，揭示了当代文坛一个耐人寻味的现象：中国女作家很少有人声称自己是女权主义者，相反，许多人不承认自己与这个名号有什么瓜葛。然而，她们因生存条件而造就的"女性独特的意识"，"不可避免地从妇女题材的作品中流露出来，而女性写女性则更为真实"。③ 另一篇出自女批评家李子云之手的《从女作家作品看中国妇女意识的觉醒》，于文末强调："中国女作家具有并不强调性别立场，以及关怀社会、关怀人类所共同面对的问题的传统，这一传统今天也仍在继续发展。……这一现象在研究中国女性文

---

① 张京媛主编《当代女性主义文学批评》，"前言"，北京大学出版社，1992，第4页。
② 李小江：《〈性别与中国〉序言》，载李小江、宋虹、董秀玉主编《性别与中国》，三联书店，1994，第5~7页。
③ 朱虹：《中国当代小说中的病妇形象》，载李小江、朱虹、董秀玉主编《性别与中国》，第289页。

学时不容忽视。"① 可以看到，改革开放之后较早走出国门进行学术交流的中国学者，在关注不同的历史文化环境对作家创作产生的影响上，特别是在作为创作主体的女性写作者心态上的微妙差异方面，是自觉而清醒的。经过翻译收入论文集的国外学者的有关中国女性创作的研究，包含了对不同时期的国家、政治以及文化语境与女性创作之间关系的思考。

从事文艺理论研究的学者，在这方面同样体现出高度的自觉。王岳川在其主编的《"20世纪西方文论研究丛书"总序》中强调，分析现代文艺理论需注意其哲学语境和诗学特征。"有必要弄清其思想文化'语境'"，即我们面对的是方法论问题还是本体论问题？这些问题怎么来的？属于哪个层面的问题？是新问题还是旧问题甚或旧题新出？是西方的问题还是人类的共同问题？是国家民族的本土问题还是全球性问题？他主张，"从对西方的译介和摹仿中走出来，以国内文论研究学者的眼光重新审理20世纪西方文论中最重要的理论现象，分析其优劣，发现其内在的文论精神，为创立中国当代或新世纪文论做一些基础性的工作"。② 这一宗旨在收入该丛书的《女权主义文论》（张岩冰）中得到体现。作者论及建立"我们自己的女权主义文论"时说，这样的理论"是一种女性的目光，即女性的'自己'"，"又是一种中国特色的理论，即民族的'自己'"。这种批评和体验来自对中国社会的认知，来自在中国这块土地上切身体验到的东西，而不是对西方女权主义教条主义式的生搬硬套，不是借他人的酒杯浇自己的块垒。③

翻译活动很自然地关联着译介者的知识结构和文化背景。当理论译介在具体文本上需要做出选择时，支撑这一选择的重要因素是译介者所感知的现实需要。一般认为，最富有代表性和创造性的女性主义文学批评是英美学派和法国学派的。尽管两者有融合的倾向，但从20世纪80年代初至1987年，中国学者的译介多只涉及女权主义批评的较早期理论成果，或较容易为当时的理论环境所接受的英美学派理论。④ 可以看到，就国外性别

---

① 李子云：《从女作家作品看中国妇女意识的觉醒》，载李小江、朱虹、董秀玉主编《性别与中国》，第510页。
② 王岳川：《"20世纪西方文论研究丛书"总序》，载张岩冰著《女权主义文论》，山东教育出版社，1998，第6页。
③ 张岩冰：《女权主义文论》，第217页。
④ 张岩冰：《女权主义文论》，第195页。

理论的翻译和介绍而言，尽管早期因资料来源渠道等方面条件的限制，不排除在对象的选择上具有一定的偶然性，但总的来说，译介者对文本的选择未曾陷于盲目和轻率，而是比较清醒地考虑到本土的文化语境，体现了较为鲜明的主体性。

（二） 注重本土历史和现实的语境认知

20世纪80年代以后，国内较早进入性别与文学关系研究的学者，大都深受马克思主义思想和历史唯物论的影响，具有注重本土实际的理论自觉。这一点体现在语境认知的多个方面。

首先，关于引进西方女权/女性主义的合理性。应当明确，女权观念的核心内涵并非西方所独有。在中国，晚明以降即有李贽、俞正燮、曹雪芹、李汝珍等一些男性思想家、文学家批判压抑和迫害女性的现实秩序，体现了人类同情弱者的良知和对社会公正的追求。鸦片战争以后，伴随民族危机的深化，传统文化自身的反思性进一步增强，康有为、梁启超、金天翮、秋瑾等先行者痛批礼教对妇女的迫害，力倡妇女人权，提出了关于男女平等的一系列主张，并以不同的方式推动实践。19世纪末20世纪初，先进知识分子接受和传播的西方女权观念与本土社会实践中生发的女权思想相互激荡，共同汇入了具有现代性质的启蒙大潮，在20世纪上半叶的中国社会进程中发挥了重要作用。

时至20世纪80年代，在新时期思想解放运动的背景下，女权思潮再度兴起。基于此时已经发生了极大变化的社会制度和思想文化现实，西方女权/女性主义在中国是否具有合理性和必要性？文学界开始探讨其哲理基础和现实依据。这一问题实际上关系到如何从整体上看待近代以来中国妇女在特定的社会结构中的境遇和命运。对此，有的观点侧重强调传统社会生活和性别文化对女性生存的制约，认为西方的女权思想是大工业后的产物，而在中国这个特定的社会环境中生存的人，普遍意义上所遇到和面临的人之尊严、权利、价值观等方面的焦虑与痛苦，远比女人的问题更为沉重与迫切："中国的人文环境和经济基础使得刚刚或还在摆脱封建传统的中国妇女目前还不可能提出'女权主义'的口号，或者说根本谈不上'女权'"。① 也有

---

① 张抗抗语，见张抗抗、刘慧英《关于"女性文学"的对话》，《文艺研究》1990年第5期。

人质疑谈"女权"是否有点奢侈，有点超前。① 另外，这一时期，"有的女作家对于'女性文学'的称谓，乃至女作家的桂冠表示了一种不屑之态，更使女性主义批评处于尴尬之境"。②

对此，一些学者结合中国社会的历史和现实提出见解。朱虹从历史唯物主义立场出发，指出，包括女权主义作品在内的"妇女文学"成为一个独立的范畴，具有现实意义，它"当然是以性别在文艺创作中的影响和作用，根据'存在决定意识'的原则，又是以男性和女性社会存在的不平等，以男性为中心的文化为前提的"。③ 陆星儿强调，在长期以来"男女都一样"的性别文化主导下，女性地位尚未得到实质上的改变，尽管"看起来，中国妇女已经大大的解放了，尤其是城市妇女……但是，参加工作，获得收入，并不意味着'独立'与'解放'，还有观念的、生理的、习惯的等种种方面，仍无形地网罗着妇女，使她们难以调整自己在生活中的位置。她们更辛苦、更操劳，而作为女人的处境，并没有得到什么改善"。④

林树明的《评当代我国的女权主义文学批评》论及当代文坛女权新潮产生的历史必然性及合理性，正面回应了我国是否存在女权批评及其所呈现的基本特征等问题。作者认为，女权主义文学思潮在国内兴起已是明显的事实，它具有一定的政治背景、社会背景、文艺思潮背景以及接受心理等方面的因素。文章从三个方面做出阐述，比较集中地反映了对特定时段女性文学批评所处历史语境的认知。

（1）改革浪潮促进了妇女的思想解放，激扬了她们的参与意识，同时改革带来的新问题，诸如女性求职难、求偶难、女童工及性解放等问题，促使妇女对历史、现实和自身进行深刻反思；（2）新时期以来的文学作品中蕴含的大量的、具有鲜明群体特色的女权意识，丰富和加深了对女性生活本质的认识，加速了对父权制传统的轰击，内在地呼唤一种新的文学批评的诞生；（3）新批评的急遽衰落，结构主义

---

① 汪宗元语，见乐黛云、张京媛、孟悦等《女权主义与文学批评》，《文学自由谈》1989年第6期，第19页。
② 详见盛英《女性主义批评之我见》，《文论报》1988年6月5日。
③ 详见朱虹《妇女文学——广阔的天地》，《外国文学评论》1988年第1期，第55~58页。
④ 详见陆星儿《女人与危机》，《上海文论》1989年第2期。

批评向解构批评的转化,国外女权主义文学批评思潮的涌进,使我国女性文学批评中的敏感分子认清了各种"中性"批评方法的大男子主义倾向,形成建构自己的批评模式的强烈冲动。

作者认为,正是基于这些原因,"我国的女权批评有较高的起点,跨越了西方妇女争取财产权、子女所有权及选举权的第一次女权运动阶段,直接加入了当代女性质疑科学、哲学和文学艺术等'知识传统'的世界女权主义批评大合唱"。①

其次,关于女性文学的历史文化语境及其所受到的制约。在这方面,撰写于20世纪80年代中后期的两部著作《浮出历史地表——现代妇女文学研究》(孟悦、戴锦华)和《二十世纪中国女性文学史》(盛英主编)②具有一定的代表性。

《浮出历史地表——现代妇女文学研究》并非严格意义上的文学史著作,但对现代女性文学创作有着自觉的整体观照,并系统地表达了自己的观点。该书"绪论"在"两千年:女性作为历史的盲点"的小标题下,阐述了华夏民族传统文化中的女性命运;继之以"一百年:走到了哪里"发问,对女性与民族主体间的复杂关系及其在新文学中的处境进行了探讨。作者将文学的性别文化属性在有关现代女性创作的历史叙事中放到空前突出的位置,而这种叙事赖以生成的语境则被指认为具有男性中心性质。该书认为,无论近现代以来的社会进程发生了多大变化,几千年文化传统所铸就的男性本位的性别意识形态根基都未从根本上动摇。它无所不在地渗透于社会生活的方方面面,包括语言文字及文学创作。这意味着,男性中心文化以及特定时期的社会政治等诸因素混杂一处,无形中已成为女性试图在创作中发出己声时不可回避的外部环境和内在规范。书中通过揭示历史文化语境对女性创作的根本性制约,触及并批判了父权文化用以支配和压抑女性的"性政治"。

在作者看来,新中国成立后,尽管妇女的某些经济权利和社会地位得

---

① 详见林树明《评当代我国的女权主义文学批评》,《文学评论》1990年第4期,第36~43页。
② 详见孟悦、戴锦华《浮出历史地表——现代妇女文学研究》,河南人民出版社,1989;盛英主编《二十世纪中国女性文学史》(上下卷),天津人民出版社,1995。该书从1986年开始写作,于20世纪80年代末基本成稿,因经费原因延迟出版。

到法律的保护，但女性是否妇女解放的主体仍值得怀疑和思考。浮出了历史地表并从奴隶走向公民的 20 世纪中国女性，再没有人能像抹杀旧中国女性那样将她们的生存从历史记载中一笔勾销，但女性的处境并不就此变得明了："她或许进入了历史，或许冲出了漫长的两千年来的历史无意识，但她并未完全冲出某些人或某些群体的政治无意识。"在这个意义上，"了解新女性的处境，即使不意味着一场近现代史的反思，也意味着一场近现代政治文化的反思"。①该书论述犀利，其所针对的语境具有鲜明的传统文化品质和特征。

《二十世纪中国女性文学史》"导言"，从宏观角度观照女性生存及其文学创作的历史处境。它指出，在中国，16 世纪明代李贽提出反对"夫为妻纲"等一系列男女平等的主张，19 世纪末康梁维新派开展"不缠足，兴女学"的妇女运动，20 世纪初辛亥革命掀起女子参政运动。300 多年间历尽迂回曲折，为女界争得了一定的法律身份和经济权益。然而，妇女倘若没有文化意义上的真切解放，其解放就是浅层次的，就是不彻底的。经过民主主义革命和社会主义革命，中国妇女的社会地位发生了翻天覆地的变化，但"世界性的超稳定男子中心社会的机制，并没有彻底变更；我国超稳定的封建主义思想体系的影响，并没有彻底消除，加上来自'左'的和右的各种思潮的流毒依然存在，中国妇女要摆脱历史因袭乃至自身束缚，从量的平等迈向质的平等，仍然需要作出艰苦的努力"。论者还从女性文学崛起的社会背景、阶级内涵出发，分析 20 世纪中国女性文学不同于西方的特点，认为西方女性文学是资本主义生产、发展的产物，以中产阶级妇女为创作主体，既具资产阶级民主性，也富资产阶级太太小姐的闲暇性。而中国现代女性文学的勃起，"同整个民主主义和妇女解放运动相联系，具鲜明的社会内涵与革命色彩"。②

两部著作借助不同的理论资源，对女性文学的历史文化语境做出了具有如下意味的整体把握：长期以来，在中国社会的总体结构和运行机制中，女性处于不平等地位，社会文化从性别角度构成了对女性物质生活和精神生活的钳制与压迫；作为创作主体的女性，其文学实践受到特定的历

---

① 孟悦、戴锦华：《浮出历史地表——现代妇女文学研究》，"绪论"，河南人民出版社，1989，第 26 页。
② 盛英主编《二十世纪中国女性文学史》（上下卷），"导言"，第 2~3、18 页。

史语境的制约，同时又因时代变迁和个体差异呈现不同的面貌。

最后，关于性别文化语境的变迁与女性创作。伴随时代和社会的变革，中国的性别文化语境逐渐发生了深刻的变化。李小江敏锐地注意到当代中国女作家的生存体验、性别意识及其表现形态所呈现的新特征，指出在未曾充分经历女权运动的国家妇女解放大多是社会革命和民族独立的直接结果。它跨越了女子个人孤军奋战的社会体验，也跨越了女性群体的社会反抗。它的妇女创作在起点上就可能跨越传统的两极化模式和漫长的模仿阶段，直接进入"社会"。① 她结合当代女作家的创作状况做出阐述："男女平等的工作权利是社会主义中国人为造就的新的传统——而这个传统，正是当代妇女要求其它权利的基础和前提。"当代中国妇女宁可"一无所有"，甚至没有爱，没有家庭，也要坚守"社会权利"这块最后的领地，而不是像传统的女人那样把家庭当作避难所。李小江认为，理解这一点非常重要，"这是理解这些作品的思想感情和精神追求的基本出发点，也是观察和了解当代中国妇女问题的基本出发点"。②

20 世纪 90 年代以后，社会性别文化告别了此前很长一个历史阶段所倡导的"男女都一样'的氛围，进入十分注重性别分工、突出强调性别差异的时代。随着社会生活的发展和商品经济的兴起，大众传媒中的女性形象有了更多的男权指认的意味，社会性别文化逐步发生了深刻的变迁。针对这一现实，陈惠芬的专著《神话的窥破——当代中国女性写作研究》对当代女性写作所面临的复杂语境进行了深入分析。作者尖锐指出，一方面，此时发表的一些（男性创作的）文学作品，建立在对于传统的女性规范进行重新确认的基础之上，如《天云山传奇》《乔厂长上任记》；另一方面，女性作者的"自我伸展"和实现也并不那么自主，至少不像表面呈现的那样自主。在她们那潇洒自如的个性后面，另有角色强制性的一面，那便是商业主义的文化密码和男性社会的文化规则对女性有形无形的引导和塑造。"在滚滚而来的商品经济大潮下和不断变化的社会生活中，女性新的社会化角色以及大众传播中的女性形象等等，则已在不知不觉中被纳

---

① 详见李小江《寻找自我：当代女性创作的基本母题》，《文学自由谈》1989 年第 6 期，第 56~63 页。
② 详见李小江《背负着传统的反抗——新时期妇女文学创作中的权利要求》，《浙江学刊》1996 年第 3 期，第 118~121 页。

入了商业主义的运作机制和重返到传统的男性文化的范畴，女性因此而再度面临了'自我'失落的危险——失落在一个商品化和过分'女性'的境地里。"①

1995年，联合国第四次世界妇女大会在北京召开。在此前后，特定的历史背景促使学者在更为开阔的时空中做出思考。李楯撰文将中国置于与世界体系之间关系的变化中，指出其在语境方面独具的特点："中国的特殊之处就在于当整体世界形成后，中国作为处于晚发外生型现代化过程中的国家，在像一般后发展国家那样被打开国门，开始自己的被现代化进程后，又曾一度中断了这一进程，在封闭和市场极度萎缩的条件下，形成了自己独特的制度文明，并改变了整整一个时代的人的行为方式、思维方式和价值观。"作者认为，正是这样的特点决定了当代中国制度文明的质态，而这种质态对中国再度走向开放之后的发展以及对中国和整体世界在发展中的关系的影响，都是重大的。在这样的视野中，关于性别差异就"不能用今天的世界体系内的主流话语去阐释在世界体系形成之前的古代中国文明中的现象，因为那样做的结果似是而非。而面对近现代以来的中国，则必须注意世界体系之内主流话语的运用，同时注意到中国在被现代化过程与再次主动现代化之间有过的重新封闭的特质。"②

上述思考融入了研究者的主体意识，体现了立足于时代社会的变迁，在借鉴国外理论的同时，坚持从国内性别文化的实际出发的立场和方法。

二

对于性别研究来说，认识语境并非目的所在，它的落脚点在于有利于深入考察研究对象，就文学活动中的性别问题做出切近实际的判断。近些年来，研究者追根寻源、发掘史料，努力借助丰富的文献，多层面地接近历史现场，深化相关问题的探讨，取得了多方面的成效。

（一）语境的立体观照与现代女性写作之发生的探讨

以往的文学史叙事考察现代意义上的中国女性文学的起点时，常瞩目

---

① 陈惠芬：《神话的窥破——当代中国女性写作研究》，上海社会科学院出版社，1996，第5~7页。
② 详见李楯《读〈性别与中国〉》，《读书》1995年第10期，第108~110页。

于清末以秋瑾为代表的女性创作以及五四新文化运动中的女性实践;而谈及思潮背景,则时或不期然间落入以西方为中心的"冲击—反应"论框架。近年来,通过对历史语境的深入考察和立体认知,一些学者在较高的程度上将现代女性文学的发生做了复杂化、多元化的处理。

在生动形象地呈现近现代妇女解放进程的历史土壤,即现代女性文学发生的社会语境方面,刘慧英编著的插图本读物《遭遇解放:1890—1930年代的中国女性》颇具效能。书中收录了大量珍贵的女性图像,配之以简明扼要而又发人深思的文字,围绕废缠足、兴女学、开花榜、女性时尚、文明婚姻、女权运动……鲜活地勾勒出19世纪末到20世纪30年代的中国女性如何在传统的制约之下寻求生命的出路,以及其间发生的种种事件。这些图片、文字,多角度地反映特定时代的女性"遭遇解放"的历史语境,形象地呈现了她们的人生命运和精神面貌,体现了编著者"还20世纪初的'女权'观念及'兴女权'的历史风云以一种真实的历史场景和感受"的意图。① 在其后出版的专著《女权、启蒙与民族国家话语》②中,作者继续坚持立足于特定的历史语境,从源头上探讨晚清至五四时期的"女权启蒙",为重新认识孕育现代女性文学的社会土壤打开新的视阈。与20世纪八九十年代兴起的女性主义研究大都侧重于"性别化历史",并结合文学叙事批判父权制及男权思想对女性的压迫和束缚这一思路不同,《女权、启蒙与民族国家话语》是将"历史"与"性别"进行辩证性建构,通过"历史化性别"的理论策略,突破那种将女性视为完全被动的"受害者"的思维模式。"既要发现女性作为历史主体创造现代中国历史的过程,也要证明女性作为历史他者被民族国家历史湮灭的事实。"这意味着,在特定的社会历史脉络中理解性别,一方面,"将性别与其他社会范畴联系起来,看到性别与其他社会关系交织的复杂性;另一方面,又要坚持以女性为主体的研究,将中国妇女呈现为历史的能动主体"。③ 在这样的理解中,女性不再仅仅是历史语境的被动承受者,而是同时还参与了时代语境的创造者。

---

① 刘慧英编著《遭遇解放:1890—1930年代的中国女性》,中央编译出版社,2005,第2页。
② 详见刘慧英《女权、启蒙与民族国家话语》,人民文学出版社,2013。
③ 马春花:《女性主义的发生与现代中国——评刘慧英〈女权、启蒙与民族国家话语〉》,《文艺研究》2013年第11期,第146~147页。

张莉的《浮出历史地表之前——中国现代女性写作的发生》所涉及的文学文化现象，同样与这一语境密切相关。该书将现代女性写作的出现与女性生活史、教育史的考察相结合，以详细的资料钩沉，寻求进入女性文学发生的复杂场域。作者描述了从晚清到民国时期女学生的日常生活和学校教育，以及五四新文化运动、社会风尚等当时孕育和涌现女性创作者的社会文化生态，同时从阅读、传播等角度展开多方面考察，凸显了具有本土特色的文学现象——中国现代的女性写作首先是在女学生中发生的；近现代妇女解放运动和女性文学在其开始阶段，带有鲜明的女学生的文化特征。这一结论体现了"回到中国的社会现实和文化现实中来，在中国社会现实和文化现实的基础上感受和理解中国女性的解放之路，感受、理解和阐释中国的女性文学作品"①的思路及其有效性，从一个侧面还原了"现代女性写作的中国式发生"的历史风貌，揭示与西方女性写作之间的明显差异。作者基于历史事实提出的如下观点也因此而具有说服力：现代女性写作史不应狭隘地理解为与男权对立的历史，"事实上，在现代妇女作家出现的历史中，男性批评家们扮演了重要角色。他们参与（主导）建构女作家的历史，也开创了最初解读女作家作品的历史——当然，性别的盲视或压抑也是不容忽视的"。② 这一判断基于对历史语境的立体把握，避免了简单套用西方女性主义理论来描述本土女性创作现象的弊端。

一般认为，作为在现代中国文学格局中占有一席之地的女作者，是自五四文学革命时期开始参与小说创作的。而一旦深入特定历史时期的语境，进行溯源探流的精细考察，就有可能得出新的发现。马勤勤的《隐蔽的风景：清末民初女性小说创作研究》③，聚焦于女性小说写作这一文学/性别现象，对长期以来将五四女作家的"浮出"作为学科起点的研究范式提出质疑。作者拒绝以五四之"前史"的眼光来打量清末民初时期女作者的小说创作，而是借助报刊返回现场，通过丰赡翔实的原始资料，从报刊、翻译、教育三个方面考察社会和文学的制度、观念的变化，在比较充分的历史化语境中，勾勒出清末民初女性小说创作从发生到兴起的过程，

---

① 王富仁：《从本质主义的走向发生学的——女性文学研究之我见》，《南开学报》2010年第2期，第1页。
② 张莉：《浮出历史地表之前——中国现代女性写作的发生》，南开大学出版社，2010，第15页。
③ 详见马勤勤《隐蔽的风景：清末民初女性小说创作研究》，南开大学出版社，2016。

凸显了"女性小说"这一文学现象的历史机缘和早期特征。这一研究突破了文学史叙述从传统到现代的线性逻辑以及近代／现代的人为分野，自然而然地呈现特定历史时期多重交织、多元并存的文化风景，彰显了女性创作的多种发展方向与可能性。

（二）语境的深入考察与文学现象的分析

语境的构成无疑是多方面的。在具体的文学研究中，对它的把握离不开综合性的视野，面对具有跨学科内涵的课题时尤其如此。与此同时，这一把握也需要以细致的考察和独到的分析为基础。只有这样，对语境的认知才有可能真正转化为促进研究深入的有效因素。值得肯定的是，不少青年学者在这方面做出了成绩。

刘堃的《晚清文学中的女性形象及其传统再构》[①] 一书，提出了与历史语境密切相关的问题：在晚清时期与西方文化资源相遇的过程中，女性形象和女性传统的再构，利用了哪些本土文化传统？其间关于女性的固有观念是遭到了挑战还是以不同的方式继续发挥作用？通过对西方和本土传统的双重挪用与改写，中国的"新女性"形象是如何在历史、民族以及性别化的空间中被建构出来的？对这些问题的回答势必要求对特定历史阶段的社会文化状况的立体把握。于是，作者在展开探寻的过程中，不是一般化地对晚清文学中女性形象的新质进行指认，而是在特定的历史文化脉络及两性关系中，具体阐述拥有不同的政治立场、思想倾向和文化情结的男性，以及拥有不同阶层身份、文化水平和家庭结构的女子，如何介入"女性传统"的变迁；其间，由中国本土文化、晚清时期传入中国的西方女性形象，以及民族国家思想与话语等多重思想资源构成的社会语境，如何与之互动并发生影响。通过精细的阐述，呈现了彼时女性形象再构的深层肌理和内涵及其男性中心本质。这一聚焦于晚清文学中的女性形象及其变迁的研究，并没有局限于女性形象自身，而是在对具体语境的细微剖析中揭示了特定时代文学/文化的多重面向。

黄湘金的《史事与传奇：清末民初小说内外的女学生》[②] 延续近年来研究晚清女性的新路径，超越单纯的历史资料和历史视角，在更广泛的社

---

① 详见刘堃《晚清文学中的女性形象及其传统再构》，南开大学出版社，2010。
② 详见黄湘金《史事与传奇：清末民初小说内外的女学生》，北京大学出版社，2016。

会文本中理解晚清及其女性形象。确如评论者所指出的："他并非是在传统意义上以小说填补女学史的细节，而是认识到小说家和读者的有意为之和无意流露恰恰可以折射出当时社会大众在心理层面对女学的一种印象、反映和期待，而正是这种印象、反映和期待，通过小说的制作、流通和阅读过程，成为历史的组成部分，使得我们可以一窥当时女学和女学生的历史语境。"①作者没有将小说作为孤立的文本，而是充分瞩目清末民初小说的写作、生产、流通和阅读，将其视为整个社会文化和社会心理的组成部分，在此基础上出入文史，通过翔实的报刊材料与生动的小说文本的对读，探析"小说内外"的女学生形象以及相关现象背后的社会心理和文化土壤，考察女学生及其形象建构与国族话语、道德评判、男权中心及商业文化之间的关系。围绕女学生在"小说内外"的形象阐释，呈现了历史语境之复杂以及文学形象内涵之丰富。

郭冰茹的论文《女性解放话语建构中的悖论——关于现代女性写作的一种考察》②，深入现代女性写作兴起的历史语境，从女性解放话语与建构现代民族国家的元叙事之间的既统一又对立的关系切入，论证了晚清时期以"强国保种"、五四时期以"人的觉醒"为主要诉求的女性解放运动，对现代女性写作处理个人与国家、家庭与社会的基本方向及其内在思想结构产生的影响；同时表明，女性解放运动的从属性构成了女性写作中女性意识沉浮的内在冲突，而克服这些冲突、确立自己的话语系统，亦成为女性写作的另一种选择。

与五四新文化运动促使传统家庭制度发生根本性变革的历史背景密切相关，中国现代文学包含大量关于家庭生活的叙事。陈千里的《因性而别——中国现代文学家庭书写新论》③一书，借鉴性别视角，细读代表性文本，对其文化语境做出了比较充分的观照。这主要体现在，作者一方面具有贯通古今的本土思想文化视野，另一方面又打破了作为传统观念的儒家伦理与作为现代观念的西方性别政治的二元对立，同时还对二者不同的文化语境进行了区分。在此基础上，呈现现代作家的家庭书写与特定的历

---

① 秦方：《在史事与传奇中发现被看的女学生》，《新京报》2016年7月2日，第B07版。
② 详见郭冰茹《女性解放话语建构中的悖论——关于现代女性写作的一种考察》，《文艺理论研究》2010年第5期，第36~40页。
③ 陈千里：《因性而别——中国现代文学家庭书写新论》，南开大学出版社，2010。

史文化语境如何血脉相融，形成了特定的面貌。

（三）语境问题的反思与性别理论建设

在文学领域的性别研究中，研究者对借鉴西方女性主义理论所面临的语境差异问题，始终伴随理性的思考。这不仅有助于深化对特定历史时期文学文化现象的理解，而且具有促进性别理论建设的意义。随着研究实践的丰富，这方面的反思愈加深入。

21世纪初，戴锦华重新审视20世纪八九十年代在国外性别研究资源引进中的过于倚重欧美理论的倾向，认为当时的情况，一方面是"将视野限定在欧美，主要是美国之上，一方面其选择、评判的依据，却基本上是中国本土的社会、文化需求"；其结果是"断章取义、为我所用的国外理论，便在西化的总体氛围中，被绝对化，乃至神圣化或普泛化，成为相对于中国社会现实的'真经'"。而一旦割裂了历史，我们便可能忽略了西方女性主义理论自身的发生、发展脉络，忽略了其表述背后的现实诉求。这样的历史脉络，实际上与我们自身的历史脉络存在巨大差异。[①] 屈雅君的论文《女性文学批评本土化过程中的语境差异》[②]，从理论上对性别研究中的语境差异问题进行了探讨。作者认为，西方女性主义文学批评进入中国后，遇到了完全不同于其理论源头的接受环境。首先，这些差异表现在历史背景方面。西方女性主义文学批评先"破"后"立"的运动轨迹，决定了她们对男性文学史的批判力度，也决定了她们在此后试图建立女性美学体系时目标清晰、阵线分明。而中国本土则是先"立"后"破"。20世纪初作为解放"对象"的妇女，是同社会中的进步男性站在一起来反对旧的父权社会，而不是作为一支独立的力量反对整个男权社会的。反映在文学研究中便是，学者们更容易从文学中看到女性融入（男权）社会对于历史的正面的推动意义，却不易看到女性文化自身对于整个文化史质疑的批判意义，因而也就难以看到男权文化对历史的不完全书写。其次，在意识形态和学术背景方面也存在差异。作为有着数千年封建专制主义文化传

---

① 戴锦华：《导言二：两难之间或突围可能？》，载陈顺馨、戴锦华编《妇女、民族与女性主义》，中央编译出版社，2004，第31页。
② 详见屈雅君《女性文学批评本土化过程中的语境差异》，《妇女研究论丛》2003年第2期，第40～44、58页。

统、相对于周边弱小民族而言处于中心地位的民族,要在开展研究的过程中真正彻底去除"话语霸权",并非易事。西方女性主义文学批评是从反拨"新批评"的学术革命开始的,而中国本土女性文学批评的学术土壤,则得益于马克思主义的社会历史批评的滋养,因而更像是批评视点的转移。社会历史批评的许多思维方式、研究方法可以直接为女性批评所用。这一方面为研究提供了便利,另一方面也带来了批评思路相对单一的不足。

王宇的《本土话语资源:中国女性主义文学批评的重要视角》一文,检视文学批评实践中女性主义话语之缘起,儒家伦理框架中关于社会性别的话语,五四启蒙语境中的妇女解放话语,1949 年以后"男女都一样"的平等话语,以及新时期作为当代女性主义话语滥觞的人道主义性别关怀话语等方面,分析当代女性主义话语的本土语境之构成,认为需要思考这些话语系统各自的特征,它们之间的"互文性"如何构成我们面对西方形形色色的女性主义理论的接受视野,以及本土话语资源与西方理论之间又构成了怎样的互动关系。文章质疑当代批评实践中存在的孤立地研究女性、挖掘女性的文学传统这一非历史主义的倾向,认为"男性写作实际上为女性写作意义的阐释提供了重要的语境"。① 贺桂梅对当代女性文学批评的三种资源进行考察,重点探讨了新启蒙主义、女权/女性主义理论以及马克思主义女性话语对中国女性文学批评的影响,认为以往的实践忽略了女性解放与 20 世纪中国的左翼历史实践,尤其是马克思主义女性话语对阶级/性别维度的关注,造成了资源使用上的偏向性;其后,她的《当代女性文学批评的一个历史轮廓》一文,对 20 世纪 80 年代以来中国女性文学批评的发展脉络和理论资源进行了比较系统的清理。② 林树明在专著《多维视野中的女性主义文学批评》③ 中,设置专章梳理了本土的性别批评视界。论者将目光前移,涵盖了明清以降中国女性主义思想萌芽与发展轨迹,富于历史感地呈现了文学领域性别研究的思想文化语境。杨莉馨的

---

① 详见王宇《本土话语资源:中国女性主义文学批评的重要视角》,《河北学刊》2003 年第 5 期,第 103~106 页。
② 详见贺桂梅《当代女性文学批评的三种资源》,《文艺研究》2003 年第 6 期,第 12~19 页;《当代女性文学批评的一个历史轮廓》,《解放军艺术学院学报》2009 年第 2 期,第 17~28 页。
③ 林树明:《多维视野中的女性主义文学批评》,中国社会科学出版社,2004。

《异域性与本土化:女性主义诗学在中国的流变与影响》①,基于中国文化自身的深厚传统和当代中国的现实文化语境,考察中国作家、理论家和批评家们怎样以自己特有的期待视野接受外来影响,探讨其间发生的变异和转型。作者从文化学的角度阐释了女性主义诗学进入中国后所经历的"双重落差"以及流变与整合,从学术背景、认知框架、思维习惯、批评模式等方面分析中西女性主义诗学的差异。

针对不少人以为"女性主义"一词在中国出现于20世纪80年代的误解,杨联芬的《新文化运动与"女性主义"之诞生》②深入历史语境,梳理了feminism一词是如何进入中国并被翻译的,以及其不同的译名在五四新文化运动时期的语言实践中的运用及所呈现的观念;指出五四时期,中国知识界主要是在真理与常识的层面介绍民主根源与平等观念的,极大地促进了新文化和新道德的建构,使中国女性解放实践在五四时期独步一时。董丽敏的专著《性别、语境与书写的政治》,基于现代中国处于"后发现代性国家"语境的判断,对包括性别在内的西方理论移植的有效性问题进行了深入探讨,凸显了对差异和语境的强调。作者鲜明地提出,性别必须被赋予差异性和本土性(在地性)的观点。这是因为,不仅不同的历史阶段性别问题的内涵具有鲜明的差异性,而且在不同的地域、文化和种族中,性别问题的发生、表现与指向也是有所不同的。这一点在当下全球化的语境中表现得尤为明显。该书反思20世纪90年代以来中国女性主义研究存在的问题,其中之一即是忽视了性别问题产生的中国语境。针对这一状况,作者高度重视语境之时空内涵的制约,注重探讨"应该以怎样的立足点来把握中国的女性历史,又该如何来清理其间的经验与教训,以及如何在正本清源的基础上确立本土的性别研究的基本框架"③,并动态分析中国、革命、女性三者之间的辩证关系,重估民族国家认同和社会主义革命的主流话语与本土女性主体想象之间的复杂关联,进而确认了这样的历史事实:在中国,晚清以来对女性的发现、重视、界定和动员,均伴随着民族国家的危机、战争和建设,女性的价值更多的是在与民族国家、阶

---

① 杨莉馨:《异域性与本土化:女性主义诗学在中国的流变与影响》,北京大学出版社,2005。
② 杨联芬:《新文化运动与"女性主义"之诞生》,《文艺研究》2019年第5期,第51~59页。
③ 董丽敏:《性别、语境与书写的政治》,人民文学出版社,2011,第15页。

级群体和男性启蒙者的协商、互动和积极让渡中实现的。这一成果体现了通过分析具体语境中的具体性别关系来回应外部世界大问题的研究思路，为结合本土的实际探讨性别理论建设提供了深度思考。

结 论

综上，近30多年来，中国文学领域比较注重探讨社会历史语境与性别研究之间的关系，从一个特定的方面促进了学术研究的深入。当前，文学与社会历史、传统文化等方面的深层关联已成为研究界的重要视点。为了进一步认识性别在中国的历史时空中的丰富内涵，探讨以之为关键词的学术研究应取怎样的思路，以怎样的方式被提出、被运用，就需要对语境问题进行更为深入的研究。时至今日，借鉴和运用西方理论需要结合本民族文学的实际情况，这一理念已在相当程度上成为研究者的共识。而更重要的是，需要将这种认识付诸具体的研究实践，打通性别议题的内外边界，将研究对象置于多重视野中加以历史化的审视，建构合理的理论框架和研究范式。

所谓"语境"，并非静止不变，而是处于不断生成的过程中；传统与现实、域外与本土，也并非简单的二元对立关系，而是互动、相生。语境的时间要素启发我们，有关文学与性别关系问题的探讨，应当具有历史的动态的眼光，充分认识民族文化传统与当代性别文化现实之间的内在关联，具体分析近现代以来中国社会转型过程中的国家民族话语、社会制度变革以及多元思想文化等多方面因素的重要影响。语境的空间要素提示我们，研究不应仅限于本民族封闭的格局中孤立地进行，而应将空间维度与时间维度交织在一起，客观认识国外理论产生的历史背景和生成土壤，了解其脉络体系以及所针对的具体问题；在引进和吸收国外理论时充分认知中外语境的差异，在国际文化的平等对话和交流中坚持本土的主体身份和价值取向。

语境关系到具有本民族文化特征的性别理论建设，有关这一问题的探讨还将持续。

栏目二

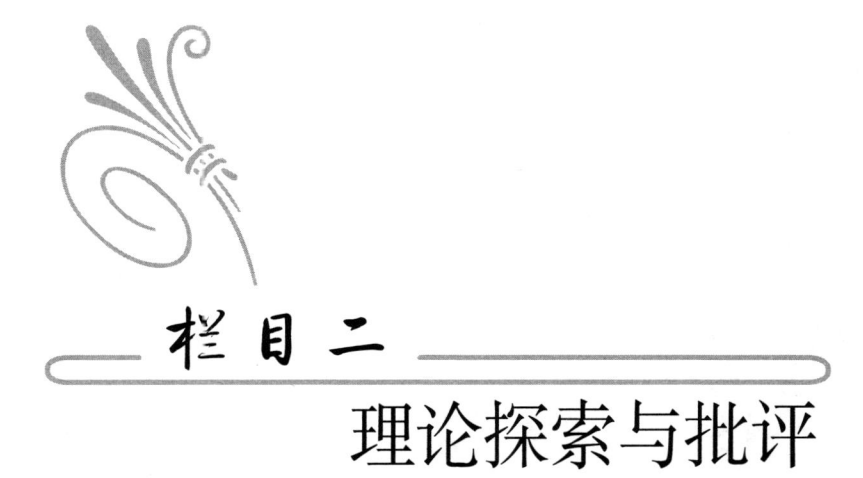

理论探索与批评

弗洛伊德是男权主义者吗？
——重估弗洛伊德的性别理论与父权文化的关系

林 品*

摘要 在本文中，笔者试图重新评估弗洛伊德的性别理论与父权文化的关系，揭示弗洛伊德在性别议题上的相关论述的内在张力，进而说明他的精神分析事业缘何会与"第一波女性主义运动"发生历史性的接触、互动乃至耦合，并为后来的女性主义运动提示了新的思想论域和抗争诉求，让女性主义者得以在与弗洛伊德的批判性对话中，推进"女性气质""女性性欲""性别差异""父权制"等议题的探讨。

关键词 弗洛伊德 父权文化 女性主义 "俄狄浦斯情结"

Abstract This paper aims to reevaluate the relationship between Freud's gender theory and patriarchal culture, reveal the internal tension of Freud's discussion on gender issues, and then explain the reason why his psychoanalysis enterprise could articulate with the first wave of feminist movement, and prompt some new ideological field and rebellious appeal for the subsequent feminist movements, so that those feminists could promote the discussions on the issues about femininity, female sexuality, gender differences, patriarchy and so on by some critical dialogue with Freud.

Keywords Freud; patriarchal culture; feminism; Qedipus Complex

---

* 林品，首都师范大学文学院讲师，主要研究方向为文艺理论与文化研究。

作为20世纪西方知识界最具影响力的思想家之一，弗洛伊德的精神分析理论对改革开放以来的中国知识界也产生了持续而深远的影响，但他的理论——尤其是其中与性别议题相关的部分——在中国主要是被理解或抨击为一种男权主义的思想表述。

诚然，正如许多女性主义理论家已经指出的，弗洛伊德的理论表述携带有无可遮掩的"菲勒斯中心主义"色彩，它可以被主导性的知识-权力体系征用为"菲勒斯中心主义"的父权秩序的某种合法性依据。[1] 但值得注意的是，西蒙娜·波伏娃、贝蒂·弗里丹、凯特·米利特等，深刻地影响了女性主义运动的女性作家，在性别议题上的主要代表作都包含了对弗洛伊德的精神分析理论的批判性重读或创造性重释；换言之，她们都不约而同地通过与弗洛伊德的批判性对话，形成了自己的女性主义书写。[2] 更何况在"精神分析运动"的内部，也出现了一条以卡伦·霍尼、朱丽叶·米切尔为代表的"精神分析女性主义"的脉络。[3] 这些事实都提示我们，弗洛伊德的精神分析绝非只有"菲勒斯中心主义"的面向。

当然，弗洛伊德远非一位女性主义者，他的理论著述在性别问题上的保守色彩是昭然若揭的；但笔者在此试图特别指出的是，弗洛伊德看似保守的理论著述，事实上蕴含着强烈的内在张力，正是这种内在张力的存在，使得精神分析理论有可能为那些在父权文化下长期缺乏话语权和立言位置的女性主义者，开辟新的思想论域，使得精神分析事业有可能在特定的历史情境中与女性主义运动、同性恋平权运动发生有机的互动。因而，在本文中，笔者并不会试图完整地勾勒弗洛伊德在性别议题上的相关论述，而是会将重点放置在揭示其论述的内在张力之上，以便说明精神分析事业缘何会与女性主义运动发生历史性的有机互动。笔者试图通过重新评估弗洛伊德的性别理论与父权文化的关系，为中国致力于推动性别平权的

---

[1] Martin, Karin A., Buhle, Mari Jo, *Feminism and Its Discontents: A Century of Struggle with Psychoanalysis* (Cambridge: Havard University Press, 1998).

[2] Simone de Beauvoir, *The Second Sex*, translated by H. M. Parshley (New York: Alfred A. Knopf, 1989), pp. 38 – 52; Betty Friedan, *The Feminine Mystique* (New York and London: W. W. Norton & Company, 2001), pp. 166 – 194; Kate Millett, *Sexual Politics* (Garden City: Doublyday & Company, 1970), pp. 176 – 219.

[3] Karen Horney, *Feminine Psychology*, edited by Harold Kelman (New York and London: W. W. Norton & Company, 1967); Julie Mitchell, *Psyhoanalysis and Feminism: A Radical Reassessment of Freudian Psychoanalysis* (New York: Penguin Books, 2000).

知识分子提供一些历史的参照。

一 "俄狄浦斯情结"作为父权文化的隐喻

在弗洛伊德为了分析和阐述性欲与性别问题而专门发明的诸多术语中,"俄狄浦斯情结"或许堪称流传最广同时是又争议最大的一个概念。弗洛伊德借用古希腊剧作家索福克勒斯在公元前5世纪创作的经典悲剧《俄狄浦斯王》中的主人公俄狄浦斯的名字,来命名某种情欲纽结。由此形成的"俄狄浦斯情结"这个概念,不仅显著地张扬了"性生活并非要到青春期才开始的,而是在出生之后不久就开始有明白的显现"① 这一颠覆性的性学观点,而且直接地冒犯了父权文化下的一系列正统伦理观念,因而一经提出便在舆论场引发了轩然大波。按照弗洛伊德在1914年为《梦的解析》增添补注时的说法,在他的精神分析工作所取得的发现中,"从没有哪个发现像这一个指明了持续存留在无意识当中,且朝向乱伦的童年冲动的那样,遭受如此暴怒的否定、如此凶猛的反对或如此滑稽的歪曲。"②

就笔者的观点而言,如果说"俄狄浦斯情结"确实称得上是弗洛伊德所创建的术语库中最常得到援引,也最常激起争论的一个独创性概念的话,那么,在此就有必要着重指出,虽然与"俄狄浦斯情结"相关的论述在出版于1900年的《梦的解析》中就已显露端倪,③ 关于"俄狄浦斯情

---

① Sigmund Freud, "An Outline of Psychoanalysis," in The Standard Edition of the Complete Psychological Works of Sigmund Freud, Volume XXIII (London: Hogarth Press and the Institute of Psycho-Analysis; New York: W. W. Norton & Company, 1953–1974), p. 153;除书信之外,本文所有弗洛伊德著作的引文,均引自由詹姆斯·斯特雷奇主持编译、安娜·弗洛伊德提供合作、阿历克斯·斯特雷奇与阿兰·泰森提供协助、多国译者共同执笔的二十四卷版《标准版西格蒙德·弗洛伊德心理学著作全集》(The Standard Edition of the Complete Psychological Works of Sigmund Freud, 24 volumes, translated from the German under the General Editorship of James Strachey, in collaboration with Anna Freud, assisted by Alix Strachey and Alan Tyson, London: Hogarth Press and the Institute of Psycho-Analysis; New York: W. W. Norton & Company, 1953–1974)。

② Sigmund Freud, "Interpretation of Dreams," in The Standard Edition of the Complete Psychological Works of Sigmund Freud, Volume IV, p. 263.

③ 不过,"俄狄浦斯情结"这个特定的术语其实一直到1910年才正式出现在弗洛伊德的论著之中。Sigmund Freud, "A Special Type of Choice of Object Made by Men (Contributions to the Psychology of Love I)", in The Standard Edition of the Complete Psychological Works of Sigmund Freud, Volume XI, p. 171.

结"的讨论也可以说几乎贯穿了弗洛伊德的整个学术生涯,但是,在弗洛伊德一次又一次提及并重述"俄狄浦斯情结"的过程中,他却从未系统性地阐释这个影响深广的概念,从未以此为关键词搭建起一套成形的理论架构。因而,就笔者的观点而言,我们与其将"俄狄浦斯情结"视作一个成熟的理论概念,不如将它视作弗洛伊德的一个大胆而主观的假说。

需要格外注意的是,弗洛伊德所提出的这个假说,事实上携带颇为强烈的自传性色彩。弗洛伊德从1897年起就长期坚持"自我分析",他频繁地"借助于自己的一系列梦境",以便"重新经历童年时期的事件",进而更好地理解自己的种种"情结"。① 正是在这种"自我分析"的过程中,弗洛伊德回忆起他自己在童年时期对母亲的爱恋和对父亲的敌意,并且将他在自己身上辨认出的爱恨情感与他在神经官能症患者身上发现的精神状况建立起类比关联,从而形成了关于"俄狄浦斯情结"的最初构想。当弗洛伊德在1897年10月15日写给好友威廉·弗利斯的私人信件中,首次引入《俄狄浦斯王》这部文学作品来讨论上述那种情感状况和欲望模式时,这位怀抱着一种打通"精神病理学"和"普通心理学"的研究目标的医学博士是这样表述的:

> 一个具有普适性价值的观念逐渐被我所知晓。我发现,在我自己的情况中也存在着爱恋我的母亲并嫉妒我的父亲的现象,我现在将它视作一个发生在童年早期的普遍性事件……如果事情果真如此的话,即便所有理性的反对声音都与这种无情的灾难性假设背道而驰,我们也可以理解《俄狄浦斯王》的那种摄人心魄的力量,那则古希腊的传说之所以能利用一种每个人都会认出的强迫性冲动,是因为每个人都在他自己的身上感受到了那种强迫性冲动的存在。②

从这段引文可以看出,弗洛伊德显然经历过一段被《俄狄浦斯王》深深触动心弦以至于久久难以忘怀的审美体验,这位生活在19世纪末的维

---

① Sigmund Freud, "History of the Psycho-Analytic Movement," in *The Standard Edition of the Complete Psychological Works of Sigmund Freud*, Volume XIV, p. 20.
② Sigmund Freud, "Freud to Fliess, October 15, 1897," in *The Complete Letters of Sigmund Freud to Wilhelm Fliess, 1887–1904*, translated and edited by Jeffrey Moussaieff Masson (Cambridge and London: The Belknap Press of Harvard University Press, 1985), p. 272.

也纳现代观众,还将他在观看那出古希腊悲剧时产生的深挚共鸣归因于他在自己身上感受到的一种与俄狄浦斯的"弑父娶母"行径相通的无意识欲望。不过,有必要补充说明的是,弗洛伊德之所以会对俄狄浦斯这位人物抱有强烈的情感认同,不仅是因为他在俄狄浦斯"无意间"完成的"弑父娶母"行为中认出了自己的内在冲动,而且还因为他在俄狄浦斯身上认出了自己的某种理想化镜像———一位成功地破解了"斯芬克斯之谜"亦即"人之谜"的英雄和领袖。① 而为了成为如同俄狄浦斯一样的解谜英雄,弗洛伊德十分大胆地——或者说颇为鲁莽地——将他在自己以及某些神经官能症患者的身上辨认出的情感与欲望推而广之,将那种后来被冠以"俄狄浦斯情结"之名的人际关系结构,与无意识欲望模式当作一种普遍性的心理事实,尝试借此来解答人类的无意识欲望的谜题。当这位自诩为俄狄浦斯的"科学工作者"在《梦的解析》中试图援引《俄狄浦斯王》来佐证他的猜想时,他的论述就显现一种浓浓的普遍主义倾向:

> 在我的周围已经相当广泛的经验中,所有后来变成精神性神经官能症患者的儿童,他们的父母双亲都在其心灵生活中扮演最主要的角色。爱恋父母双亲的其中一方而又憎恨另外一方,在童年形成的精神冲动的原料当中充当了基本的构成要素,这些精神冲动也是决定后来的神经官能症的症候的重要因素。然而,我从来都不相信,精神性神经官能症患者在这方面与其他保持正常的人类有什么明确的区别。……他们不过是以一种放大了的程度表露了对其父母双亲的爱恨情感,而在大多数儿童的心灵中,这种情感则发生得不那么明显和强烈。
>
> 这一发现可以由一个从古典时代流传至今的传说加以证实:这个传说的深刻而普遍的感染力,只有在我所提出的关于儿童心理学的假说具有相应的普遍有效性的情况下才能获得理解。我脑海中所想到的,就是俄狄浦斯王的传说以及索福克勒斯以此命名的剧本。……
>
> 如果《俄狄浦斯王》对于一位现代观众的触动不亚于它对一位当时的希腊观众的触动,那么,对此的解释就只能是,其效果并不在于命运与人类意志之间的反差,而在于在其上获得例示的素材的特定天

---

① Ernest Jones, *The Life and Work of Sigmund Freud*, Volume Ⅱ, *Years of Maturity*, 1901–1919 (New York: Basic Books, 1955), pp. 13–14.

性中才能找到那种反差。在我们的内心中必定也有某种呼声，随时准备着在《俄狄浦斯王》中认出那种命运的强迫性力量……在俄狄浦斯王的故事中，确实包含着某种可以与我们的内心呼声相呼应的因素。他的命运能够打动我们，只是因为它也可以是我们的命运……也许我们所有人的命运，都是将我们最初的性冲动指向我们的母亲，而将我们最初的仇恨和谋杀愿望指向我们的父亲。我们的梦向我们证实了这一点。杀死了其父亲拉伊俄斯并迎娶了其母亲伊俄卡斯忒的俄狄浦斯，只不过是向我们展示了我们自己的童年愿望的满足。但是，我们比他要幸运一些，我们既成功地将我们的性冲动从我们的母亲身上抽离开来，同时又淡忘了对于我们的父亲的嫉妒，因而我们并未变成精神性神经官能症患者。①

在这里，弗洛伊德似乎将"俄狄浦斯情结"表述为一种普遍存在于人类心理结构当中的超历史、超族群的基本要素，并且将它视作那种遭到"自我防御机制"的强力压抑而又固执地寻求替代性满足的"驱力冲动"②

---

① Sigmund Freud, "Interpretation of Dreams," in *The Standard Edition of the Complete Psychological Works of Sigmund Freud*, Volume Ⅳ, pp. 260–263.
② 笔者在此要特别说明的是，在弗洛伊德的德文原典中，事实上存在两个与"本能"或"驱力"相对应的理论概念——"instinkt"和"trieb"。前者显然就是达尔文所使用的英文概念"instinct"的德文对应词，后者则是弗洛伊德在出版于1905年的《性学三论》中引入的概念，弗洛伊德在这部著作中有意识地选用"trieb"概念而非"instinkt"概念来建构他的性学理论。此后，弗洛伊德会在不同的语境下有所区分地使用这两个概念："instinkt"更多地被用来描述那种在同一物种的个体之间极少变异的遗传性的行为动因，它与特定对象、目标之间的关系是相对固定而天生的；而就来源、目标、对象而言，"trieb"则相对更具有不确定性，它所强调的是一个大致的方向，而非精确的目标；是一种"要求运作"的持续驱动性，而非与特定对象、目标之间的先天固着性。也就是说，它会在后天因素的影响下，通过多种不同的渠道，经由多种不同的对象来追求多样化的满足。需要特别注意的是，在这两个既有联系也有区别的概念中，是"trieb"而非"instinkt"最终成为弗洛伊德的"心理动力学"的核心概念。弗洛伊德用"trieb"来命名"性驱力"（sexualtriebe）、"自我保存驱力"（selbsterhaltungstriebe）、"自我驱力"（ichtriebe）等概念，并围绕这些概念形成了他所谓的"心理动力学"。诚然，弗洛伊德对"trieb"的界定仍旧联系着生物学意义上的躯体机能和器质性基础，但随着更为丰富的精神分析工作的开展，为了使其理论对于更为多样的心理现象也能够具有覆盖性的阐释力，弗洛伊德又不得不削弱"trieb"与生物学因素之间的关联度，而更加着重强调其精神性的意涵。有鉴于此，尽管《标准版西格蒙德·弗洛伊德心理学著作全集》不加区分地将"instinkt"和"trieb"全都翻译为"instinct"，但笔者还是决定有所区分地对待这两个概念：将"instinkt"翻译为"本能"，而将"trieb"这个"心理动力学"的核心概念翻译为"驱力"。

的重要来源。而到了1908年发表的《论儿童性欲理论》中,弗洛伊德更是将"俄狄浦斯情结"设想为一种在各类精神性神经官能症的精神病理学机制当中都能发挥关键作用的"核心情结"。①

作为一种精神疾病治疗实践的精神分析,在它与现代科学话语及现代医疗制度相结合的学科化和建制化过程中,往往会趋向于成为一种对"有用的"性欲发展模式展开规划和对"有害的"性欲形态施加管控的知识-权力形式;而按照弗洛伊德在探讨"性欲发展模式"的语境下所提出的观点,"每一位人类新生儿都将面临克服'俄狄浦斯情结'的任务"②。也就是说,依据弗洛伊德的说法,每一位(男性)人类个体都会在童年时期的某个特定阶段产生恋母仇父的"俄狄浦斯情结",而在(男性)儿童与母亲的情欲关系中充满了那些会被称作"变态"的性冲动;就此而言,唯有克服所谓的"俄狄浦斯情结",决绝地放弃那个被父亲所占有的欲望对象,亦即遭到父亲之法的严令禁止的"乱伦"对象,将"性驱力"的对象从母亲转移到其他"非乱伦"的对象,同时将父亲由仇恨的对象转化为某种认同的对象,个体的性欲方能发展成"正常的"性欲形态;倘若个体无法完成对于"俄狄浦斯情结"的消解、摧毁与废弃,而是固着于或者退化到所谓的"俄狄浦斯阶段"的情欲状态,那么,备受压抑却又顽强地留存于无意识领域的"俄狄浦斯情结",就将会在试图寻求满足的"性驱力"与试图压制欲求的"自我驱力"的激烈冲突中"展现出其致病性的效应",③ 这就会导致个体变成精神性神经官能症的患者。

然而,需要特别指出的是,弗洛伊德在尝试借助关于"俄狄浦斯情结"的普遍主义论述来解答无意识欲望的谜题之时,基本搁置了对他自身及其所身处的社会情境的特殊性与他所试图建立的普遍主义论述之间的关系辨析。上文已提到,弗洛伊德的"俄狄浦斯情结"假说,事实上携带颇为强烈的自传性色彩,而这种自传性色彩提示出,弗洛伊德动辄以"我们所有人"为主语所做出的论述,未必就具有他所宣称的那种"普适性价

---

① Sigmund Freud, "On the Sexual Theories of Children," in *The Standard Edition of the Complete Psychological Works of Sigmund Freud*, Volume IX, p. 214.
② Sigmund Freud, "Three Essays on the Theory of Sexuality," in *The Standard Edition of the Complete Psychological Works of Sigmund Freud*, Volume VII, p. 226.
③ Sigmund Freud, "The Dissolution of the Oedipus Complex," in *The Standard Edition of the Complete Psychological Works of Sigmund Freud*, Volume XIX, p. 177.

值"。正如吉尔·德勒兹与菲利克斯·瓜塔里所指出的,弗洛伊德在"俄狄浦斯情结"假说中建立的"(男性)儿童—母亲—父亲"的三角关系,是以他成长于其间的以布尔乔亚家庭为核心的人际关系结构来作为原型的。① 而诚如布伦尼斯洛·马林诺夫斯基通过其人类学研究所证明的,弗洛伊德有关(男性)儿童在克服"俄狄浦斯情结"的过程中,由仇恨父亲逐渐转变为认同父亲的论述,是在一种特定的父权制人际关系结构中形成的,这种人际关系结构绝非自古如此、四海皆然,而是具有一定的历史特殊性和地域特殊性。② 事实上,弗洛伊德在《梦的解析》中初次详述"俄狄浦斯情结"假说时,就曾在字里行间提到了他所身处的现代西方社会的如此状况:父亲们"往往不顾一切地紧紧抓住那种如今已然陈旧过时的'家父之权'(potestas patris familias)不放",他们作为布尔乔亚家庭的"统治者",倾向于"拒绝其儿子的独立","剥夺其儿子借以获得独立的必要手段";而儿子则常常会在经历丧父的悲痛时,"无法抑制住其终于赢得自由的满足感"。③ 只不过,弗洛伊德的普遍主义倾向,促使他以布尔乔亚的父权制家庭作为原型情境,将"俄狄浦斯情结"假说所涉及的人际关系与欲望模式推演为一种超历史、超族群的结构。但在笔者看来,我们与其将弗洛伊德的构想当作一种"具有普适性价值"的观点,不如将"俄狄浦斯情结"假说视作弗洛伊德提出的一种关于父权文化的隐喻,而这种隐喻是以弗洛伊德对于父权制之下高度紧张的父子关系以及壁垒森严的文化戒律的深切体认作为主观条件的。更进一步说,这样一种隐喻还是在父权制的家庭结构和文化规范已然遭到"现代化的冲击"④ 并显现"陈旧过时"的时代语境下问世的,因而会与反父权制的社会思潮发生某些奇特的耦合。

---

① see Gilles Deleuze and Félix Guattari, *Anti-Oedipus: Capitalism and Shizophrenia*, translated by Robert Hurley, Mark Seem, andHelen F. Lane (Minneapolis: The University of Minnesota Press, 1983), pp. 42 – 67.
② see Bronislaw Malinowski, *Sex and Repression in Savage Society* (London and New York: Routledge, 2001).
③ Sigmund Freud: "Interpretation of Dreams," in *The Standard Edition of the Complete Psychological Works of Sigmund Freud*, Volume IV, pp. 256 – 257.
④ 参见〔法〕安德烈·比尔基埃、克旦斯蒂亚娜·克拉比什 – 朱伯尔、玛尔蒂娜·雪伽兰、弗朗索瓦兹·佐纳邦兹主编《家庭史(第三卷)·现代化的冲击》,袁树仁、赵克非等译,三联书店,1998。

二　性解放话语与反父权话语的连接

"俄狄浦斯情结"隐喻所表征的,首先便是父亲或父辈"家长"的结构性权威,这显然会遭到与"性解放"话语相联系的"文化弑父"浪潮的直接冲击。

按照笔者的观点,弗洛伊德在"俄狄浦斯情结"假说中建立的这组"(男性)儿童—母亲—父亲"的三角关系,可以被视作某种蕴含在弗洛伊德精神分析理论之中具有根本性意义的三角结构的具身化缩影——欲望的主体—欲望的对象—对主体施加禁忌的权威。而作为所谓的"一家之长"亦即父权制核心家庭结构中的权威地位的占据者,"父亲"在弗洛伊德的"俄狄浦斯情结"假说中,也就充当了禁令的颁布者、律法的执行者、惩罚的实施者和欲望的压制者等结构性功能的代理。在宽泛的意义上,"父亲"对这些功能的履行不仅体现在"俄狄浦斯情结"所涉及的"乱伦禁忌"之上,而且还体现在私人生活方方面面的诸多"性禁忌"之上。就此而言,弗洛伊德的论述,事实上始终保持着一种内在的张力:尽管弗洛伊德在探讨克服"俄狄浦斯情结"时对于"认同父亲"的强调,明显地带有父权主义的色彩,但他关于子女与"家长"——尤其是儿子与父亲——之间的紧张甚至是敌对关系的论述,却又为精神分析理论的阐发者提供了激进化延展的空间。

在发表于1908年的《"文明的"性道德与现代神经症》这篇文章中,弗洛伊德就曾集中讨论了那种在他所身处的社会环境中占据主导地位的"'文明的'性道德"与那些在现代社会中猛增的神经官能症之间的关系问题,并且特别论及"'文明的'性道德"与权威"家长"的结合。依照弗洛伊德的论述,"家长"在家庭中对童年期子女的"自体性欲的性活动"的严厉训诫,对青春期子女的"对象爱恋"的爱情冲动的强力压制,特别是对女儿的贞操观灌输、性知识封锁和婚姻操控,会使得子女受迫于"家长"的权威和文明的教化而陷入严重的自我压抑与强烈的精神冲突中,而过度的自我压抑与精神冲突会给他们的生活埋下神经官能症的病根。[①] 尽

---

① see Sigmund Freud, "'Civilized' Sexual Morality and Modern Nervous Illness," in *The Standard Edition of the Complete Psychological Works of Sigmund Freud*, Volume IX, pp. 194 – 204.

管弗洛伊德也承认，通过教育对儿童的"自体性欲"施加一定程度的限制并非没有必要之事。但他在与《"文明的"性道德与现代神经症》同年发表的论文《儿童的性理论》中又提出，"家长"对儿童手淫行为的严密监视和发现该行为之后的严厉恐吓，会让儿童（此处的原型为男孩）产生自己"首要的性敏感带和自体性欲的性对象"将遭到阉割的恐惧。① 在此后的一些著作中，弗洛伊德又进一步指出，强烈的"阉割焦虑"会使得"阉割威胁"以不同的象征形态反复出现在儿童的幻想中，这种"阉割情结"深刻而持久地影响着人的心理，子女因畏惧"家长"（父亲）的严酷惩罚而被迫放弃自己的性欲满足，以至于引发恐惧症、焦虑症的精神症候。弗洛伊德强调，神经官能症无论程度如何，也无论发生于何处，总是会破坏文明的目的，造成那种虽受压制而又固执运作的精神力量与文明之间的敌对关系。按照他的观点，一个社会如果是"用神经疾病的增多来换取人们对其广泛规范的遵从"，那么"它就不能声称它以某种牺牲为代价获得了什么"。虽然弗洛伊德自认为，对社会提出改革的建议"当然不是一名医生的职责"，但他还是感到有必要向社会发出这样的质询：

> 我们完全可以提问，"文明的"性道德是否值得我们为之付出那样的强制性牺牲？尤其是在我们还要为了将一定程度的个体幸福的满足包含在我们文化发展的目标当中，而在很大程度上服膺于享乐主义的时候。②

就笔者的问题意识而言，弗洛伊德的这番质询可以说蕴含着激进性的文化–政治指向。他虽然尚未提出具体的改革方案，但已然在十分明确地提示，唯有变革当时占据主导地位的道德观念，乃至改造与之相关的社会规范，方能减少因"驱力"和文明之间的冲突而造成的精神痛苦，开创一种能让更多的人更好地获得"幸福"的文明形态。既然压抑性的道德观念是与父权制的社会规范紧密结合在一起的，那么，弗洛伊德的此类论述也就不仅包含了对于保守道德观的直接批判，而且还蕴含着针对父权制家庭

---

① Sigmund Freud, "On the Sexual Theories of Children," in *The Standard Edition of the Complete Psychological Works of Sigmund Freud*, Volume IX, pp. 215 – 216.

② Sigmund Freud, "'Civilized' Sexual Morality and Modern Nervous Illness," in *The Standard Edition of the Complete Psychological Works of Sigmund Freud*, Volume IX, pp. 203 – 204.

的批判意向。

正是因为蕴含有这样的意向,弗洛伊德的相关论述才会在20世纪的历史中激发一代又一代弗洛伊德主义者将"性解放"的话语与反对父权制的话语连接在一起,这其中影响最为深远的,要数奥地利精神分析师奥托·格罗斯,以及在二战期间移民到美国的奥地利犹太裔精神分析师威廉·赖希。

作为弗洛伊德最早的追随者之一,格罗斯虽然成了一名精神分析师,但他又以极度激进的姿态反对所谓的"精神疾病治疗"的医学宗旨,并且倡导通过自由性爱的方式来解除精神压抑。这位放浪形骸的无政府主义者,将禁锢个体的精神压抑与根植于父权制家庭的权威主义社会结构联系在一起,并援引瑞士人类学家约翰·巴霍芬关于史前"母系氏族制"社会的假说,① 对弗洛伊德的理论进行了激进的重新阐发。他否定精神压抑之于文明的必要性,主张让人类文明回归到非父权制乃至无等级制的"黄金时代",也就是建立一种"母系氏族共产主义"的社会,以彻底解放在既存文明中遭到镇压的"性驱力"。②

无独有偶,作为第二代精神分析师中的佼佼者,赖希也依据恩格斯以及美国人类学家路易斯·摩根等人的著作,③ 断定人类社会最初的组织形

---

① 巴霍芬在1861年出版的《母权论》中首次提出"母系氏族制"/"母权制"概念,论证了在父系氏族制社会之前,人类社会曾有一个"母系氏族制"的阶段。see Johann Jakob Bachofen, *Mother Right: A Study of the Religious and Juridical Aspects of Gynecocracy in the Ancient World*, translated by David Partenheimer (Lewiston: Edwin Mellen Press, 2005).

② see Otto Gross, "Overcoming Cultural Crisis," translated by John Turner, in *Anarchism: A Documentary History of Libertarian Ideas*, Volume One: *From Anarchy to Anarchism (300 CE to 1939)*, ed. Robert Graham (Montreal / New York / London: Black Rose Books, 2005), pp. 281 – 283; Otto Gross, "Protest and Morality in the Unconscious," translated by Ted Gundel, in *New German Critique* Number 10 (Winter, 1977), pp. 105 – 109; Petteri Pietikainen, *Alchemists of Human Nature: Psychological Utopianism in Gross, Jung, Reich And Fromm* (London: Pickering & Chatto, 2007), pp. 46 – 93.

③ "母系氏族制"假说自巴霍芬提出以来就一直争议不断。路易斯·摩根在他的著作《古代社会:人类从蒙昧时代经过野蛮时代到文明时代的发展过程的研究》中,采纳了巴霍芬的观点,认为人类社会普遍经历了"母系氏族制"阶段,从"母系社会"转变为"父系社会"是一个漫长的历史发展过程。参见〔美〕路易斯·亨利·摩尔根《古代社会》,杨东莼、马雍、马巨译,商务印书馆,2012。恩格斯在他的著作《家庭、私有制与国家的起源》中也支持巴霍芬和摩根的观点。参见恩格斯《家庭、私有制与国家的起源》,《马克思恩格斯全集》第21卷,中共中央马克思恩格斯列宁斯大林著作编译局编译,人民出版社,1965,第27~203页。

式是"母系氏族制",并主张要通过激进的革命来废除父权制的家庭结构,让人类社会在生产力高度发展的文明条件下重新转变成"母系氏族制"那样的社会组织形态,亦即一种"新的共产主义集体"的社会组织形态。面对法西斯主义在欧洲甚嚣尘上的历史情势,赖希在出版于20世纪30年代的一系列著作中,对"保守的性学""反动的性道德""强制性的家庭"与权威主义的社会秩序、法西斯主义的国家机器之间的合谋展开了激烈的批判。赖希指出,父权制家庭作为一种"强制性的家庭",是在压迫性的阶级社会的历史发展过程中形成的,它同时又构成了保障和塑造阶级社会权威主义体系最重要的建制。这种家庭的"俄狄浦斯式三角结构"既以性压抑作为其存在的前提条件,又充当了实施性压抑的最主要的场所,它不仅严酷地扼杀儿童的性冲动,严重地伤害个体的性生活,而且还造成了一种顺从于权威、屈服于秩序的"性格结构"。而这种"性格结构"作为社会经济状况与意识形态之间的中介环节,为权威主义乃至极权主义的政治统治制造了温床。按照赖希的主张,追求人类解放的激进革命,必须将马克思主义的"宏观革命"即社会革命与弗洛伊德主义的"微观革命"即"性革命"结合在一起,方能在改造压迫性的政治经济结构的同时改造压抑性的"性格结构",从而真正地解决人类的相互奴役和自我征服的问题,实现人类的真正解放。[1]

无论格罗斯还是赖希,都不仅在弗洛伊德精神分析理论的激发之下,通过公开的论著提出了反对性压抑、反对父权制的理论主张,而且还尝试将他们带有乌托邦色彩的主张转化为实践行动。[2] 虽然这两位"性解放"先锋的实验,在其生前都备受阻挠、难以为继,但他们的理论主张与实践行动却在其逝世之后赢得了为数众多的效仿者和追随者,对后来的"性解

---

[1] see Wilhelm Reich, *The Invasion of Compulsory Sex-Morality*, translated by Werner and Doreen Grossmann (New York: Farrar, Straus and Giroux, 1971); Wilhelm Reich, *Sexual Revolution: Toward a Self-Regulating Character Structure*, translated by Therese Pol (New York: Farrar, Straus and Giroux, 1974); Wilhelm Reich, *The Mass Psychology of Fascism*, translated by Vincent R. Carfagno (New York: Farrar, Straus and Giroux, 1980); Wilhelm Reich, *Character Analysis*, translated by Vincent R. Carfagno (New York: Farrar, Straus and Giroux, 1980).

[2] see Martin Green, *Mountain of Truth: The Counterculture Begins, Ascona, 1900 – 1920* (Hanover and London: University Press of New England, 1986); Elizabeth Ann Danto, *Freud's Free Clinic: Psychoanalysis and Social Justice, 1918 – 1938* (New York: Columbia University Press, 2005); Wilhelm Reich, *Sex-Pol: Essays, 1929 – 1934*, edited by Lee Baxandall, translated by Anna Bostock (London: Verso, 2013); Christopher Turner, *Adventures in the Orgasmatron: How the Sexual Revolution Came to America* (New York: Farrar, Straus and Giroux, 2011).

放运动"和"反文化运动"产生了难以估量的巨大影响。

三 女性性欲与父权文化的冲突

当弗洛伊德的"俄狄浦斯情结"隐喻让父权制的议题无所遁形的时候,他的部分论述当然也就会与 19 世纪末 20 世纪初风起云涌的女性主义浪潮发生接触、互动乃至耦合。正如赖希在他的《性革命:走向一种自我调节的性格结构》[①] 中所指出的,父权制建立在"妇女与儿童的经济屈服"之上,建立在"她们对权威的屈服"之上;因而,反对父权制的抗争也就势必要伴随种种致力于消除父权制对女性与儿童的制度性压迫的社会运动。[②] 而在诸种反对父权制的社会抗争运动中,最具有社会影响力与社会动员力的,除了格罗斯、赖希所代表的试图将"性解放"话语、无政府主义倾向的"母系氏族制"假说与共产主义理想结合在一起的"性革命"运动之外,还莫过于 19 世纪末 20 世纪初已然初具规模的女性主义社会运动。

法国大革命时期,妇女领袖奥兰普·德古热针对《人权与公民权利宣言》所标举的人权只涵盖男性的权利却不涵盖女性的权利这一社会文化事实,而在 1791 年发表《女权与女性公民权宣言》;[③] 自此到弗洛伊德建构其精神分析理论的时代,女性主义运动已经走过了约一个世纪的历程。在此期间形成的"第一波女性主义"运动浪潮[④]主要将抗争、诉求聚焦在争

---

① 值得一提的是,赖希的这部著作在 1936 年首次出版时,其德文标题是"文化斗争之中的性欲:论人的社会主义重构"。这一题目显示赖希与国际共产主义运动之间的关联,赖希本人也曾经以共产党员的身份开展他的"性政治"运动;不过,由于赖希发起的"性政治"运动与当时德语区共产主义政党的政治策略与斗争方向存在难以调和的分歧;赖希早在 1930 年就被奥地利共产党开除出党,在 1933 年又被德国共产党开除出党。而"性革命:走向一种自我调节的性格结构"这个在"性解放"运动中流传更广的题目,则是在赖希移民到美国之后出版的英文译本的标题。

② Wilhelm Reich, *Sexual Revolution*: *Toward a Self-Regulating Character Structure*, p. 28.

③ see Joan Wallach Scott, " 'A Woman Who Has Only Paradoxes to Offer': Olympe de Gouges Claims Rights for Women," in *Women and the French Revolution*, ed. Sara E. Melzer and Leslie W. Rabine (New York and Oxford: Oxford University Press, 1992), pp. 102 – 120.

④ 学界通常将现代西方女性主义运动的历史划分为"三波":"第一波女性主义"运动萌生于 18 世纪末,一直绵延到 20 世纪初;"第二波女性主义"运动兴起于 20 世纪 60 年代,一直持续到 20 世纪 80 年代;而 20 世纪 90 年代以来的女性主义运动则被视作"第三波"。see Maggie Humm, *The Dictionary of Feminist Theory* (Columbus: Ohio State University Press, 1995), p. 251.

取与男性平等的公民权、财产继承权、受教育权、就业权等政治、经济权利的领域。面对风起云涌的女性主义运动，弗洛伊德的个人态度颇为暧昧，他曾在1883年将英国女性主义运动的意见领袖哈里特·泰勒的重要文章《妇女的选举权》① 翻译为德文，并且在同年写给自己的未婚妻玛莎·贝尔内斯的私人书信中表示："法律和习俗必须将诸多原先与妇女相隔绝的权利赋予妇女。"但这位试图通过为布尔乔亚提供医疗服务来跻身维也纳中上层社会的19世纪绅士，随即又补充道："妇女的位置却只能是这样的——在年轻时是一位受宠的甜心，在成熟时是一位被爱的妻子。"② 由此可见，弗洛伊德虽在一定程度上支持女性的平权诉求，但他同时又鲜明地坚持男性中心主义的性别刻板印象。的确，正如许多女性主义者已经指出的，男性中心主义的性别刻板印象，甚至是不自觉的性别歧视，渗透在弗洛伊德的书信与论著的字里行间；但笔者在此要特别指出的是，弗洛伊德在他的精神分析工作中，又不断地与一些有悖于其性别刻板印象的"新女性"发生遭遇，而这些异质性的遭遇使得弗洛伊德的论述，难以避免地会吸纳进一些与父权文化逻辑及男性中心主义观念相冲突的异质性元素，进而与女性主义运动发生奇特的耦合。

事实上，弗洛伊德的精神分析事业从一开始就与女性主义运动存在微妙的纠葛。弗洛伊德的精神分析工作，起步于针对神经官能症尤其是歇斯底里症的治疗实践，而歇斯底里症在当时恰恰被社会主流观点视作一种"女性专属"的疾病。③ 虽然弗洛伊德的恩师让-马丁·夏尔科已经通过他开拓性的研究工作指出，歇斯底里症是一种既会发生在女性身上，也会

---

① see Harriet Taylor Mill, "Enfranchisement of Women," in *Sexual Equality*: *Writings by John Stuart Mill, Harriet Taylor Mill, and Helen Taylor*, ed. Ann P Robson and John M. Robson (Toronto: University of Toronto Press, 1994), pp. 178 – 203.
② Sigmund Freud, "Sigmund to Martha Bernays, November 15, 1883," in Sigmund Freud, *Letters of Sigmund Freud*, selected and edited by Ernest L. Freud, translated by Tania and James Stern (New York: Basic Books, 1975), p. 76.
③ "歇斯底里"（hysteria）这个医学概念，在词源学上可以追溯至古希腊语词"ὑστέρα"，这个词在古希腊文中意为"子宫"，从古希腊时期一直到19世纪后半叶，歇斯底里症在西方都被普遍认为是一种唯有女性才会罹患的病症，其症候是由女性生殖器官的移位或紊乱引起的。see Helen King, "Once upon a Text: Hysteria from Hippocrates," in Sander Gilman et al., *Hysteria beyond Freud* (Berkeley and Los Angeles: University of California Press, 1993), pp. 3 – 90; G. S. Rousseau, "'A Strange Pathology': Hysteria in the Early Modern World, 1500 – 1800," in Sander Gilman et al., *Hysteria beyond Freud*, pp. 91 – 221.

发生在男性身上的神经疾病，① 但是，弗洛伊德在其私人诊所中接诊的歇斯底里症患者又确实是以女性居多。在通过开创性的"谈话疗法"以及与这些来自布尔乔亚家庭的女性进行沟通、互动的过程中，弗洛伊德发现，她们的精神症候往往是与创伤性的性经历、性幻想以及受压抑的性冲动相关的。弗洛伊德正是由此初步得出了性欲在精神性神经官能症的精神病理学机制中发挥着关键性作用的观点。与此同时，弗洛伊德还敏锐地注意到，这些女性在清教主义环境中发生的性压抑，往往又和她们在父权制家庭中遭到的知识封锁与思想禁锢有联系。

在此特别值得一提的例子，是精神分析式"谈话疗法"的首例个案的案主——化名为"安娜·欧"（Anna O）的奥地利犹太裔女性贝尔塔·帕彭海姆（Bertha Pappenheim）。按照弗洛伊德曾经的合作伙伴约瑟夫·布洛伊尔的描述，这位从21岁时就开始罹患歇斯底里症且长期受其困扰②的女性，"拥有非常高的智力、相当出色的记忆力、引人注目的敏捷的推理能力以及敏锐的直觉"，其"强大的理解力"足以"消化其所需的坚硬的精神食粮"。然而，自从她过早地离开学校之后，就再也无法获得吸收新鲜知识的机会；这位思维灵敏、精力旺盛的女性过着"完全受制于其家庭的极其单调的生活"，这种牢笼般的困境使得她只能逃往其内心世界的"私人剧院"，沉溺在"她高度发达的诗情与幻想的天赋"之中。③ 颇耐人寻味的是，在虽然疗效有限，但毕竟是有所成效的精神分析式"谈话疗法"，让帕彭海姆体验到自己丰沛的情感与欲望之后，这位无疑堪称天资

---

① see A. R. G. Owen, *Hysteria, Hypnosis and Healing: The Work of J. M. Charcot* (London: Dobson, 1971).

② 帕彭海姆从1880年12月开始接受布洛伊尔的治疗，并在1881年与布洛伊尔合作，探索出"谈话疗法"这种独特的治疗方法。布洛伊尔声称，到1882年6月时，帕彭海姆所有的症候已全部消失，"然后她就离开维也纳去旅行了一段时间，但仍然要经过相当长的一段时间，她才彻底地重获心灵的平衡，在那之后，她就享受了完全的健康"。see Joseph Breuer and Sigmund Freud, "Studies on Hysteria," in *The Standard Edition of the Complete Psychological Works of Sigmund Freud*, Volume II, pp. 40–41. 然而，依据一些学者的研究，布洛伊尔其实并未真正治愈帕彭海姆，她的某些症候依然时常会复发。see Ronald Britton, *Sex, Death, and the Superego: Experiences in Psychoanalysis* (London and New York: Karnac, 2003), pp. 7–26.

③ Josef Breuer, Bertha Pappenheim et al., "The Case History of Bertha Pappenheim (Anna O)," in Albrecht Hirschmüller, *The Life and Work of Josef Breuer: Physiology and Psychoanalysis* (New York: New York University Press, 1989), p. 277.

聪颖，然而其精神能量却长期受到严重压抑的知识女性，逐渐挣脱了父权文化加诸其身的沉重桎梏，积极地投身到公共领域的社会运动当中。她不但将包括英国女性主义运动的先驱者玛丽·沃斯通克拉夫特的经典政论著作《为女权辩护》[①]在内的许多女性主义文献译介到奥地利，撰写了大量关于女性人口交易问题、女性卖淫问题、犹太裔难民问题的文章，而且还在1904年创建了旨在为犹太裔女性争取权益的妇女组织——犹太妇女联盟，在1907年创立了致力于为犹太裔孤儿提供基本生活保障和基本教育条件的慈善机构——新伊森堡女生宿舍，为女性主义事业奉献了自己的整个后半生。[②]

正是在与帕彭海姆这样的女性精神性神经官能症患者或潜在的女性主义者的交流过程中，弗洛伊德这位的确未能免俗的大男子主义者，在因袭诸多男性中心主义陈见的同时，又在一定程度上体认到了父权文化对于女性的多重压制，以及备受压制的女性身上蕴含着的绝不容低估的精神潜能。就在犹太妇女联盟成立的同一年，弗洛伊德也在一场面向犹太人的公开演讲中，明确反对当时盛行的"女性在生物学上不如男性有智力"的观点，并且明确地反驳了这一言论的代表人物——德国神经生理学家保罗·莫比乌斯，以及其出版于1900年的著作《论女性的生理性低能》。[③]而在四年之后发表的那篇引发巨大反响的文章《"文明的"性道德与现代神经症》中，弗洛伊德再度点名批驳莫比乌斯在那部九年间已再版九次的流行书籍[④]中提出的观点。弗洛伊德指出，女性群体表象上的智力劣势并不是生物学意义上的生理因素造成的，而是由社会性的思想压制导致的后果。与此同时，弗洛伊德还将这种思想压制与父权制家庭的"家长"对其性欲的压制联系在一起，从而将他指向"'文明的'性道德"的批判矛头延伸到禁锢女性的父权文化之上。

---

① see Mary Wollstonecraft, *A Vindication of the Rights of Woman*, ed. Miriam Brody (London and New York: Penguin Books, 1992).
② see Loentz Elizabeth, *Let Me Continue to Speak the Truth: Bertha Pappenheim as Author and Activist* (Cincinnati: Hedrew Union College Press, 2007).
③ Dennis B. Klein, *Jewish Origins of the Psychoanalytic Movement* (Chicago: University of Chicago Press, 1981), p.159.
④ P. J. Möbius, *Über den physiologischen Schwachsinn des Weibes* (Vezseny: ngiyaw-eBooks, 2007).

> 显然，教育非但没有低估压制女孩的性欲直到她结婚这项任务，而且还动用了绝大多数严厉的手段。它不仅禁止性交，极力抬高保存女性贞操的价值，而且还通过让年轻女性对其所扮演的角色的所有事实保持无知，通过绝不容忍她怀有任何无法导向婚姻的爱情冲动，使得她在成长过程中远离诱惑。结果是，当女孩的家长权威突然允许她恋爱时，她却难以胜任这项精神成就，而且在她自己的感觉并不确定的情况下就进入婚姻。……在她的心理感觉中，她仍然隶属于她的家长，家长的权威造成其性欲的压制；而在她的身体行为中，她就表现出性冷淡……
>
> 一个人的性行为常常规定了他对生活其他方面的反应方式的模式。……这个命题的一种特殊应用是，性生活规定了其他功能的发挥模式，这一点可以很容易地在作为一个整体的女性身上辨认出来。尽管她们对性问题充满了求知欲，但她们的家教却阻碍她们智性地关心那些问题，通过将那种求知欲谴责为女人不应有的，谴责为某种不道德的性情倾向的标志，来对她们进行恐吓。于是，她们胆怯于对任何形式的思考，而知识对她们来说也失去了价值。这种思想禁律延伸、扩展到性的领域之外，部分地通过不可避免的观念性联系，部分则是出于不自觉的自动反应，比如，在人群中对于反思宗教的思想禁律，或者在忠贞的信徒中对于反思忠心的思想禁律。我绝不相信，可以从智性工作与性活动之间的某种生物学对立的角度，来解释女性的所谓"生理性低能"，就像莫比乌斯在一本已经引起广泛争议的著作中所声称的那样。恰恰相反，我认为，这么多女性确实显示的智力劣势，可以被追溯到那种为性压制所需要的思想抑制。①

在笔者看来，弗洛伊德的这套论述在多个层面上蕴含着可与女性主义运动发生耦合的文化－政治向度。弗洛伊德对于女性的"生理性低能"学说的批驳，以及对于女性所遭受的知识封锁与思想压制的揭示，在当时的语境中直接联系着为女性争取平等的受教育权利、参政议政权利、就业权

---

① Sigmund Freud, "'Civilized' Sexual Morality and Modern Nervous Illness," in *The Standard Edition of the Complete Psychological Works of Sigmund Freud*, Voulme Ⅸ, pp. 198 – 199.

利等性别平权诉求,在这个层面上,弗洛伊德的论述显然是与"第一波女性主义"运动的意见领袖,以及积极介入公共领域的持平权主张的"新女性"分享着相通的前提的。

与此同时,弗洛伊德对于女性在父权制家庭结构和清教主义道德环境中所遭受的性欲压制的揭示,还使得他的论述带出了"女性性欲"的议题,从而为女性主义运动提示了新的思想论域和抗争诉求。在当时的清教主义语境中,流行着一种否认"女性性欲"的知识话语,许多掌握话语权的男性学者,要么拒绝设置"女性性欲"这个议题,要么试图从生物学的角度将女性塑造成"天生性冷淡"的形象。例如,英国医师威廉·阿克顿在他的《生殖器官在童年期、青年期、成年期、老年期的功能与机能失调:在它们的生理、社会和道德关系中来考量》的性学著作中,就只围绕男性的生殖器官问题展开探讨,这部长达数百页的厚重之作,仅仅只在两处提及女性,其中一处声称大多数女性几乎不会产生性渴望,并且将少数女性的性欲发露描述为一种病理性的症候;而另一处则是涉及女性在男性阳痿的案例中所负的责任。[1] 又如,德国性学家奥托·阿德勒的著作《论女性性感知的缺乏:女性的性麻醉、性交疼痛、性欲缺乏》虽然是关于"女性性欲"议题的专著,但其主旨却是论证"女性的性本能(欲望、冲动、力比多)相较于男性明显要更为弱小"。[2] 与上述这种流行论调截然相反,弗洛伊德的精神分析经验却显示,女性和男性一样,都有着强烈的性欲和不可遏制的"力比多冲动"。需要说明的是,虽然弗洛伊德曾经在《性学三论》中用"男性气质的"这个词来形容"力比多",但他又在1915年为《性学三论》增补的注释中强调,"男性气质"与"女性气质"这对概念具有很强的误导性,它们在不同的使用者那里携带着不同的语意。弗洛伊德继而声明,当他用前者来形容"力比多"时,只不过是在意指"力比多"所具有的"主动性"。此外,弗洛伊德还表示,他倾向

---

[1] see William Acton, *The Functions and Disorders of the Reproductive Organs in Childhood, Youth, Adult Age and Advanced Life: Considered in Their Physiological, Social and Moral Relations* (Charleston: Nabu Press, 2010).

[2] Otto Adler, *Die mangelhafte Geschlechtsempfindung des Weibes: Anaesthesia Sexualis Feminarum, Dyspareunia, Anaphrodisia* (Berlin: Fischers Medicin-H. Kornfeld, 1904), p. 124. Cited in Peter Gay, *Freud: A Life for Our Time* (New York and London: W. W. Norton & Company, 1988), p. 513.

于在心理学的意义上使用"主动性"和"被动性"这对概念来替代"男性气质"与"女性气质"这两个歧义迭出、引人误解的语词。① 这也就意味着在弗洛伊德的理论框架中,无论男性还是女性,其无意识领域都充满了主动性的"力比多冲动";只不过女性往往会在后天的家庭环境和成长经历中,受到"家长"权威和道德舆论的规训与教化,因此她的身体行为才表现"性冷淡"的状态。尽管弗洛伊德的行文确乎渗透着难以尽述的性别陈见与刻板印象,但他关于父权文化的性压制的论述,还是在女性主义者的群体中引起了广泛的共鸣。正是在弗洛伊德的影响之下,许多女性主义者开始将"妇女解放"的诉求与"性解放"的诉求联结在一起,并且向禁锢女性、压制性欲的父权制发起猛烈的抨击。就在弗洛伊德发表《"文明的"性道德与现代神经症》的第二年,奥地利女性主义者格雷特·迈泽尔-赫斯出版了《性危机:对于我们的性生活的批判》;在这部著作中,迈泽尔-赫斯援引弗洛伊德的相关论述,明确地提出女性应当努力破除父权制造成的性压抑,勇敢地追求"女性性欲"的解放;她同时还指出,性自由的争取与政治、经济权利的争取是相辅相成的,因为女性的"性解放"必须建立在女性经济的独立以及社会对母职制的健全、保障之上。② 这样的主张无疑为原先主要聚焦于公共事务和政治、经济权利的女性主义运动开拓了新的思想论域和增加了新的抗争诉求。

四 "女性性欲之谜"与精神分析女性主义

需要特别指出的是,弗洛伊德对于女性的"特殊"性生活状态的探查,不仅带出了"女性性欲"的议题,而且还引出了"性别差异"的议题。而笔者在此要着重强调的是,弗洛伊德就此议题做出的主要贡献,并不在于他提供了什么真知灼见,而是在于他对这一议题的设置意义。如前文所述,弗洛伊德曾经尝试将"俄狄浦斯情结"表述为一种普遍存在于人

---

① Sigmund Freud, "Three Essays on the Theory of Sexuality," in *The Standard Edition of the Complete Psychological Works of Sigmund Freud*, Volume Ⅶ, p. 219.
② Grete Meisel-Hess, *The Sexual Crisis: A Critique of Our Sex Life*, trans. Eden and Cedar Paul (New York: Critic and Guide Co., 1917).

类心理结构当中的无意识欲望模式,但当他以"俄狄浦斯"来命名他为"人之谜"给出的这个普遍主义答案时,当他用他自己的个人经验来为这个答案提供佐证时,他所探讨的对象的特定性别属性也就昭然若揭。作为一位需要接诊无数女性精神性神经官能症患者的精神分析师,弗洛伊德必须让他的假说对女性个体也具有阐释力;然而,如果我们将弗洛伊德撰写的两份以女性患者为案主的长篇临床个案报告①和三份以男性患者为案主的长篇临床个案报告进行对照阅读后就会发现,弗洛伊德对那三位男性受分析者的治疗要相对更顺利,而他对那两位女性受分析者的分析则都遭到对方强力而持久的抗拒,以至于分析实践没能成功地完成,最终只得半途而废。在笔者看来,这一事实显示,弗洛伊德以男性儿童为原型推演出的心理学模型,尤其是携带着父权主义色彩的"俄狄浦斯情结"假说和携带着"菲勒斯中心主义"色彩的"阉割情结"假说,无论在弗洛伊德的操作中经历怎样的修正、变形,在很大程度上都并不适用于女性个体。在这里,弗洛伊德遭遇到了一个他难以解答的谜题——"女性性欲之谜"。

对于笔者来说,在这个议题上真正耐人寻味的,并不是弗洛伊德如何针对"女性性欲之谜",在他的精神分析生涯后半段绞尽脑汁地修正"俄狄浦斯情结"假说,而是他如何像那位在全剧结尾处自瞎双目、自我放逐的悲剧英雄一样,最终意识到了自己的知识极限与根本性盲视。在其精神分析生涯的最后阶段,弗洛伊德不得不承认,"只有在男性儿童的身上,我们才发现那种命定的联系——爱慕双亲中的其中一位,同时仇恨作为敌手的另一位",而在女性儿童的身上,并没有发现与男性儿童相对应的所谓"俄狄浦斯情结"。② 他不得不承认,男性精神分析师所自以为掌握的

---

① 它们分别是以化名"杜拉"(Dora)的18岁少女艾达·鲍尔(Ida Bauer)为案主的《一例歇斯底里症个案的分析片段》和以一位匿名的18岁女同性恋者为案主的《一例女性同性恋个案的精神发生学》。see Sigmund Freud, "Fragment of an Analysis of a Case of Hysteria," in *The Standard Edition of the Complete Psychological Works of Sigmund Freud*, Volume VII, pp. 3 - 122; Sigmund Freud, "The Psychogenesis of a Case of Homosexuality in a Woman," in *The Standard Edition of the Complete Psychological Works of Sigmund Freud*, Volume XVIII, pp. 147 - 172.

② Sigmund Freud, "Female Sexuality," in *The Standard Edition of the Complete Psychological Works of Sigmund Freud*, Volume XXI, p. 229.

关于"女性早期发展"的知识,全都是"令人不满意和不确定的"。① 他不得不坦承,对于女性身体的性敏感问题,他虽然深感兴趣,却始终"一无所知"。② 他不得不坦白,他虽然觉得自己已经非常诚恳地尝试了解"成年女性的性生活",却仍然对这一问题深感困惑,就像是面对一块"黑暗的大陆"一般。③ "黑暗的大陆"无疑是一个现代的比喻,弗洛伊德就像那些开启现代文明全球化进程的航海家和探险者一样,企图探索并征服未知的领域;但这个发自深谙父权文化的现代"俄狄浦斯"的修辞,又牵连着一条古老的脉络:它只不过是暴露了延续数千年的父权文化所塑造的知识系统其实是以对女性的排除和遮蔽作为前提或者说"代价"的。对于自身的无知状况的知觉,让弗洛伊德在其晚年情不自禁地向女性好友玛丽·波拿巴发出这样的慨叹:

> 尽管我花费了30年的时间去探究女性的心灵,但有一个重大的问题从未得到过回答而我也始终未能解答,那就是——"女人究竟想要什么?"(Was will das Weib?/ What does a woman want?)④

在笔者看来,弗洛伊德的这一慨叹既是在表露他的一种自知之明,也是在发出一份诚挚的邀请。他首先是邀请女性精神分析师来解答"女人究竟想要什么?"这个问题,按照他的说法,像海伦娜·多伊奇那样的女性精神分析师或许会比像他这样的男性精神分析师,更能够深入地挖掘女性受分析者内心深处那些对他来说"如此难以捉摸"的隐秘经验。⑤ 作为一位女性平权的支持者,弗洛伊德在 1910 年 4 月维也纳精神分析学会的会议上就力排众议,力主学会应当接收女性会员;从此,弗洛伊德建立的精

---

① Sigmund Freud, "Freud to Jones, February 22, 1928," in *Freud Collection*, D2, LC. Cited in Peter Gay, *Freud: A Life for Our Time*, p. 501.
② Sigmund Freud, "Freud to Abraham, December 8, 1924," in *A Psycho-Analytic Dialogue: The Letters of Sigmund Freud and Karl Abraham, 1907 – 1926*, ed. Hilda C. Abraham and Ernst L. Freud, trans. Bernard Marsh and Hilda C. Abraham (New York: Basic Books, 1965), p. 376.
③ Sigmund Freud, "The Question of Lay Analysis," in *The Standard Edition of the Complete Psychological Works of Sigmund Freud*, Volume XX, p. 212.
④ Cited in Ernest Jones, *The Life and Work of Sigmund Freud: Volume II: Years of Maturity, 1901 – 1919* (New York: Basic Books, 1955), p. 421.
⑤ Sigmund Freud, "Female Sexuality," in *The Standard Edition of the Complete Psychological Works of Sigmund Freud*, Volume XXI, pp. 226 – 227.

神分析共同体开始有了女性成员的加入。① 在职业女性的努力争取与弗洛伊德大力支持的合力推动下,从 1910 年到 1919 年,注册精神分析师的男女性别比由 80 比 2 转变为 221 比 39;而到了 1929 年,这一性别比更是转变为 219 比 92。② 相比起当时的大多数行业,精神分析领域无论在性别比例③还是在晋升渠道上④,都对女性显示更高的开放性。正是在这样的条件下,海伦娜·多伊奇、梅兰妮·克莱茵、卡伦·霍尼等许多颇具影响力的女性精神分析师,都不断依据自己的精神分析经验提出创新性的见解,不断丰富着人们对于"女性性欲""女性气质""母婴关系""对象关系"等问题的理解。⑤ 这其中尤以卡伦·霍尼最为突出,她在 20 世纪 20 年代就围绕女性心理的问题连续发表了多篇矛头直指弗洛伊德的论辩文章,在精神分析学界掀起了一场影响深广的大论争,按照厄内斯特·琼斯的总结,这场论争的"最终争议"在于"女性究竟是天生的,还是被塑造而成的"。⑥ 此后,霍尼还在激烈地驳斥弗洛伊德的"菲勒斯中心主义"心理学理论的基础上,将精神分析提供的思想资源与社会学的知识相结合,

---

① Wiener Psychoanalytischen Vereinigung, "Vortragsabend: am 13. April 1910," in Hermann Nunberg, Ernst Federn (Hg.), *Protokolle der Wiener Psychoanalytischen Vereinigung*, Band Ⅱ, *1908–1910*, Übersetzung der Anmerkungen von Margarete Nunberg (Giessen: Psychosozial-Verlag, 2008), p. 440.

② Nellie Thompson, "Early Women Psychoanalysts," *International Review of Psychoanalysis*, Volume 14 (1987), p. 392. Cited in Eli Zaretsky, *Secrets of the Soul: A Social and Cultural History of Psychoanalysis* (London and New York: Vintage, 2005), p. 195.

③ 可作对比的一组数字是,即便到了 1933 年,女性律师在德国律师中的所占比例也只有 1.3%,女性医生在德国医生中的所占比例也只有 6.5%。see Jill Stephenson, "Women and the Professions in Germany," in *German Professions: 1800–1950*, ed. Geoffrey Cocks and Konrad H. Jarausch (New York: Oxford University Press, 1990), p. 279; Atina Grossmann, "German Women Doctors from Berlin to New York: Maternity and Modernity in Weimar and in Exile," *Feminist Studies*, Volume 19, Number 1 (Spring, 1993), p. 67.

④ 例如,海伦娜·多伊奇曾被当时维也纳大学内科医学专业的主考官拒之门外,无法参加医学讲座;而与之形成鲜明对照的是,多伊奇在成为一名精神分析师之后,很快就被委任以主持建立维也纳精神分析培训机构的重任,并成为了该机构的首位主任。see Eli Zaretsky: *Secrets of the Soul: A Social and Cultural History of Psychoanalysis*, pp. 195–196; Janet Sayers, *Mothers of Psychoanalysis: Helene Deutsche, Karen Horney, Anna Freud, Melanie Klein* (New York and London: W. W. Norton & Company, 1991), p. 3.

⑤ see Janet Sayers, *Mothers of Psychoanalysis: Helene Deutsche, Karen Horney, Anna Freud, Melanie Klein*, pp. 3–144, 205–260.

⑥ Ernest Jones, "Early Female Sexuality," in Ernest Jones, *Papers on Psycho-Analysis* (London: Bailliere, Tindall and Cox, 1938), p. 616.

形成她自己的一套关于女性心理的社会心理学阐释；与此同时，她对父权社会的那种贬抑女性并导致女性自我贬抑的主导性文化展开尖锐的批判，开发了一条"精神分析女性主义"的思想脉络。①

更进一步地说，弗洛伊德还向精神分析圈之外的广大女性发出了邀请，他邀请她们依据自己长期遭受父权文化遮蔽的切身体验来回答"女性性欲之谜"。在出版于1933年的《精神分析引论新编》中，弗洛伊德就在总结完自己就"女性气质"问题提出的假说之后，以这样的文字结束了《女性气质》这一篇章：

> 以上就是关于女性气质我必须告诉你们的一切。它们当然是不完备而零碎的，而且听起来并不总是顺耳。但不要忘记，我对女性所作的描述，仅仅限于她们的性质受到她们的性功能的规定这一点。这种影响的确是很深远的，但我们不要忽视这样的事实，一位女性个体也会作为人生活在其他领域。如果你们想对女性气质有更多的了解，你们就去研究你们自己的生活经验，或转向诗人，或等待科学为你们提供更深刻更连贯的信息。②

在这里，弗洛伊德不再是那位自信满满的普遍主义者，而是表现为一位自知自己无知的人。正是这两个弗洛伊德之间的内在张力，打开了一个独特的思想论域，让波伏娃、弗里丹、米利特等女性主义者得以通过与弗洛伊德的批判性对话，推进对"女性气质""女性性欲""性别差异""父权制"等议题的深入探讨，进而推动"第二波女性主义"运动浪潮的到来。

---

① see Karen Horney, *Feminine Psychology*, ed. Harold Kelman (New York and London: W. W. Norton & Company, 1967).

② Sigmund Freud, "New Introductory Lectures on Psycho-Analysis," in *The Standard Edition of the Complete Psychological Works of Sigmund Freud*, Volume XXII, p. 135.

朱迪斯·巴特勒的接受与研究

何 磊[*]

摘要 朱迪斯·巴特勒是当今性别研究领域最重要、最著名的理论家之一，自从《性别麻烦》问世以来，围绕她的赞誉与争议就从未停止。在"9·11"事件前后，巴特勒的关注重点发生了"伦理转向"，亦即由颠覆霸权规范到反思政治基础的转变。回顾、梳理巴特勒在英语世界与中国学界的接受与研究情况之后我们发现，尽管具有这样或那样的局限与不足，巴特勒的理论影响早已超越性别研究，在人文社会科学的各个领域开拓、启发了多元的批判空间。

关键词 朱迪斯·巴特勒 性别研究 伦理转向 批判理论

Abstract Judith Butler is one of the most important and famous theorists in the field of gender studies today. Since the publishing of *Gender Trouble: Feminism and the Subversion of Identity*, the appreciation and controversy surrounding her theory has never stopped. There has been an "Ethical Turn" in Butler's academic interests ever since "9/11" incident that could be concluded as turning from the subversion of hegemonic norms to the reflections on the foundation of politics. Reviewing Butler's reception and research in the English-speaking world and domestic academic circles,

---

[*] 何磊，首都经济贸易大学文化与传播学院副教授，主要研究方向为西方哲学与跨文化。本文系北京市社会科学基金青年项目"朱迪斯·巴特勒思想研究"（项目编号：15ZXC021）及 2016 年度教育部人文社会科学重点研究基地重大项目"文化诗学视域下的 21 世纪西方文论思潮研究"（项目编号：15JJD750010）的阶段性成果。

it is evident that, despite the limitation of her works, Butler and her theory has been widely influential beyond gender studies, pioneering and inspiring multiple critical spaces in various fields of humanities and social sciences.

Keywords　Judith Butler; gender studies; ethical turn; critical theory

一　巴特勒著述发展历程回顾

提及当代的性别研究,美国哲学家朱迪斯·巴特勒(Judith Butler)恐怕无人不晓。仅从教职来看,身为加州伯克利大学修辞学与比较文学系教授①的巴特勒,并无特别之处。但我们不妨了解几组简单的数据:至今,巴特勒的著作已有超过 20 种语言的版本,仅英文版的总销量就已超过数十万册②;在人文社会科学领域,至少有 10 门学科③深受巴特勒理论的影响;2007 年的一份统计④显示,在古往今来所有的人文学者中,巴特勒的引用率排名第 9(在世者中排名第 4);时尚杂志亦将其评为 20 世纪 90 年代大众文化领域最具影响力的 50 人之一。⑤ 在这样一个数字与流量主宰一切的时代,就上述数据而言,巴特勒已经当之无愧地成为当代美国乃至英语学界最具影响力,同时也最具争议的哲学家之一。

细读其作品我们不难发现,加州伯克利大学的教职同巴特勒真正的研究方向并不一致:狭义的"修辞学"与"比较文学"从未成为这位哲学家的主要研究目标,广义的哲学(或者用今日时髦的话语来说,就是跨学科、跨领域,融会贯通的"哲学+")才是其真正的志业所在——性别、身体、规范、精神、话语、政治、暴力等理论关键词,共同构成了巴特勒哲学著述的"议题星座",而她的每一次关注、每一次介入都能在相关领

---

①　见加州大学伯克利分校相关介绍页面,https://vcresearch.berkeley.edu/faculty/judith-butler,最后访问日期:2019 年 7 月 24 日。
②　见加州大学伯克利分校相关介绍页面,https://vcresearch.berkeley.edu/faculty/judith-butler,最后访问日期:2019 年 7 月 24 日。
③　包括但不仅限于哲学、社会学、人类学、法学、传播学、政治学、艺术学及文学等。
④　详见 2007 年人文学科被引作者排名,http://www.timeshighereducation.co.uk/story.asp?storyCode=405956,最后访问日期:2019 年 7 月 24 日。
⑤　see Moya Lloyd, *Judith Butler: From Norms to Politics* (Cambridge: Polity Press, 2007), p. 1.

域造成别样的启发、冲击,甚至颠覆。回顾巴特勒从 1987 年至今的著述,我们可将其思想发展或曰关注重点划分为如下三大部分:理论基础、议题介入与伦理转向。

《欲望主体》(Subjects of Desire: Hegelian Reflections in Twentieth-Century France)与《权力的精神世界》(The Psychic Life of Power)[1] 两部著作奠定了巴特勒的理论基础与研究根基。1987 年出版的《欲望主体》一书系朱迪斯·巴特勒博士学位论文的增补版本,看似只是一部无足轻重的处女作,实则具有非常重要的意义与价值。欧陆哲学(尤其黑格尔哲学、现象学)是巴特勒的学术根基,而《欲望主体》正是这种学术训练的提炼、总结与升华。这部著作的主题是德国现代哲学巅峰著作黑格尔的《精神现象学》一书引发的"欲望主体"问题,巴特勒在书中梳理了这个重要概念对 20 世纪法国哲学造成的启发与冲击,以及概念本身在当代法国哲学语境中的接受、继承、改造、嬗变与异化。借此,巴特勒提出了贯穿其今后著述始终的根基性问题,亦即"欲望主体的悖论":当代哲学语境中,现代主体面临着深刻的危机与悖论,深陷于唯意志论与极端决定论框定的泥淖之中,左右为难、无所适从。可以说,《欲望主体》提出的这一"大哉问"构成了巴特勒所有哲学问题的起点与根本。可惜的是,无论在英美学界还是中文学界,该书始终乏人问津。在中文学界,《欲望主体》,甚至提及该书的学术讨论都极为罕见。作为理论基础部分的另一部力作,《权力的精神世界》同《欲望主体》的地位与遭遇都非常类似。在《权力的精神世界》中,巴特勒拾起了《欲望主体》书中未能详细展开分析的福柯权力理论,并且比福柯更进一步,创造性地将其与弗洛伊德、拉康等人的精神分析哲学相结合,从精神与心理的层面分析主体的塑形过程(亦即主体化过程),揭示了主体的矛盾真相:主体之所以能够成为主体,就在于必须同权力发生共谋,此为主体的屈从;但正因为权力的运作(操演)需由主体主动屈从、配合、共谋,权力看似跋扈得无所不能,这便为权力埋下了自掘坟墓的伏笔,主体的反抗与颠覆潜能亦由此产生。

---

[1] 该书现有的中译本将书名中的"psychic life"译作"精神生活",可能会引起误解。所谓的"psychic life"指的并非中文语境中一般意义上的"精神生活",而是"(权力)在心理或曰精神层面的运作"以及"(主体)在心理或曰精神层面同权力的共谋";换言之,相较于权力在"外部"世界的"有形"运作,巴特勒在这本书中探讨的是权力的心理世界、精神世界、内心世界。

如果说，囿于决定论与唯意志论困局的窘境乃主体的宿命，那么巴特勒本人由"主体"概念出发，对具体议题（性别、身体、身份、话语等）的哲学介入就是对这一现代哲学巅峰概念的绝妙的阐发、运用、继承与扬弃。由此视之，《性别麻烦》（Gender Trouble：Feminism and the Subversion of Identity）、《身体之重》（Bodies That Matter：On the Discursive Limits of "Sex"）、《过激言论》（Excitable Speech：A Politics of the Performative）①、《安提戈涅的诉求》（Antigone's Claim：Kinship Between Life and Death）与《消解性别》（Undoing Gender）② 共同构成了巴特勒最为人所知、最为人称道，同时也最具争议的"性（性别）－身体－话语（符号）"研究。上述著作跨越了 20 世纪的最后 10 年，可谓巴特勒研究的"中期阶段"。之所以将这一阶段称作"议题介入"，是因为巴特勒正是在前期主体理论的基础上，以左翼先锋的颠覆姿态主动介入本已极具争议的女性主义及性别研究的"理论角斗场"（用巴特勒本人的话说，就是所谓的"论辩废墟"③），分析、解构、颠覆了此前人们理所当然奉为圭臬的各类概念："性别""身份""身体""物质（实在）"等，权力话语隐秘的忧郁逻辑也在巴特勒的条分缕析之下昭然若揭。

时间进入 21 世纪，"9·11"事件的突然发生为美国社会乃至全世界的政治经济秩序带来了极大的震撼。在这样的事件冲击之下，巴特勒的关注点也开始由 20 世纪 90 年代的与性别相关的议题，转向了更为广泛的政治伦理问题。由早期的"符号颠覆"转向近期的"重估价值"；巴特勒的转向体现"由破转立"的变化。从《脆弱不安的生命》（Precarious Life：The Power of Mourning and Violence）、《战争的框架》（Frames of War：When

---

① 这部著作至今未有中文译本，但其标题的中文译法（主要集中在如何准确翻译"excitable"一词上）也是巴特勒为中文学界带来的难题之一。究其字面而言，"excitable speech"似乎可译作"一触即发的话语"，拙著《欲望·身份·生命：朱迪斯·巴特勒的主体之旅》（河南大学出版社，2019）即采用了这一译法。但深究这部著作的内容我们不难发现，巴特勒借此概念探讨的其实是各种各样的"仇恨言论"（hate speech），以及是否应当由政治机构对其加以审查、限制、约束、矫正或禁止。所谓的"excitable"指的就是"令人不悦的""令人愤怒的""惹人恼怒的""（可能）造成伤害的"之类的意思，据此可将其改译作"过激言论"。
② 《消解性别》发表于 2004 年，但作为由论文集改编的著作，其主题仍然是性别及相关问题，同巴特勒近期著述的主题差异较大，故列入其中期阶段作品之列。
③ Judith Butler, Gender Trouble：Feminism and the Subversion of Identity（New York：Routledge，1999），pp. 11 – 17.

is Life Grievable?）开始，直到最近的《集会操演理论刍议》（Notes Toward a Performative Theory of Assembly），其批判对象也由性别领域的霸凌转向了更为广义的政治霸权与各类现实暴力，与同"政治忧郁"（否认人类局限，固守霸权思维）截然相反的"哀悼政治"（体认人类的脆弱，营造共存的环境）成为贯穿这一阶段的基本主题。面对国际战争、恐怖袭击、难民危机之类的问题，巴特勒分别在《脆弱不安的生命》与《说明自身》（Giving an Account of Oneself）两部著作中，将政治伦理的基础确立为"脆弱"与"无知"，主张国际社会（尤其是霸权思维主导的美国）摆脱以邻为壑的思维局限，将主体由"我（们）"拓展到一切可朽的、脆弱不安的"你（们）"，正视、珍视所有人类共存、共处的基本处境，批判从思维到行动层面的一切暴力，共同开拓真正对所有人类负责的政治伦理。

二 国外巴特勒研究成果综述

虽然处女作《欲望主体》出版之后几无反响，但《性别麻烦》面世之后，巴特勒迅速获得了学界的关注，堪称以"纯理论"介入"现实议题"的成功典范。不过，作为当代英语世界最具争议的学者，巴特勒在收获赞誉的同时也遭到诸多非议，甚至人身攻击。[①] 关于这一问题，首先我们必须明确的是：人身攻击与盲目崇拜[②]一样，都是无益于学术探索的纷扰。然而，学术争论本身却是学术研究过程中应该出现且必须出现的有益助力。忽略探讨过程带来的启发与突破，罔顾探索本身的意义，仅仅用"是－非""对－错""真－假"来衡量理论的真正价值，就实在是非常肤

[①] 访学美国南加州大学时，笔者曾在朱迪斯·霍伯斯坦（Judith Halberstam）的性别研究课程上听闻如下逸事：某支颇具愤青气质的摇滚乐队曾写过一首"撑天撑地"、睥睨众生的通俗歌曲，其中就有"去他的朱迪斯·巴特勒"这类露骨的攻击性歌词。据悉，巴特勒本人在现场听到如此不友好的"问候"之后，只是一笑置之，颇符合她本人对"过激言论"的态度：压制仇恨言论，看似制止了话语暴力，实则助长了暴力的气焰，且在复制暴力的同时使其广为传播。参见 Judith Butler, *Excitable Speech: A Politics of the Performative* (New York: Routledge, 1997), pp. 1 – 44。

[②] 朱迪斯在学术界内外，有众多拥趸，早在 1993 年就有粉丝为其创办个人刊物《朱迪!》（*Judy*）。参见 Elena Loizidou, *Judith Butler: Ethics, Law, Politics* (New York: Routledge-Cavendish, 2007), p. 1; 另见 http://www.openculture.com/2015/08/judy-1993-judith-butler-fanzine-gives-us-an-irreverent-punk-rock-take-on-the-post-structuralist-gender-theorist.html，最后访问日期：2019 年 7 月 26 日。

浅且懒惰的行为。①

《性别麻烦》出版后的 10 余年间,虽然巴特勒的著作在学界内外反响强烈,但学术界的正式回应主要呈现为论文形式。各界学者从自身领域出发,积极探索巴特勒可能在各类领域发挥的作用或者做出的贡献。对巴特勒的著述(尤其是其主体塑形理论在性别、身体、话语等层面的具体展开),很多学者采取了认可、接纳或修正、发扬的态度,就操演理论、规范与主体的关系、身体-主体之上的规范枷锁,以及价值判断等问题展开了积极讨论。② 2002 年,英美学界出现了第一部专门研究巴特勒的学术著作——劳特里奇(Routledge)出版社的"重要批判思想家(critical thinkers)丛书"之《朱迪斯·巴特勒》。③ 回顾自这部著作的出版至今 17 年间的巴特勒研究专著(含论文集),我们可将这些研究成果分成如下三大类:其一,是只关注巴特勒早中期著作,聚焦于性别、身体、话语等议题的成果;其二,则是将巴特勒置于更广阔的哲学领域,关注其伦理学与政治哲学转向的成果;其三,则是立足于自身专长领域,力图运用巴特勒理论观照某一学术领域或学术议题的作品。

第一类研究成果之所以聚焦于巴特勒最为人熟知的面相,主要原因是受时间限定,关注的主要是巴特勒转向前或转向后不久的研究成果,其中最为典型者便是萨拉·萨里(Sara Salih)和薇琪·科比(Vicki Kirby)两人的同名专著《朱迪斯·巴特勒》。萨里与科比两人对巴特勒理论的态度都倾向于理解、认可与接受。两部类型与态度极为相似的作品,都较为全面地梳理了巴特勒早期至中期的思想发展历程。萨里的著作用"主体""性别""性""语言""精神"5 个关键词来分别对应《欲望主体》《性别麻烦》《身体之重》《过激言论》《权力的精神世界》5 部巴特勒专著,科比的专著则从巴特勒理论的发展脉络入手,更具逻辑性地将巴特勒早中

---

① See Jonathan Dollimore, "Bisexuality, Heterosexuality, and Wishful Theory," *Textual Practice* 3 (10) (2006): pp. 523 – 539.
② see Elena Loizidou, *Judith Butler: Ethics, Law, Politics*, p. 157.
③ 该丛书名称中的"critical"具有双关含义:"批判"与"重要"。该丛书旨在"对当代批判理论界的关键人物作简要介绍"。丛书中的每部著作都"立足于历史情境与知识背景,关注每一位重要学者的思想意义、理论背景、关键概念及其来源,以及该人物对其他思想家的影响"。见 Sara Salih, *Judith Butler* (London and New York: Routledge, 2002);中文版系"思想家和思想导读"丛书之一,〔英〕萨拉·萨里《导读巴特勒》,马景超译,重庆大学出版社,2018。

期理论划分为"理论基础""性别与操演""话语、权力与操演""身份与政治"4个阶段,且在巴特勒本人著述的基础上,较为细致地梳理、分析了10余年间英美学术界对巴特勒的各类评价以及巴特勒本人的回应。同属此类的研究成果还有吉尔·杰格(Gill Jagger)的《朱迪斯·巴特勒:性政治、社会变迁与操演的力量》(*Judith Butler: Sexual Politics, Social Change and the Power of the Performative*)和伊莲娜·罗伊齐度(Elena Loizidou)的《朱迪斯·巴特勒:伦理、法律、政治》(*Judith Butler: Ethics, Law, Politics*)。杰格的专著以巴特勒最为人熟知的"操演理论"为主题线索,回顾了巴特勒理论的发展历程,罗伊齐度采用的分析主题则是政治、伦理与法律。此外,阿妮塔·布拉迪(Anita Brady)和托尼·西拉多(Tony Schirato)的合著《理解朱迪斯·巴特勒》(*Understanding Judith Butler*)亦属第一类研究成果。该书虽出版于巴特勒"伦理转向"多年后的2011年,却只论及《战争的框架》之前的巴特勒早中期作品,着实无法让人全面理解巴特勒的思想发展历程,不可谓不令人遗憾。

第二类较为全面的研究成果主要出现在巴特勒思想发生"伦理转向"之后,其中最具代表性的就是摩亚·罗伊德(Moya Lloyd)的《朱迪斯·巴特勒:从规范到政治》(*Judith Butler: From Norms to Politics*)。虽然这部作品仍未涉及《说明自身》之后的巴特勒近作,但罗伊德已经敏感地意识到了巴特勒的思想转向,且为这一嬗变做出了极为准确的概括——书名副标题中所谓的"从规范到政治",指的就是巴特勒从抨击规范(尤其是性别、身体、话语意义上的规范)到积极介入现实政治(尤其是更为宏观的国际政治)的转变过程。不唯如此,2015年罗伊德还召集了英美学界的巴特勒研究专家,出版了论文集《朱迪斯·巴特勒与伦理学》(*Judith Butler and Ethics*),集中探讨巴特勒的"伦理转向"以及与之相关的各类议题:情感、暴力、脆弱特质、脆弱性、(暴力威胁下的)身体,等等。作为这部重要论文集的作者之一,萨缪尔·钱伯斯(Samuel Chambers)与另外一位学者特雷尔·卡弗(Terrell Carver)合作完成的专著《朱迪斯·巴特勒与政治理论》(*Judith Butler and Political Theory: Trobuling Politics*)和编著《巴特勒的不安政治》(*Judith Butler's Precarious Politics*),同样具有全面而深入的分析视角,二人不仅指出了巴特勒的思想转向,还意识到巴特勒近作中对"责任伦理"的关注,于是从多学科交流互鉴的角度,试图发掘这一转向开启的政治潜能。在类似的研究成果中,阿妮卡·

西姆（Annika Thiem）的《非生成主体》（*Unbecoming Subjects*：*Judith Butler*，*Moral Philosophy*，*and Critical Responsibility*）非常出众。关于性别、身体、话语意义上的早中期巴特勒理论，西姆没有老生常谈、着墨陈见，而是集中关注"伦理转句"后巴特勒关于"伦理责任""暴力批判"等问题的最新思考。无独有偶，2014年出版的小书《朱迪斯·巴特勒的政治哲学》（*The Political Philosophy of Judith Butler*）同样如此。作者比尔吉特·西帕斯（Birgit Schippers）将关注重点放在巴特勒近期的政治伦理议题之上，试图借这些"新"问题观照早期的"主体塑形"问题，由此发掘巴特勒近期思想转向早已存在于早期著述中的理论根基。西帕斯令人信服地将巴特勒的主体概括为"绽出主体"①，如此重点突出又统筹全局，不失为一种别开生面的研究方式。

同前两类研究成果相比，将巴特勒引入特定问题视域的第三类研究，具有更为明确的问题意识。换言之，此类研究者不再满足于单纯地梳理巴特勒的关键学术概念或者思想发展历程，而是冀图引爆巴特勒理论的多元潜能，在各类学术领域开启别样研究的可能。在这些成果中，2005年玛格丽特·孙瑟·布林（Margaret Sönser Breen）和沃伦·J. 布鲁门菲尔德（Warren J. Blumenfeld）合作编著的《举足轻重的巴特勒》（*Butler Matters*：*Judith Butler's Impact on Feminist and Queer Studies*）可谓最早的尝试，书中收录了批判理论界的多篇研究论文，但关注重点仍然局限于女性主义与酷儿理论领域，因而未能让巴特勒的影响真正超越性别研究的范围。2006年艾伦·T. 阿默（Ellen T. Armour）和苏珊·M. 圣维尔（Susan M. St. Ville）合作编著的论文集《身体征引》（*Bodily Citations*：*Religion and Judith Butler*）则是一部非常新颖的开拓之作，该文集探讨了巴特勒理论与宗教问题以及宗教研究或宗教哲学之间可能具有或发生的关联。有意思的是，书中绝大多数文章都发表于《脆弱不安的生命》问世之前，却敏锐地预言了巴特勒将要发生的"伦理转向"，② 而宗教、宽容、世俗化、多元文化等问题也正是巴特勒近作中关注的重要面向。到21世纪20年代

---

① Birgit Schippers, *The Political Philosophy of Judith Butler*（New York and London：Routledge，2014），pp. 17 – 37.
② Ellen T. Armour and Susan M. St. Ville (ed.), *Bodily Citations*：*Religion and Judith Butler*（New York and Chichester, West Sussex：Columbia University Press, 2006），pp. 157 – 176, 276 – 291.

后，类似的研究成果更是层出不穷，其中最具代表性的就是亚瑟·柯罗克（Arthur Kroker）、罗辛·凯尔兹（Rosine Kelz）和夏洛特·查德顿（Charlotte Chadderton）三人的专著。柯罗克的《身体之旅》（*Body Drift*：*Butler*，*Hayles*，*Haraway*）一书的关注焦点是20世纪以降西方理论界的核心问题之一身体，他将巴特勒、凯瑟琳·海勒（Catherine Hayles）与唐娜·哈拉维（Donna Haraway）三人并置，认为自尼采开启所谓"身体转向"后，上述三人理论分别代表了"身体"概念在新纪元的三种嬗变，其中巴特勒的身体理论代表了身体"偶然性"爆发的阶段。凯尔兹的《身不由己的自我、责任与他异性》（*The Non-Sovereign Self*，*Responsibility*，*and Otherness*）一书，则将巴特勒与阿伦特等人并置，关注巴特勒的"责任伦理"同其他哲学家的关联。从书名即可看出，其主题同巴特勒"伦理转向"后的核心关切几无二致。在2018年出版的《朱迪斯·巴特勒、种族与教育》（*Judith Butler*，*Race and Education*）中，作者查德顿（Charlotte Chadderton）别出心裁地将巴特勒理论引入种族研究与高等教育研究中，探索由巴特勒理论出发可能形成的分析框架，以及可能得出的解决方案。

三　国外巴特勒批判典型分析

尽管巴特勒理论得到了诸多学界同侪的关注和肯定，但诋毁与否定的声音始终不绝于耳。在此，我们仅以玛莎·克雷文·努斯鲍姆（Martha Craven Nussbaum）1999年发表在《新共和》（*The New Republic*）杂志的《戏仿的教授——朱迪斯·巴特勒著作四种合评》（"The Professor of Parody：Review of Four Books by Judith Butler"）一文[①]为例，一窥巴特勒在美国学界受到的质疑与批判。虽然这篇文章篇幅不算太长，且针对的巴特勒文本只有《性别麻烦》《身体之重》《过激言论》《权力的精神世界》4部，但努斯鲍姆本人就是著名的哲学家与女性主义者，其批评根基扎实、影响甚广，能够代表巴特勒理论的几乎所有批判意见，足以总结巴特勒在

---

① Martha Nussbaum, "The Professor of Parody：Review of Four Books by Judith Butler," *The New Republic*, 220 (8) Feb. 22 (1999)：1 – 13, http://www.tnr.com/index.html, 最后访问日期：2019年7月26日。本文引用主要参考中文版，见〔美〕玛莎·努斯鲍姆《戏仿的教授——朱迪斯·巴特勒著作四种合评》，陈通造译，《汉语言文学研究》2017年第4期，第12~23页。

英美学界受到的各类非议。概括而言,巴特勒所受的最大非议无非就是三点,即脱离现实政治、语言诡辩晦涩、观点陈腐杂糅,而这些也正是努斯鲍姆《戏仿的教授——朱迪斯·巴特勒著作四种合评》一文批判巴特勒的核心观点。

在努斯鲍姆心中,巴特勒只是"庸碌无为"的"嬉皮""犬儒"①之士而不是负责、称职的女性主义者。真正的女性主义者应当运用理论武库介入政治,致力于法律和制度的完善,而不是仅仅甘于做一个举世闻名的书斋哲学家。因为对于女性主义实践而言,"方案"(proposals)总比"漂亮话"(fancy words)更有意义。美国女性主义的问题不仅在于学界对他国女性的斗争实践了解不够,还在于以巴特勒为代表的"学术歪风"(努斯鲍姆的原话是"令人不安的潮流"[disquieting trend]);相较无知和狭隘,这一风气更加险恶。努斯鲍姆所谓的"学术歪风"就是(她认为)巴特勒极力鼓吹的"符号政治",亦即罔顾"现实政治"(政治运动、立法改革等实践活动),妄图运用艰深晦涩的语言来塑造某种颠覆姿态的犬儒之举。"符号政治"的危害在于,它的鼓吹者认为我们逃脱不了权力结构的宰制,只能龟缩于权力之网的逼仄罅隙中嘲笑权力。努斯鲍姆认定,这就是巴特勒之流唯一能够提出的政治方案。②

努斯鲍姆指出,美国女性主义知识分子颇受法国观念的影响,无论她们信服哪位哲学家的具体理论,都受制于某种极端偏颇的法国观念:煽动性言论本身就是政治行动。但似乎哲学系出身的学者对此风潮大都不以为然,只有文学系内部的学者易受蛊惑,将贩卖法国二手理论的巴特勒吹捧为重要的思想家。巴特勒的蛊惑性尤其体现在她采用的语言风格上,在努斯鲍姆看来,巴特勒明明能把话说清楚,却非要故弄玄虚地"掉书袋",不负责任地把互相矛盾的理论糅合到一起。其受众既非专业哲学家,亦非人民群众,而只是一群毫无分辨能力的忠实拥趸。而且,巴特勒似乎只会煞有介事地在论述结尾提出一连串似是而非的问题,却又无法得出恰当的结论与解决方案。论及原因,努斯鲍姆认为这正是受某些欧陆哲学的风格

---

① 详见〔美〕玛莎·努斯鲍姆《戏仿的教授——朱迪斯·巴特勒著作四种合评》,陈通造译,《汉语言文学研究》2017年第4期,第23页。
② 详见〔美〕玛莎·努斯鲍姆《戏仿的教授——朱迪斯·巴特勒著作四种合评》,陈通造译,《汉语言文学研究》2017年第4期,第12~13页。

影响——我们不难看出，她指的就是以福柯为代表的当代法国哲学；在《戏仿的教授——朱迪斯·巴特勒著作四种合评》文中，福柯在努斯鲍姆笔下的形象也同巴特勒类似。换言之，华而不实的哲学风格倾向于将哲学家塑造为晦涩而又迷人的明星，高高在上地接受拥趸的崇拜。更具危害的是，巴特勒之所以选择晦涩的文风，是因为要掩饰自己的理论缺陷。正因如此，巴特勒做的不是哲学，而是诡辩的修辞学。在努斯鲍姆心中，真正的哲学家应当像大卫·休谟（David Hume）一样，清晰明确地论述，尊重读者的理解能力，宁可坦承自己的疑问，也不故意掩饰自己的空洞无知。①

关于蛊惑大众的具体内容，努斯鲍姆认为巴特勒的理论并无新意，不过是古往今来众多陈旧观点的随意杂糅。其中关于反对性别二分、反对科学话语中的性别偏见等观点，其实问题不大，只不过缺乏扎实的实证科学分析。努斯鲍姆认定巴特勒试图消解身体，将身体归结为话语。② 在她看来，这一做法太过草率，女性主义者不能只满足于揭露文化建构，还要分析文化与身体之间的互动。③ 只不过，和她批判的对象一样，努斯鲍姆也没有告诉我们这些互动究竟是什么，只是在文中不断地重复着自己心中真正的女性主义实践（为女性改善处境、争取权益、创造机会，等等）。所以在努斯鲍姆心中，巴特勒代表了美国知识精英，这些离群索居于象牙塔之内的犬儒分子毫无公共担当，只满足于生活风格层面的"自我塑造"，却全然不顾这些塑造活动所依托、凭借的条件，更不愿帮助他人改善物质生活状况。④

《戏仿的教授——朱迪斯·巴特勒著作四种合评》一文发表后，立即引发了强烈反响。不满巴特勒的学者自然为之叫好，但巴特勒在学界的众多支持者也迅速做出回应。其中有学者指出，努斯鲍姆其实是在按照自己理解的哲学来否认巴特勒理论是哲学，仿佛它不过是文学系小圈子内竞相

---

① 详见〔美〕玛莎·努斯鲍姆《戏仿的教授——朱迪斯·巴特勒著作四种合评》，陈通造译，《汉语言文学研究》2017年第4期，第13~16页。
② 《性别麻烦》出版后，巴特勒最常听到的一句话就是："朱迪，实实在在的身体呢？"详见 Judith Butler, *Bodies That Matter: On the Discursive Limits of "Sex"* (New York: Routledge, 1993), p. xiii.
③ 详见〔美〕玛莎·努斯鲍姆《戏仿的教授——朱迪斯·巴特勒著作四种合评》，陈通造译，《汉语言文学研究》2017年第4期，第16~19页。
④ 详见〔美〕玛莎·努斯鲍姆《戏仿的教授——朱迪斯·巴特勒著作四种合评》，陈通造译，《汉语言文学研究》2017年第4期，第23页。

吹捧的时髦玩意儿。① 不唯如此,努斯鲍姆还用自己心中真正的女性主义来贬斥巴特勒的理论介入,却完全无视巴特勒在政治实践领域可能产生与已经产生的积极作用。② 一言以蔽之,就是以正统与传统自居,近乎人身攻击地将巴特勒斥为"跳梁小丑"。

多年后,巴特勒本人也在一次采访中回应了努斯鲍姆的攻击,简要概括便是:第一,努斯鲍姆的炮火十分猛烈,但与作品本身无关;第二,努氏断言"女性的真实处境"和"女性的真实需求"究竟如何,颇有几分高高在上的自以为是色彩;第三,努氏主张运用规范性的普世话语,却不去反思这些话语本身究竟有无问题;第四,努氏罔顾文化差异与文化翻译的意义,其实恰是在借"理性""规范""普世"之名,助长霸权、抹杀差异。③ 换言之,在巴特勒眼中,努斯鲍姆的文章不过是在借批判之名行攻击之实而已,不值一驳。在此之前,巴特勒已经在《性别麻烦》1999年新版序言中回应过关于语言风格的质疑。她坚称自己佶屈聱牙的文风乃刻意为之,因为语言绝非中立的传播媒介,故作晦涩的志趣正是为了暴露所谓语言"规范"背后隐含的霸权,借此彰显自己"制造麻烦"的姿态,引爆差异与颠覆的可能性。④

巴特勒的辩解未必能够完全服众,但有一点非常明确:无论福柯还是巴特勒,努斯鲍姆都应当了解并尊重他们,因为两者的著述都不可能是她诋毁的那种犬儒诡辩之作。对犬儒而言,论辩只是巧言令色,在福柯与巴特勒之类的哲学家那里,却是生命力量的燃烧、呐喊、尖叫与咆哮。如果努斯鲍姆认为哲学只能拥有一副休谟那样中规中矩、沉着理性的标准面孔的话,那么这种哲学就不过是在借学术之名扼杀异己而已。究其根本,努斯鲍姆之所以会对巴特勒理论表现如此反感的态度,其实是因为在理论层面,深受古典哲学影响的努斯鲍姆,其理论取向本就与"后现代"的巴特勒非常不同,《戏仿的教授——朱迪斯·巴特勒著作四种合评》中的这段

---

① Seyla Benhabib and Gayatri Chakravorty Spivak et al., "Martha C. Nussbaum and Her Critics: An Exchange," *The New Republic*, April 19 (1999).
② see Judith Butler, *Gender Trouble: Feminism and the Subversion of Identity* (New York: Routledge, 1999), p. xviii.
③ see Sara Salih (ed. with Judith Butler), *The Judith Butler Reader* (Oxford: Blackwell, 2004), p. 356.
④ see Judith Butler, *Gender Trouble: Feminism and the Subversion of Identity* (New York: Routledge, 1999), pp. xix – xxi.

话颇能说明问题：

> 假设我们完全同意到此为止巴特勒最有意思的主张：性别的社会结构无处不在，但我们可以通过颠覆性的、戏仿性的活动来进行抵抗。仍旧会有两个重大问题悬而未决。应该受到抵抗的是什么，以什么为依据？这种抵抗行为会是什么样的，我们应该期待这些行动实现什么目的？①

可惜的是，努斯鲍姆根本就无法理解，也无法认同尼采－福柯式的权力观。关于反抗，福柯曾经精彩地指出：

> 不存在单一的"大拒绝"，不存在反叛的"灵魂"，不存在反叛的单一源泉，也不存在革命的纯粹法则。相反，反抗种类繁多，每一种反抗都是具体的个案：可能的反抗、必然发生的反抗、未必发生的反抗；自发的反抗、猛烈的反抗、孤独的反抗、集中的反抗、蔓延的反抗、暴戾的反抗；还有迅速妥协的反抗、心怀鬼胎的反抗、无私奉献的反抗……究其定义而言，反抗只能存在于权力关系的应用领域之中。但这并不意味着反抗只是反动或反弹，并不意味着反抗只能被动地屈从于统治之下，因而最终只能以失败收场。②

因此，生命本身就是不断运动中的力，力本身就要同其他力发生关联，进行较量，重要的是力的活动而非力的结果。抵抗之所以有意义，因为它是生命力量的见证。同理，批判理论之所以有意义，也就不是因为它能够得出唯一正确的标准答案。但既然努斯鲍姆坚持认为力的作用必须有好坏之分，理论必须提供毋庸置疑的解决方案，那么巴特勒乃至福柯在她心中代表了犬儒、混淆是非与庸碌无为之士，就不难理解了。

但我们认为，抛开二人或多或少都存在的言语偏激，抛开巴特勒理论

---

① 〔美〕玛莎·努斯鲍姆：《戏仿的教授——朱迪斯·巴特勒著作四种合评》，陈通造译，《汉语言文学研究》2017年第4期，第19页。
② Michel Foucault, *The History of Sexuality* Vol. I: *La Volonté de Savoir*, trans. Robert Hurley (London: Penguin, 1990), pp. 95–96.

中的确存在的问题，努斯鲍姆与巴特勒的分歧其实极具启示意义。的确，做学问应当知行合一，努斯鲍姆的出发点并无过错。但她应当明白，理论探索的目标并非标准答案，若就此贬损理论的价值，将其斥为"漂亮话"，则几近反智地抹杀了理论的意义甚或真谛。而且，努斯鲍姆对巴特勒的诸多指责本就是以偏概全、有失偏颇的——比如，巴特勒本人就对"符号政治"存在的诸多问题提出过严厉的批判。① 但最重要的是，理论交流绝非你死我活的争斗，而是相互促进、相互启发的过程，质疑观点与交换意见本就应当成为批判理论的应有之义。综观巴特勒的理论发展过程，尤其是其近期的"伦理转向"，巴特勒之所以会由颠覆规范转向关注现实政治实践、探讨政治伦理基石，显然也是受到了众多批评者的影响，努斯鲍姆在其中发挥的作用自然也不容小觑。

四　中国巴特勒接受与研究情况综述

相较于英语学界，朱迪斯·巴特勒理论在中国大陆学界的研究起步较晚，② 但一直处于稳步发展的过程之中，尤其在 2012 年前后进入了快速的发展阶段。其实早在 1997 年，《世界电影》就曾刊登过一篇火村的译文《西方 Queer 电影简介》，这篇文章在中国学术界首次提及朱迪斯·巴特勒这个人物，但只是将其视作"酷儿理论"界的一员，未能对其理论加以介绍。值得注意的是，译文直接保留了"酷儿"一词的英文原文，显示当时学界对该术语的译法尚未形成统一意见。③ 1999 年，《外国文学》杂志刊登了孟登迎翻译的南茜·弗雷泽（Nancy Fraser）的文章《异性恋主义、误认与资本主义——对朱迪斯·巴特勒的回应》（"Heterosexism, Misrecognition and Capitalism: A Response to Judith Butler"），这系中国首篇直接针对巴特勒理论的国外研究译文。有意思的是，在巴特勒理论仍然鲜有国人知晓之时，中国学界最早出现的竟不是巴特勒本人的文章或著作，而

---

① 何磊：《朱迪斯·巴特勒〈身体之重〉中的符号政治批判》，《马克思主义与现实》2015 年第 5 期，第 78～85 页。
② 从目前资料来看，中国大陆的巴特勒研究晚于中国台湾地区。参孙婷婷《朱迪斯·巴特勒的述行理论与文化实践》，中国社会科学出版社，2015，第 13 页。
③ 〔英〕霍·格拉斯：《西方 Queer 电影简介》，火村译，《世界电影》1998 年第 3 期，第 235～247 页。

是回应其理论的研究文章——只不过,针对巴特勒的最重要的批评文章《戏仿的教授——朱迪斯·巴特勒著作四种合评》则迟至 2015 年才有中文译文发表。2000 年,李银河的译文集《酷儿理论:西方 90 年代性思潮》(时事出版社,2000)中收录了巴特勒的论文《模仿与性别反抗》("Imitation and Gender Insubordination"),这系中国最早的巴特勒论文译文。不久后,汪民安与陈永国合作编的《后身体:文化、权力与生命政治学》(吉林人民出版社,2004)中收录了巴特勒重要著作《身体之重》的节选版本,以"身体至关重要"作为标题。2004 年,江苏人民出版社出版了巴特勒与齐泽克(Slavoj Žižek)、拉克劳(Ernesto Laclau)等人的合著《偶然性、霸权和普遍性》(Contingency, Hegemony, Universality: Contemporary Dialogues on the Left)。巴特勒本人的专著则迟至 2008 年才开始大量译成简体中文,截至 2019 年 7 月,已有《性别麻烦》《身体之重》《权力的精神世界》《安提戈涅的诉求》《消解性别》《脆弱不安的生命》《战争的框架》7 部译本,但仍有一些重要著作(如《欲望主体》)尚未翻译出版。

虽然巴特勒著作在中国的出现时间相对较晚,但其理论的述评论文早在 1999 年就已出现。何佩群发表于《学术月刊》的《朱迪思·巴特勒后现代女性主义政治学理论初探》是中国首篇巴特勒研究论文,该篇文章将巴特勒置于后现代女性主义的发展脉络之中,关注她理论中的现实政治面向及其实际影响。[1] 2001 年,何佩群的另一篇论文《德里达解构理论与女性主义政治学》则明确地指出了这位激进女权主义者所受的当代法国哲学的影响。[2] 与之类似,孟鑫在同年发表的论文《目前国内关于西方女权主义研究论争的主要问题》,亦将巴特勒归为女权主义运动第三阶段后现代女权主义的代表人物。[3] 2002 年,李银河在论文《酷儿理论面面观》中介绍了巴特勒的"表演(操演)理论"。[4] 至此,中国学界对巴特勒的认知

---

[1] 何佩群:《朱迪思·巴特勒后现代女性主义政治学理论初探》,《学术月刊》1999 年第 6 期,第 54~60 页。
[2] 何佩群:《德里达解构理论与女性主义政治学》,《复旦学报》(社会科学版)2001 年第 4 期,第 82~86 页。
[3] 孟鑫:《目前国内关于西方女权主义研究论争的主要问题》,《鸡西大学学报》第 1 卷第 3 期,2001,第 4~5 页。
[4] 李银河:《酷儿理论面面观》,《国外社会科学》2002 年第 2 期,第 23~29 页。

仍停留在女性主义者与"挑战自然性别二分"等层面。2004年，严泽胜在《国外理论动态》发表了《朱迪·巴特勒：欲望、身体、性别表演》，该篇文章是中国最早研究巴特勒理论的重要论文之一。同此前巴特勒研究论文的不同之处在于，严泽胜的文章立足于巴特勒《欲望主体》《性别麻烦》《身体之重》三部著作的细致分析，不仅介绍了巴特勒早期最负盛名的"操演理论"（中国学界早期译作"表演理论"或"述行理论"），还非常可贵地注意到了巴特勒极为重要的著作《欲望主体》以及其中包含的巴特勒理论基石——黑格尔式主体理论，并将其准确地总结为"过程中的主体"。① 令人遗憾的是，在严泽胜论文出现后的许多年内，文中指出的巴特勒理论根基未能得到中国学界的关注和重视。2009年，巴特勒最具影响力的著作《性别麻烦》简体中文译本面世，译者宋素凤旋于2010发表了《〈性别麻烦：女性主义与身份的颠覆〉——后结构主义思潮下的激进性别政治思考》一文，深入细致地梳理、分析了这部重要著作论及的问题，并提出了自己的思索与批判，至今该文仍具有一定的权威性与影响力。② 此后，巴特勒研究文章开始大量涌现。

2008年，中国出现了第一篇以巴特勒理论为研究对象的硕士学位论文《朱迪斯·巴特勒的安提戈涅》，作者韦玮在分析《安提戈涅的诉求》一书时注意到了很多非常值得关注的重要概念，比如，"可理解性""再赋义""主体颠覆"等。③ 尤其难能可贵的是，虽然成文时间较早，但韦玮十分敏锐地指出了"忧郁主体"概念的重要意义（9年后，本文作者详细梳理了"忧郁"概念在现代哲学与文化理论中的变迁④）。2012年，幸洁的《性别表演——后现代语境下的跨界理论与实践》和王玉珏的《朱迪斯·巴特勒身体政治学理论研究》成为中国最早的两篇巴特勒研究博士学位论文。幸洁的论文详尽深入地梳理了巴特勒的"性别操演（表演）理论"，认为该理论系女性主义与性别研究跨学科互鉴的结果。幸洁主张运用这一"革命性"成果对"中国当代社会的具体语境进行性别症候阅

---

① 严泽胜：《朱迪·巴特勒：欲望、身体、性别表演》，《国外理论动态》2004年第4期，第38~44页。
② 宋素凤：《〈性别麻烦：女性主义与身份的颠覆〉——后结构主义思潮下的激进性别政治思考》，《妇女研究论丛》2010年第1期（总第97期），第91~96页。
③ 韦玮：《朱迪斯·巴特勒的安提戈涅》，硕士学位论文，北京语言大学，2008。
④ 何磊：《西方文论关键词：忧郁》，《外国文学》2017年第1期，第81~90页。

读",由理论出发观照具体文学文本乃至社会文本,借此发掘巴特勒在社会文本分析领域的潜能。我们认为,这种研究思路对今日中国学界接受、运用、批判巴特勒理论仍具有启发意义。① 王玉珏的博士学位论文(2018年已出版为专著)则立足于巴特勒前期由《性别麻烦》至《权力的精神世界》的4部专著,将其早期著述核心理念概括为"身体政治学",分析这一理论视角在现实政治中发挥的作用(如批判规范暴力等),并且试图思考其对中国女性主义实践可能具有的现实意义。② 截至2019年7月,中国已经出现近30篇以巴特勒理论为主题的博士、硕士学位论文,其中博士学位论文至少6部。③ 但时至今日,上述学位论文中出现最多的研究主题仍然是巴特勒的"操演理论""性别理论""身体理论",这一情况尤以硕士学位论文为甚。

2012年后,中国巴特勒研究在深度与批判性层面继续有所推进。2013年本文作者的博士学位论文(2018年已出版为专著)深入巴特勒理论的哲学根基,指出"主体"概念系现代西方哲学的重要概念,也是理解分析巴特勒理论的关键所在,继而以此为线索全面梳理了巴特勒自《欲望主体》至《战争的框架》的发展脉络。④ 2016年,王慧的博士学位论文《朱迪斯·巴特勒的文化政治批评研究》不仅全面地回顾了巴特勒著述的历时发展,梳理了巴特勒文化批评的各个面向,还创造性地提出了"巴特勒文化政治批评的中国化",试图在女性主义实践的比较研究视域中汲取精华,开拓真正适合中国国情的文化批评模式。⑤ 上述博士学位论文之外,期刊论文方面也出现了一些值得关注的新动向。王楠2015年的论文《从性别表演到文化批判:论朱迪斯·巴特勒的政治伦理批评》,简要回顾了巴特勒的思想演进历程,指出其"伦理转向"看似断裂,却其来有自,因为伦理面向始终蕴含在巴特勒的著述之中。更重要的是,王楠明确指出了巴特勒重要著作《欲望主体》不受中文学界重视的现象。⑥ 与此同年,王

---

① 幸洁:《性别表演——后现代语境下的跨界理论与实践》,博士学位论文,浙江大学,2012。
② 王玉珏:《朱迪斯·巴特勒身体政治学理论研究》,博士学位论文,南京大学,2012。
③ 数据来源为中国知网,http://cnki.net/,最后访问日期:2019年7月23日。
④ 何磊:《欲望·身份·生命:朱迪斯·巴特勒的主体之旅》,博士学位论文,北京外国语大学,2012;河南大学出版社,2018。
⑤ 王慧:《朱迪斯·巴特勒的文化政治批评研究》,博士学位论文,扬州大学,2016。
⑥ 王楠:《从性别表演到文化批判:论朱迪斯·巴特勒的政治伦理批评》,《妇女研究论丛》2015年第2期,第81~89页。

冰冰的论文《从身体政治到全球民主——论朱迪斯·巴特勒的理论的政治转向》分析了巴特勒思想转向后的力作《脆弱不安的生命》,高度评价了巴特勒从性别、身体、酷儿转向国际政治的求新开拓,认为这一转变意味着巴特勒由颠覆转向重建,并因此走出了西方后结构主义女性主义的理论局限。王冰冰指出,巴特勒近期转向的启示在于,无论对美国还是对其他国家而言,文化翻译与交流、理解都是开启全新理论空间和新型国际关系的必要之举。① 2016 年后,反思甚至批判巴特勒及其接受情况的中国论文开始出现。2016 年刘阳军的论文《朱迪斯·巴特勒性别操演论之透视、批评以及警示意义》虽仍聚焦于巴特勒的"性别操演理论",却是目前中文学界为数不多的批评文章。刘阳军回顾了巴特勒"性别操演理论"的核心观点,梳理了该理论在美国的几大批评意见,指出巴特勒理论的不足之处对我国相关问题的警示意义,主张清醒认识其理论局限,以马克思主义唯物史观与辩证法为原则看待与性别相关议题。② 张强的文章《朱迪斯·巴特勒在中美两国学界接受的对比研究》,较为全面、公允地整理了巴特勒理论在美国与中国的接受情况,尤其是总结了中国学界对巴特勒的译介情况。文章的可贵之处在于,张强并不满足于单纯的介绍,而是全方位对比了中美两国巴特勒研究的差异,并且深入分析了这种差异的成因。③

中国关于巴特勒理论的研究著作直到 2015 年才正式出现,除了国外巴特勒研究专家萨拉·萨里的力作《导读朱迪斯·巴特勒》中译本之外,原创著作大致可以分为两类:其一,是将巴特勒置于某一具体论题的演进脉络之中,结合具体理论情境加以分析或是同他人进行对比研究的著作;其二,则是专门以巴特勒理论为研究对象的专著。前一类著作以王楠《美国性别批评理论研究》及范譞《消解与重构——西方社会理论中的身体概念》为代表。王楠的著作立足于《安提戈涅的诉求》的翻译实践,将巴特勒理论与美国女性主义运动、女性主义理论紧密结合,运用文论观照文

---

① 王冰冰:《从身体政治到全球民主——论朱迪斯·巴特勒的理论的政治转向》,《文艺争鸣》2015 年第 11 期,第 117~123 页。
② 刘阳军:《朱迪斯·巴特勒性别操演论之透视、批评以及警示意义》,《文艺批评》2016 年第 2 期,第 28~34 页。
③ 张强:《朱迪斯·巴特勒在中美两国学界接受的对比研究》,《南京师范大学文学院学报》2016 年第 4 期,第 117~123 页。

本，试图通过追溯女性主义批评的具体社会文化语境，分析其问题意识，梳理巴特勒等人的性别批判，不失为一次"（社会、文化、文学）文本结合理论"的积极尝试。① 范譞的著作则更具雄心，他梳理了 20 世纪西方身体理论的发展，将巴特勒视为后现代女性主义身体理论的代表，认为其"物质化身体"概念可作为有益的视角，用来分析身体能否成为性别气质与性别不平等制度的基础，而巴特勒受到的种种非议也有助于我们了解社会理论领域对"身体"概念的"接受边界"。② 截至 2019 年 7 月，中国专门以巴特勒为探讨对象的研究专著已经出版 4 部。2015 年，孙婷婷的《朱迪斯·巴特勒的述行理论与文化实践》系中国首部巴特勒研究专著，具有一定的开拓意义。这部著作的主体部分对巴特勒的著述做了较为全面的回顾与梳理，既扎实地分析了巴特勒早期的"述行理论（操演理论）"，又使其同巴特勒近期"伦理转向"后的"身份文化实践"发生关联。在书的结尾，孙婷婷颇具新意地将巴特勒的文本与理论概括为"少数文学"，亦即致力于文化翻译与多元言说的文学。在这样的文学中，"扮装者的表演，赫尔克林的笑声，安提戈涅的呼吁，俄狄浦斯的诅咒"全都能汇聚成孤独却浩荡的"言说，正在为世界倾听"。③ 都岚岚的《朱迪斯·巴特勒的后结构女性主义与伦理思想》出版于 2016 年，系中国第二部巴特勒研究专著，该书将巴特勒定位为女性主义第三次运动浪潮中的后结构主义者，较为全面地由巴特勒的主体理论基础出发，深入分析了巴特勒的性别理论，并且结合其近期转向阐述了巴特勒超越性别理论的新思路。都岚岚指出，巴特勒不仅是性别理论家，也是政治思想家，还是左翼激进政治的倡导者。而关于巴特勒具体问题的研究，以及她同其他思想家之间的关系与对比等问题，中国学界尚有很多可以努力开拓的空间。④ 2018 年，王玉珏和本文作者二人的专著分别出版，它们均脱胎于数年前的同名博士学位论文，在此无须赘述。

回顾中国学界对巴特勒理论的引介与研究，总体看来，诚如张强所

---

① 王楠：《美国性别批评理论研究》，北京大学出版社，2015。
② 范譞：《消解与重构——西方社会理论中的身体概念》，中国社会科学出版社，2018。
③ 孙婷婷：《朱迪斯·巴特勒的述行理论与文化实践》，中国社会科学出版社，2015，第 205 页。
④ 都岚岚：《朱迪斯·巴特勒的后结构女性主义与伦理思想》，外语教学与研究出版社，2016。

言，同美国本土的巴特勒研究相比，中国的巴特勒研究仍然存在不少问题：第一，研究者专业较为集中，外国文学领域学者更为关注巴特勒，哲学系学者则较少关注，这一点，同努斯鲍姆对巴特勒的讽刺倒是颇为一致的；第二，研究多以译介为主，缺乏真正深刻的交锋、质疑、批判；第三，盲目跟踪热点，却缺乏消化吸收，导致原创能力与理论反馈能力欠佳。张强认为，造成这些不足的原因主要有以下三点：其一，是对西方前沿理论的盲目崇拜，这一点，也非常类似努斯鲍姆对巴特勒的批评：不加批判地唯法国当代哲学家马首是瞻；其二，是功利氛围造就的浮躁学术心态与原创能力缺乏；其三，则是片面关注巴特勒本人著述，忽略了巴特勒的理论来源与接受情况。①

上述问题总结中肯、客观且切中要害，指出了目前中国巴特勒研究界存在的根本问题，值得所有研究者深思。但我们不必就此步向自怨自艾、无所作为的另一个极端。的确，虽然不乏一些较为全面、深刻的研究成果，但中国早期的巴特勒译介研究发展确实较为缓慢。不容忽视的是，自巴特勒本人专著正式出版中译本的 2009 年以来，中国的巴特勒研究已呈现稳步上升之势。首先，硕士及以上级别的学位论文不断出现，说明巴特勒理论在中国学术界的影响力日渐提升。其次，巴特勒研究专著开始出现，期刊论文则呈现井喷式的增长，巴特勒的影响早已走出文学系，遍及各学科、各领域，并催生了一系列精彩的跨学科交流成果。最后，中国巴特勒理论的研究面向不断丰富，不再专注于巴特勒的某些概念问题；理论深度也不断增加，不再停留于巴特勒文本的表面。因此，尽管仍然存在诸多不足，但近年来中国巴特勒研究的发展趋势已经充分表明，学界已经不再甘于被动接受巴特勒理论，而是开始探索更具文化翻译与文化互鉴意义的研究路径，即更积极主动、更具建设性以及更有益于中国国情的交流、对话、批判与争鸣的研究路径已经开拓出来。

我们认为，在今后的巴特勒研究中，上述经验、教训是我们不可忽视的问题。以此为鉴，我们应当做到以下几点。第一，必须视野开阔、关切现实。巴特勒研究属于跨学科研究，涉及哲学、社会学、文化研究等多学科议题。在跨学科研究的基础之上，必须置身于更为宏观的政治伦理领

---

① 张强：《朱迪斯·巴特勒在中美两国学界接受的对比研究》，《南京师范大学文学院学报》2016 年第 4 期，第 122 页。

域，关注同人类生存息息相关的社会现实，避免受制于理论小圈子的局限。西方女性主义、身份政治乃至酷儿理论的发展均表明：如果无法拓宽视野来进行跨学科、跨文化综合研究，并从人类社群着眼关切人类整体福祉，就无法超越自身的视域与局限，提出有效而令人信服的理论及实践。第二，必须立足中国、放眼世界。我们必须置身于全球政治话语的视野中，力图从中国实际出发，全面评价乃至批判西方左翼理论的理论建树与不足，厘清其深层局限，去芜存菁，结合中国国情与现实需要，借鉴、运用西方成果来批判、审视西方霸权。将巴特勒的思想置于宏观政治伦理背景之中来加以考察，可以同国外最新理论话语（如生命政治、第一世界霸权批判等）接轨，从而更同步、更自信、更客观地应对国外先锋理论。第三，必须紧跟前沿、深入基础。以往，中国学界在思考西方女性主义与性别研究时，往往局限于"寻求承认""寻求表达""寻求自由"的思维定式，但国外最新理论已开始反思这一逻辑：受制于"承认"的政治思维无法潜入"主奴逻辑"的深层吊诡，也就无法找到现实政治伦理问题的症结所在。作为基础研究，我们必须力争深入哲学理论来分析此类深层问题。此外，密切关注巴特勒近期发生的"伦理转向"，还可以贴近更为广泛的人群、更为直接的现实。这种研究方式可以为巴特勒补充"现实"与"规范"的面向，直接回应以往人们对巴特勒理论"不切实际""只破不立"的批评。

结　语

在最近的研究中，巴特勒指出了人类存在层面的两大根本困境。首先，人类生命是脆弱的，生命的维系有赖于各类物质条件与符号条件。而在暴力的威胁下，主体地位的维系更加困难。当前国际政治的症结在于，以美国为首的霸权主义无视生命的脆弱本质，视他者生命如草芥，由此令很多地区的无辜人民堕入暴力循环的恐怖深渊。此外，人类又是无知的，我们无法摆脱自己既是"主人"又是"囚徒"的主体宿命，也无法说明造成这一困境的原因究竟何在。可是，以美国右翼政权为代表的政治霸权却总是以全知全能的"天选之民"自居，以矜夸虚伪掩饰自己的恐惧与无知，假生命之名行屠戮之实。在当前世界错综复杂的情势之下，我们必须正视人类生命的根本困境，并由此出发，重视所有人类成员的生命福祉，展望人类命运共同体共存共荣的伦理未来：在这一未来愿景中，主体必须摆脱以邻为壑的"忧郁"思维，将自身与他者主体视为共处世间的"我们"，由此持续回应他者"面孔"的召唤，在伦理责任的驱使之下共续和平与发展的旅程。这些，正是巴特勒理论中最具价值之所在，也是我们应当力图发掘的重点之所在。

栏目三

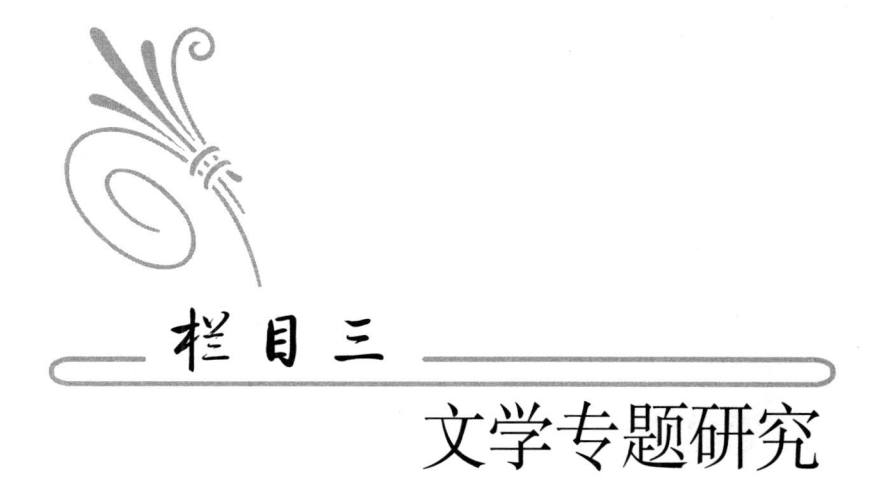

文学专题研究

"自由"的误读和"平等"的偏失
——中国女权主义的一种反思

沈庆利[*]

摘要 孕育并产生于西方的女权主义理论传入中国已百余年，是中国知识分子追求民权和人权，践行自由平等理念的重要突破口和"急先锋"。但国人常常将现代自由理念误读为不受约束的随心所欲和完全"自我做主"，平等观念也极易与传统中国人的平均思想混淆。中国社会缺乏西方深厚的个人主义文化传统，西方女权主义在中国的适用性及如何与本土文化传统加以对接等问题，学界始终没有给予足够的关注。

关键词 女权主义 自由 平等

Abstract The feminist theory which was bred in the West, has been introduced into China for more than 100 years. It is an important breakthrough for Chinese intellectuals to pursue "civil rights" and "human rights" and to practice the concept of "freedom and equality". However, We often misinterpret the modern concept of "freedom" as unconstrained and completely "self-determination". The concept of "equality" is easily confused with the traditional Chinese idea of "average". Chinese society lacks the profound individualistic cultural tradition of the West. The "applicability" of Western Feminism in China and how to "dock" it with local cultural traditions have not attracted enough attention in the academic cir-

---

[*] 沈庆利，北京师范大学文学院，教授、博士生导师，主要研究方向为中国当代文学。

cles.

Keywords feminism; freedom; equality

据学者考证,"女权"一词最早是与"民权""人权"这两个概念一起出现的。① 1900年3月11日,《清议报》上发表了一篇题为《男女交际论》的文章,据说在近代中国它最早使用了"女权"一词,该文系根据日本著名思想家福泽谕吉所写文章翻译而成的。② 1902年以后,"女权"逐渐成为女性解放的口号。随着辛亥革命的爆发和清政府的瓦解,越来越多的女性投身于社会运动和革命事业之中,女权主义思潮在中国思想文化界持续兴起。经过五四新文化运动洗礼和随着中国革命的深入,女性解放运动不断被推向新的高潮。女权主义已然成为百余年来中国社会最具影响力的文化理论和社会思潮之一。

现代中国女性的解放,尤其是大量知识女性的造就,无疑是现代中国社会进步的一个突出实绩。然而过于简单化、浪漫化的"自由平等"理念,导致一些接受了西方新思想的现代女性产生不切实际的"(完全)自主"诉求;"谁说女子不如男""妇女能顶半边天"等忽视和违背男女性别差异的口号,一度成为女性解放、男女平等的理想诉求。这不仅没有实现真正意义的个性解放和男女平等,而且还进一步加深了女性自身的悲剧和不幸。

一 自由的误读与五四新女性的虚妄

早年马君武在译介斯宾塞《女权篇》之时,还迫不及待地对英国哲学家约翰·斯图尔特·密尔(John Stuart Mil)的自由理论学说加以介绍,就很能说明这一点。他引用密尔《女性的隶从》("The Subjection of Women")中的观点论述女性解放的必要性:"这样说来,今日的欧洲文明,是来自君民革命和男女革命的产物,其理论基础,前者为卢梭的《社会契约论》,

---

① "女权主义"一词又被译作"女性主义"。鉴于这一概念最初传入中国时就被翻译为"女权主义",而争取女性(平等)的权利又是女权运动的目标,笔者更倾向于使用"女权(主义)"一词。
② 〔日〕须藤瑞代:《近代中国的女权概念》,王政、陈雁主编《百年中国女权思潮研究》,复旦大学出版社,2005,第40页。

后者则为弥勒的《女性的隶从》。"① 将"男女革命"与"君民革命"相提并论,反映了20世纪初期中国先进知识分子共同的思想认知。严复在根据密尔《论自由》一书翻译而成的《群己权界论》(1903)中,将西方"自由"理念的核心内容归结为"群"与"己"之间的"权界"问题;他对西方文明"自由为体,民主为用"的体认,更昭示一种清醒的历史洞见;可惜近现代中国知识界对此未充分重视,该书在中国知识界产生的反响也远没有他此前翻译的《天演论》那样强烈。很多人往往将西方文化语境下的"自由"理念,与传统中国文人心向往之的自由自在、无拘无束的原初生命状态混为一谈,从而忽略(或有意回避)了自由乃权利与义务的有机结合这一基本事实。自由在一些激进变革主义者和女权主义者那里,甚至演化为与纪律和社会伦理相悖的贬义词。西方理论如何跟中国自身文化传统实现对接的问题,实在应该引起我们必要的关注。

　　自由是生命的天性,自由也是人类心灵的基本需求。完全丧失自由的人生,要么窒息而亡,要么失去理智进而丧心病狂。正因如此,才有"不自由,毋宁死!"那样激动人心的呼号。人类历史的一个基本主题,便是对自由的向往和推动自由理念的不断进步。但自由与(肉体)生存又常常构成矛盾。"人是生而自由的,却无往不在枷锁之中",卢梭的这句名言道出了人类永恒的悲剧。鲁迅同样既直白又深邃地指出:"自由固不是钱所能买到的,但能够为钱而卖掉。"② 对自由的追求总要付出代价,有时候代价又很惨痛,因而才有无数人自觉不自觉地逃避自由。

　　五四时期,挪威戏剧家易卜生的《玩偶之家》被文化启蒙运动的重镇《新青年》等杂志介绍到中国,其中的女主人公娜拉很快在知识界家喻户晓,成为无数受过新思想启蒙的青年女性崇拜的偶像和效仿的榜样。但她们决绝地挣脱自己的"傀儡之家"之后,能否就此获得"新生",走上一条与过去彻底决裂的光芒万丈的自由、解放之路?对此鲁迅先生却做出了悲观预测,他在《娜拉走后怎样》(1923)一文中认为,出走之后的娜拉难免"堕落或者回来"③。因为梦想虽然可贵,但离家出走以后所面临的

---

① 〔日〕小野和子:《马君武的翻译与日本》,王政、陈雁主编《百年中国女权思潮研究》,第65页。
② 鲁迅:《坟·娜拉走后怎样》,《鲁迅全集》第一卷,人民文学出版社,2005,第168页。
③ 鲁迅:《坟·娜拉走后怎样》,《鲁迅全集》第一卷,第167页。

生计问题却是最要紧的,"所以为娜拉计,钱,——高雅的说罢,就是经济,是最要紧的了"①。为了进一步强调钱对于觉醒了的娜拉们的重要性,两年后(1925)鲁迅又创作了《伤逝》这篇小说。

《伤逝》从头至尾都从男主人公涓生的角度,回忆并讲述着自己与子君之间的爱情往事。涓生的口述虽然弥漫着无可言状的悔恨和悲哀的情绪,但细心的读者一定可从中读出他的种种自我辩解和自我开脱。在笔者看来,涓生和子君这两个人物形象极为典型地折射出现代中国知识分子在奔往爱情自由道路上的某种偏狭和困境。在本节中,笔者以此为重点详加分析。小说没有明确交代子君和涓生具体的相识过程,但两人明显是在对现代文化观念的接受和交流中相爱的,他们首先可称为"知己"或"同志"。无论对于新思想的认知还是对爱情的追求,都是涓生在启蒙子君。这种事实上的不平等从一开始就决定了两人之间主动与被动、主要与次要、塑造与被塑造的主从关系。我们看到涓生通过对子君的启蒙,一再强化自己的启蒙者角色及其带来的价值感、成就感。当他们在会馆的破屋里相会时,通常的情形总是"我"在高谈阔论:"默默地相视片时之后,破屋里便渐渐充满了我的语声,谈家庭专制,谈打破旧习惯,谈男女平等,谈伊孛生,谈泰戈尔,谈雪莱……"②而子君则全神贯注地倾听着"我"的宣讲,"总是微笑点头,两眼里弥漫着稚气的好奇的光泽"③。子君何其陶醉在被"我"的启蒙之中!正是在涓生的启蒙下,她才破天荒地喊出了在当时惊世骇俗的口号:"我是我自己的,他们谁也没有干涉我的权利!"④近百年来,它激励了无数感受到时代新潮而热血沸腾的年轻人冲破封建家庭的牢笼,矢志不渝地追求人生的自由理想。然而,人真的只属于自己并有能力完全主宰自己的命运吗?无论子君还是涓生,显然都对此太乐观了,也太简单化了。他们对自由的理解和接受,与五四时期的大多数"小资"知识分子一样浅薄和偏狭。

爱情作为人类最强烈也最深沉,最直观也最内在的情感体验,决定了它与自由之间最紧密也最深刻的关联。传统封建社会里,许多青年男女对

---

① 鲁迅:《坟·娜拉走后怎样》,《鲁迅全集》第一卷,第168页。
② 鲁迅:《彷徨·伤逝》,《鲁迅全集》第二卷,第114页。
③ 鲁迅:《彷徨·伤逝》,《鲁迅全集》第二卷,第114页。
④ 鲁迅:《彷徨·伤逝》,《鲁迅全集》第二卷,第115页。

于爱情梦幻般的向往和飞蛾扑火般的执着追求，与其说是两情相悦的痴迷，不如说是对自由不可抑制的渴求。在一个到处充满管控和压制的社会，年轻人就像抓住最后的救命稻草一样，抓住对自由爱情的那一点点诉求或幻想，以求证个体自我的自主存在。那些传颂至今的经典爱情故事，那些关于"问世间情是何物，直教人生死相许"的美丽诗篇，莫不昭示着对于自由的热切向往。子君之于涓生的爱情，发生在接受现代启蒙之后，与古代社会的杜丽娘、崔莺莺之类相比，她已有明确的自我意识。但子君的内心世界与崔莺莺、杜丽娘等女性的心路历程又颇为相似：她们都在身不由己的环境中点燃起对生命自由和自主的神圣渴求，并编织了一个美丽无比的爱情神话，然后孤注一掷地投身其中。接受了现代启蒙的子君虽然以一个关于自由的理论来武装自己，但她对自由的轻信抑或迷信，可能使她在幻想的天空中飞得很高，但一旦遭遇现实就易受伤，甚至付出生命的代价。

在涓生的讲述中，子君经历了一个从勇敢无畏地追求个性解放和自由独立的"时代新女性"，到一名俗气且琐碎的"家庭妇女"的演变历程。最初出现在涓生面前的子君，是那样清新、美丽而又坚定、刚毅。同样面对周围人们"讥笑，猥亵和轻蔑"的眼光，涓生的反应是"一不小心，便使我的全身有些瑟缩"，不自觉地表现某种犹疑和怯弱；子君的反应却是"大无畏的"，要远比涓生坚毅、从容许多："对于这些全不关心，只是镇静地缓缓前行，坦然如入无人之境。"[①] 但子君的这种坚定、顽强和淡定、从容，是建立在对涓生的充分信赖基础之上的。当她说出"我是我自己的，他们谁也没有干涉我的权利！"的时候，更像是对涓生的热烈表白："我是属于你的，他们谁也没有干涉我的权利！"但沉湎于自由神话中的涓生完全没有听懂子君的言语。子君充分信赖和意欲托付终身的涓生，虽然貌似一名见多识广、善于高谈阔论的启蒙者，一个现代观念的先知先觉者，但在骨子里却更像是一个牢骚满腹、怨天尤人的时代"愤青"和自私、软弱的书生。

随着初恋的热烈、新奇转化为两人同居后事实婚姻中日复一日的单调、重复，对未来生活的期待和想象，也在现实生活的重压与琐事困扰中逐渐消磨殆尽，涓生和子君之间的嫌隙和厌弃也就在所难免。我们发现两人同居仅三个星期后，在涓生这里"似乎于她已经更加了解"，却由此

---

① 鲁迅：《彷徨·伤逝》，《鲁迅全集》第二卷，第117页。

"揭去许多先前以为了解而现在看来却是隔膜,即所谓真的隔膜了"。① 原来爱情初期的所谓心心相印,不过是一个幻觉,两人的"隔膜"才是最严酷的真实。涓生真正需要的是一个跟他一起打拼的战友,一个生活中的合伙人。他要借助于子君逃出生活牢笼的"寂静和空虚",他的弱者心态由此可见。这不切实际的身心渴求对于子君完全是"不可能完成的任务"。子君在两人同居后将自己的角色完全定位于"家庭妇女",这无疑让涓生感到失望。但涓生从未站到子君的角度为她设身处地地考虑过:作为女性的子君对于爱情付出的代价,要远比涓生沉重许多;当时的社会为新女性提供的职业机会也极少。但涓生依照理想主义的自由平等话语对子君提出不切实际的要求,并合理化自己的言行。

无论经过怎样的现代自由的话语包装,涓生对子君的从恋爱到厌弃,都与传统文人的始乱终弃行为模式有着某些本质的相似。但笔者绝不认同那种将涓生定性为"伪君子"的说法,这显然太看低这位先进知识分子本身的典型意义了:他只是一个不切实际地生搬硬套来自西方的自由理念,而缺乏行动力的现代小文人而已。而子君这位被现代自由观念所启蒙的知识女性,则因为被浪漫瑰丽的爱情神话"迷蒙了心窍",最终落得个"无地自容"的悲惨结局。爱情自由在很多以反抗封建礼教为己任的现代青年眼中,几乎上升到近乎宗教般的神圣地位,不仅是社会进步和人性解放的标志,还类似上帝口中发出的"神圣诏令",足以令他们热血沸腾乃至甘心舍命。然而子君的人生悲剧却说明:离开了基本意义的人文关怀和彼此的关爱同情,所谓美妙动人的爱情自由神话,是很可能异变为哄人的鬼话的。

二 平等的偏执与女权的歧途

同样在《娜拉走后怎样》一文中,鲁迅进一步质疑:"(女性)在经济方面得到自由,就不是傀儡了么?"② 他的回答是:"也还是傀儡。无非被人所牵的事可以减少,而自己能牵的傀儡可以增多罢了。"③ 在他看来,

---

① 鲁迅:《彷徨·伤逝》,《鲁迅全集》第二卷,第 118 页。
② 鲁迅:《坟·娜拉走后怎样》,《鲁迅全集》第一卷,第 170 页。
③ 鲁迅:《坟·娜拉走后怎样》,《鲁迅全集》第一卷,第 170 页。

传统中国社会"不但女人常作男人的傀儡,就是男人和男人,女人和女人,也相互地作傀儡,男人常常作女人的傀儡,这绝不是几个女人取得经济权所能救的"①。鲁迅的文字总带有一种悲观主义的深刻性,也常常表现可贵的时代前瞻性。

近现代中国天翻地覆的社会革命运动,为女性自我意识的觉醒和自身解放,提供了前所未有的历史契机。女性自身的解放与整个社会的解放融为一体,虽赋予了现代女权运动不可动摇的天然合法性,却也常常使得女权主义融入社会解放运动后丧失其独特地位和意义,从而在"男女平等"的口号下忽略男女两性的差异,甚至将女性男性化作为女权主义的理想前景。这一悖论在辛亥革命时期的英雄人物秋瑾身上就已有所体现。接受了现代教育和革命思想的秋瑾,勇敢地冲出封建旧家庭,投身到社会革命的洪流中并为之慷慨捐躯。秋瑾那"上天生人,男女原没有分别"②的女性观与20世纪西方女权主义的某些激进观点不谋而合,成为新中国成立后20多年中"妇女能顶半边天"之主流观念的历史先声,但她身上明显打上了花木兰等古代女性典范的鲜明印记,这是不可忽略的。

秋瑾的慷慨就义,曾给同乡的鲁迅以极大震撼。鲁迅惊叹于秋瑾的英雄壮举,又为其年轻生命的丧失而痛惜。在给友人的信中,他甚至认为"敝同乡秋瑾姑娘"是被群众和周围看客们"劈劈啪啪的拍手拍死的"③。有学者借此认为"秋瑾男性化的行为在鲁迅眼里属于最糟的表现",甚至断定在鲁迅眼中"秋瑾的行为除了满足看客对戏剧的需求之外,毫无其他意义"④;此类说法,笔者绝不能苟同。但鲁迅的立场一定与秋瑾等男性化的女英雄之间有着某种实质性的区隔。有学者认为,每到战乱时期,中国社会常常会造就一些"危机女性"人物。"危机女性"在中国具有悠久的历史,折射出男权社会对女性的苛刻要求:她们平时要做好贤妻良母,危机一旦来临,则要变成为奋不顾身的"忠勇战斗女儿"。而这两个看似完全不同的角色,实际上都发挥着"保卫和巩固男性统治现状"⑤的作

---

① 鲁迅:《坟·娜拉走后怎样》,《鲁迅全集》第一卷,第170页。
② 秋瑾:《敬告中国二万万女同胞》,《秋瑾集》,上海古籍出版社,1991,第5页。
③ 鲁迅:《而已集·通信》,《鲁迅全集》第三卷,第465页。
④ 庄爱玲:《戏剧舞台的看客》,王政、陈雁主编《百年中国女权思潮研究》,第87页。
⑤ 李木兰:《战争对现代中国妇女参政运动的影响:"危机女性"的问题》,王政、陈雁主编《百年中国女权思潮研究》,第222页。

用。而那种所谓抗日战争的洗礼"全面有效地"提高妇女权利地位的判断,也是不可靠的:"抗日战争给中国妇女带来的恐惧、羞辱和死亡远远超出它所能推动的妇女权利。"①

战争和动乱常常造成血与火交织以及大量的人员受亡,女性的肩膀柔弱,常常被认为难以承受战争与动乱带来的后果,所以才有"战争让女人走开"的说法。西方中世纪一度流行骑士文学和骑士文化精神,其核心要义就是男性把女性当成爱与美的化身,并尽到保护女性的责任。这种男性英雄主义精神渗透到了包括俄罗斯在内的所有西方国家的文化传统之中。"二战"时期,苏联将士为世界反法西斯战争,发挥了中流砥柱的作用,但在战争中伤亡惨重,尤其是中青年男性的死亡率极高,以至于"二战"后相当长的时期内,俄罗斯存在严重的男女比例失调。可以说俄罗斯人民在战争中尽显男儿英雄本色,无愧于"战斗民族"的光辉形象。尽管如此,此后的苏俄男性文人在表现战争和"二战"的文艺作品中,仍不时发出自我反思的批判之声。其中最著名的例子莫过于苏联作家鲍里斯·瓦西里耶夫(Борис Львович Васильев)创作的中篇小说《这里的黎明静悄悄……》,这部作品发表于"二战"结束24年之后的1969年,它连同后来改编成的同名电影传入中国后产生了巨大反响。作品之所以如此打动人心,与其中蕴含的"不可救药"的男性英雄主义精神不能说没有关系。

在笔者看来,作品最感人的地方不在准尉瓦斯科夫率领5个风华正茂的女战士与入侵者德国鬼子之间巧妙的周旋和不屈不挠的战斗,也不在几位英雄人物的视死如归、英勇赴死,而在瓦斯科夫在目睹年轻女兵们一个个死去时的痛楚和自责。他向弥留之际的丽达深情忏悔道:"我这儿疼。这儿疼,丽达,疼极啦!……我害了你们,害了你们五个。可是为了什么?为了这十来个德国鬼子吗?……为什么我不放过这些个德寇,偏偏要采取这样的决定呢?如果将来有人质问我:你们这些男子汉怎么搞的,为什么没有把我们的妈妈保护好,使得她们被枪弹打死呢?"② 没有什么比年轻女性的死亡更能反衬战争对人性的摧残了,它能激发广大人民对侵略

---

① 李木兰:《战争对现代中国妇女参政运动的影响:"危机女性"的问题》,王政、陈雁主编《百年中国女权思潮研究》,第223页。
② 〔苏〕鲍·瓦西里耶夫:《这里的黎明静悄悄……》,王金陵译,人民文学出版社,1999,第142页。

者的愤怒和反抗。在瓦西里耶夫看来,"妇女的使命是生育,是延续生命,不是战争,不是死亡。杀害妇女是罪恶,是反人类的行为"①。这样的观点在某些激进女权主义者眼里,或许是太过保守陈腐和大男子主义了。然而女性之所以格外受到眷顾和照顾,在某种程度上其原因难道不与其弱者特征相关吗?对女性的尊重如果不包含对作为弱者的女性之特权的尊重,那么所谓将主流社会对妇女(及儿童)的尊重程度视为进步之标尺的观点又有何意义?

相对而言,中国文化传统中几乎见不到瓦斯科夫式的自责和痛悔陈述。我们耳熟能详的却是花木兰替父从征以及佘太君、穆桂英率领的"杨家将"奋勇"保家卫国"的故事,是"巾帼不让须眉""谁说女子不如男"一类说法。这与秋瑾当年发出的要女子"尽与男子一样的义务"的宣告几乎如出一辙。现代文坛上那些表现女性翻身解放的革命题材的经典作品里,一个个光彩照人、神采飞扬的女英雄、女战士、女模范、女先进乃至"铁姑娘"形象,都曾留给我们深刻印象;而在最彻底的革命与最激进的变革口号和行为背后,也常常折射出对最保守也最古典的传统文化的因袭,即分担重任。当女人们被教导、被鼓励乃至被强制地要一切以男人为榜样,一切向男人看齐的时候,那一定是一个非常的时代。相关史料也表明:即使是在最非常的年代,"铁姑娘"一类女英雄在社会上仍属凤毛麟角,与广大普通妇女的真实地位和诉求相距甚远。而这些风云一时的女性人物往往付出了沉重的身心代价。20 世纪 90 年代以后,国家有关部门明确禁止女性从事矿山、井下、高空等高危行业。在某些主张"男女彻底平等"的激进女权主义者眼中,这是否一种历史的倒退?

与自由类似,平等同样是人类心灵中最为普遍、深厚的诉求之一。正因如此,平等常常与自由一起构成了女权主义的立论基础和基本诉求。女权主义理论尽管千头万绪,但归根结底可概括为一句话:"在全人类实现男女平等。"② 平等的确切含义是值得探究和深思的话题。如同大千世界物种的千差万别才造就了世界的丰富多彩和曼妙神奇一样,地球上没有两片树叶完全相同,人类也没有两张面孔一模一样。造物者对于差异的设计与对平等的维护从来都是相辅相成的,多样化与个性化更是其刻意彰显的

---

① 〔苏〕鲍·瓦西里耶夫:《这里的黎明静悄悄……》,王金陵译,第 3 页。
② 李银河:《女性主义》,上海文化出版社,2018,第 2 页。

意旨。那种经由同一模子而造就的完全相同,当然也彻底平等的商业物品,不过是人类工艺实行现代机器大生产后才出现的。

哲学意义的形而上的平等观念,常常跟人类自身的神圣体验不可分割。阳光普照大地,既照"高贵之人"也照"卑贱小民";天地厚德载物、生生不息,既涵育"君子"也庇护"小人"。从这一理念出发滋生出人人平等、众生平等的理想坐标体系。可见平等理念与博爱观念难以剥离。具体到现实生活中,社会成员之间的竞争从未真正停止过,因此秩序和纪律便必不可少。而这又离不开权利、霸权和管控的有效运用。一些激进女权主义者将现有的社会等级完全归结为男性头脑中的产物,并认为它"导致了大规模的战争,逼迫式的进贡,普遍的卖淫和通奸",乃至"整个人类和所有的社会都丧失了平等和睦相处的可能性"。① 因而得出只有彻底推翻男权社会的统治秩序,才能"解放全人类"的"革命性"主张。此等以偏概全的观点忽略了一个基本事实:现今社会统治体系不仅是男女两性竞争的结果,也是彼此共谋的历史产物。

人类早期曾有过漫长的母系社会时期,后来才进入更加文明的父系社会时代。而不论父系社会还是母系社会,等级和统治都未曾缺失。中国人一直难以克服一种根深蒂固的将平等观念简单化乃至庸俗化为"平均主义"的传统思维定式。不论老子的"不患寡而患不均",还是历次农民战争推出的"等贵贱、均贫富""有田同耕、有饭同吃、有福同享"等口号,在中国社会常常最具感召力。不过吊诡的是等级观念和主从次序却无孔不入,根深蒂固。我们发现,尽管《水浒传》中的梁山好汉们在水泊梁山那样一个世外桃源,建构起了一个"大碗喝酒、大块吃肉"的貌似自由、平等的"法外乌托邦"社会,但这个理想化的平等社会仍少不了排座次一类的分等级的"重头戏"。至于像宋江这样的"大哥"对李逵一类"小弟"的控制和支配,也与主人之于奴才的关系实无二致。可见,如果不能以现代意义的契约关系取代传统的习以为常的主奴观念、等级观念,那么鲁迅所说的人和人之间的"傀儡"关系就绝不可能彻底消除;如果下级对上级的绝对依附和上级(无论君父还是当今的领导)对下级的绝对支配权不发生实质改变,现代意义的平等、自由观念也就不可能真正得以建立。

---

① 李银河:《女性主义》,第7页。

三 西方女权主义与中国文化传统的对接问题

关于女性如何追求自身的解放，五四时期曾出现两种不同的声音。其一，以李大钊、陈独秀为代表，主张通过社会革命实现妇女的整体解放；其二，以胡适、周作人为代表，主张通过思想变革和知识的更新实现女性自身解放。"前者是一种整体观，后者则注重个人的感受。"① 现代中国的妇女解放运动和女权主义，基本上是按照这两条路径渐次展开的。如果说20世纪80年代以前，整体观视野下的女性解放思潮牢牢占据社会主流，甚至跃升为广大人民翻身解放的象征的话，那么改革开放以来的当代中国社会，个人感受型女性独立运动就虽然说不上如火如荼，却始终表现出蓬勃旺盛的生命力。而当今一些女权主义批评家和新锐女权主义者，坚决否定了前一种女性解放的途径，经女权主义的洗礼后退缩到自己的房间或精致的象牙塔内寻求自我的圆满。时至今日，接受了系统、良好教育的现代女性滋生出的自立自强的个性解放意识及其掌握的谋生技能，已与当年难以自食其力的子君们大不相同，这是中国社会进步的最可喜的标志之一。与此同时也不得不承认，重男轻女观念及各种男权的压迫依然没有被彻底根除，中国社会中大部分女性尤其是作为"沉默的大多数"的社会中下阶层的女性，依然未能突破男权世界的藩篱。

西方社会的女性解放运动经历了漫长而曲折的历程。尽管自15世纪就已出现为女性争取权益、反对性别歧视的呼声，但大规模的社会化女权运动迟至19世纪下半叶才出现。一般认为，世界性的女权主义运动先后经历了两次高潮：第一次出现在19世纪后期到20世纪初；第二次则出现于20世纪六七十年代。历经第一次女权主义运动的洗礼，在女性的政治选举权、接受教育权和就业权等方面，西方资本主义国家都已取得极大的进展，男女平等的观念也逐渐深入人心；但在20世纪六七十年代的第二波女权主义运动浪潮中，一些"反对（女性）本质主义和生理决定论的观点"与"赞成性别的差异和特征是由社会建构起来的观点"一度盛行，

---

① 姜海龙：《"革命者形象"下的女权主义者郭隆真》，王政、陈雁主编《百年中国女权思潮研究》，第166页。

因而遭到"来自生理学和医学的抵制",① 以及（男权）主流社会的拒斥和消解，也就不足为奇了。正像一些学者指出的，当代西方女权主义运动之所以能顺利展开，主要原因是与19世纪的两大社会变革运动——黑奴解放运动和无产阶级革命运动——相关。美国女权主义运动与黑奴解放运动几乎同时兴起，许多女权主义者在黑奴解放运动中表现活跃，不少主张废除黑奴的民主主义者也纷纷加入女权主义运动之中。不过颇具讽刺意味的是，白人妇女早在1920年就获得了政治选举权，但直到1970年，选举权才被赋予全体黑人；② 至于女权主义者从马克思主义理论及左翼文化理论那里汲取了大量养分，这同样是不争的事实。但马克思主义理论指导下的无产阶级革命运动，其宗旨是要消灭资产阶级剥削制度，建立无产阶级专政，马克思主义阶级斗争方法论，未必完全适用于女权主义运动。少数西方激进的女权主义者对马克思主义阶级斗争理论的生搬硬套，在笔者看来既偏颇又不切实际。如同黑奴解放运动的目标是反对种族主义和种族歧视，建立各种族地位平等且和谐共处的理想社会，并非要取白人而代之一样，妇女解放运动的最终目的应该是在平等合作、互利共存的基础上实现男女两性的真正和解，而不是对所谓"男权"的彻底颠覆。

近年来，从电影纪录片《阴道独白》到"米兔"运动，几乎每一次发端于西方女权主义运动的新潮及重要事件，都会很快波及中国；中国学界的女权主义批评建构，与对花样不断翻新的西方女权主义理论的接受，几乎存在一种正向同步关系，这无疑反映了中国社会的开放、进步及其与西方社会的关联。但中国学界的女权主义倡导者和批评家们常常忽略中国社会不同于西方社会的独特文化传统这一基本事实，在笔者看来，这简直有些不可思议。学者赵稀方曾指出："主体"等概念原本是西方文化传统的产物，"中国历史上根本不具备西方意义上的男性主体，何谈女性自男性之中的解放？"③ 在他看来，传统中国社会里的每一个成员充其量只是社会网络中的一分子，并无独立的个性观念和主体意识；女性要从属于丈夫，丈夫却要臣服于王权，因此男人和女人一样，无独立的主体性。④ 赵

---

① 李银河：《女性主义》，第62页。
② 〔英〕玛格丽特·沃特斯（Margaret Walters）：《女权主义简史》，朱刚、麻晓蓉译，北京外语教学与研究出版社，2015，第77~78页。
③ 赵稀方：《中国女性主义的困境》，《文艺争鸣》2001年第4期。
④ 赵稀方：《中国女性主义的困境》，《文艺争鸣》2001年第4期。

稀方的观点可谓一语中的，要知道源远流长、根深蒂固的中国文化传统与西方的大相径庭，其中之一的表现便是子女对于父母、奴才对于主子、下级对于上级的绝对服从和依附，也即鲁迅所说的"傀儡"关系，而这种"傀儡"关系是普遍性的，"不但女人常作男人的傀儡，就是男人和男人，女人和女人，也相互地作傀儡"，而且"男人常常作女人的傀儡"。①

处于儿子角色中的一些男性在孝道的名义下，面对"生我养我"的母亲丧失起码的个人独立性和主体性，此乃中国社会中最常见也最典型的"男人常常作女人的傀儡"的例证。上至朝廷，下至普通官宦家庭，长期存在的"母亲（祖母）家长"现象，不能不说是对"男尊女卑"主流观念的绝大讽刺和某种反动。现代著名作家林语堂曾质疑："中国妇女真的是受到压制的吗？这时，慈禧太后强有力的形象便进入我的脑海。"② 他甚至认为："人们对中国人的生活了解越多，就越会发现所谓对妇女的压迫是西方人的看法，似乎并不是仔细观察中国人生活之后得出的结论。这个批评肯定不适用于中国的母亲这个家庭的最高主宰。任何对此持有异议的人应该读读《红楼梦》这部描写中国人家庭生活的巨著。研究一下贾母的地位，凤姐及其与丈夫的关系……看一下到底是男人还是女人在家里掌权。"③ 林语堂的失察是显而易见的，套用一句流行话语来说，他是将中国社会的某些个别现象当成了普遍规律，事实上个别女性当权者的出现，并不意味着大多数妇女不受性别不平等观念的毒害和压迫。

男尊女卑以及女性所遭受的歧视压迫，不仅仅与性别有关，也与中国古代主流社会普遍缺乏对弱势群体的关爱、照顾，以及中国文化传统缺失主体性的人权观念有着直接的关联，还与中国古代传统社会男性缺乏个性主义观念而导致的男性弱化现象和男性英雄主义精神的不彰息息相关。男性缺乏阳刚之气和担当精神，只能进一步加剧中国女性的命运无助和悲苦。正因如此，今日之中国不仅应有女权主义运动，还需有一场轰轰烈烈的男权主义运动。只有男人们强起来，整个社会才会真正强起来，女人们才能从中受益和蒙福并由此走向自强自立。这样的观点对很多女权主义者或许有些不太中听，但它与"如果一定要谈女性主体的话，那么首先要谈

---

① 鲁迅：《坟·娜拉走后怎样》，《鲁迅全集》第一卷，第170页。
② 林语堂：《中国人》，郝志东、沈益洪译，上海学林出版社，1994，第150页。
③ 林语堂：《中国人》，郝志东、沈益洪译，第151～152页。

男性主体"①的思路却是一致的。

　　以受西方影响并在中国社会一度悄然兴起的"米兔"运动为例，这一运动固然反映了广大女性尤其是知识女性权利意识的觉醒，但笔者有些担心，如将此类事件仅仅界定于女权范围之内，就反而会混淆社会不公不义的真正根源。因为社会权力一旦被掌控且不接受监督，就容易导致滥用，如非法猎财、猎色，以达到牟取个人私利和实现私欲最大化的目的。至于上苍创造男女两性，是为了让男人和女人相亲相爱、互补互助，而不是彼此争斗或互相颠覆。正如无论"阴道""阳道"，都应符合"天道"才能不脱离"人间正道"一样，无论男权还是女权，都应以基本的人权和法治观念为前提。如果连人权和法治观念都未能普及，又遑论女权或男权呢？

---

① 赵稀方：《中国女性主义的困境》，《文艺争鸣》2001年第4期。

活跃在大陆文坛的三代女作家：
宗璞、戴厚英、徐小斌
——选自英文版《中国当代小说家：生平、作品与评价》

梁丽芳*

摘要 本文首先描述英文版《中国当代小说家：生平、作品与评价》写作的经过、目的以及结构特点。该书包括 80 位作家，本文抽选三位具有代表性的女作家宗璞、戴厚英与徐小斌作为实例。每篇评述都把作家的成长、教育、特有经历与创作特征有机地糅合起来并作评价。宗璞作为女性文人与现代主义者，经历三个时期的蜕变，以她的史诗般的四部曲达到高峰；戴厚英从激进"左派"到人道主义的回归，以知识分子四部曲完成她的批判；具有明显女性主义色彩的徐小斌，敏感与诡奇，通过各种各样的逃离与寻找，来体现她的思考与追求。每个实例都附上作品的英译资料。

关键词 现代主义 人道主义 女性视角 女性文人

Abstract This paper contains two parts. The first part describes how and why Laifong Leung wrote the book *Contemporary Chinese Fiction Writers: Biography, Bibliography and Critical Assessment* (Routledge Press, 2017) and points out its structural characteristics. The book examines 80 authors. In second part, the author selects three women writers Zong Pu, Dai Houying and Xu Xiaobin as examples. Each example fuses the writer's personal experience with her literary creation. Zong Pu, as a woman literati

---

* 梁丽芳，博士，阿尔伯达大学终身教授，不列颠哥伦比亚大学客座教授。

and modernist, went through three stages of development and finally reached the zenith of her career with her epical four novels; Dai Houying, who transformed from an ultra-leftist to a humanitarian, amazed the readers with four novels critical of Chinese intellectuals; and Xu Xiaobin, known for her sensitivity and imagination, explored various ways of escape, physically and mentally, to seek her destiny. Each sample is followed by a list of the writer's works translated into English.

Keywords　　modernism; humanism; female vision; woman literati

20世纪70年代末,压抑封闭已久的中国文坛势不可当地敞开了,作家作品从太平洋彼岸澎湃而来,对人性的呼唤,对自由的渴望,震耳欲聋,令生活在海外的我不得不加以关注,看看中国大地发生了什么事,我的同胞在呐喊什么,追求什么,思考什么。

我是怀着好奇与激动来阅读来自祖国的文学杂志的,每次发现好的作品就记下,渐渐的,我存储了大量卡片;多年的阅读告诉我,中国当代文学的一大特色,是作品与作者的个人经历有着密切的关系。女作家的崛起和成就,有目共睹,不用我在这篇小文中唠叨。现抽出三位女作家的评价就教国内同行。

这三位女作家是宗璞、戴厚英、徐小斌。其中徐小斌一文是纪晓琳翻译的,非常感谢,我只是审阅一下。这三位女作家中,宗璞从事创作时间最长,戴厚英第二,徐小斌第三。粗略来看,如果要比较的话,首先,三位女作家都是以批判现实和历史反思的态度来下笔的。如宗璞一出手就以《弦上的梦》显示她的道德勇气;跟着,《我是谁》透露她对于现代主义创作手法的熟悉。戴厚英的第一个长篇是《诗人之死》,若1978年能出版,则是伤痕文学的先驱;她1981年出版的《人啊,人!》是新时期具有时代批判性和反思知识分子命运的力作,香港杂志的报道,使她迅速成为海外华人社区和汉学界最瞩目的作家之一。徐小斌的《河两岸是生命之树》(1983),以内心刻画的细腻而令人刮目相看。

其次,她们的写作与自身经历有不同程度的关系。戴厚英发奋写作,不能不说是闻捷的自杀引发的,既为情伤也为知识分子的良心拍案而起,《诗人之死》《空中的足音》就是例证。宗璞晚年倾力而写的"野葫芦引"四部曲则或明或暗地是她的战时经历、感情和思考的总和。徐小斌比许多同代女知青作家敏感，对于爱情的憧憬和失望，成为她写作的一个重要因素。

最后，如果从性别角度而言，宗璞所塑造的女子，多为饱读诗书、雍容大度、知所进退、深明大义的知识女性。《南渡记》与《东藏记》中的母亲形象，是结合中华优秀传统与现代知识的新女性。戴厚英的"人的三部曲"中的女子是她的分身，口才好，思辨能力强，据理力争，与宗璞女性人物的温和、大度大异其趣。徐小斌的女性人物，敏感而有点神经质，富于幻想，固执而坚强，较为合乎西方女性主义的解读与期待。

这三位女作家，都经历了中国 20 世纪的非常时期，然后，以文字刻写时代与自我。宗璞的小说理论、创作功力与学养气质，为一般女作家所无，应该获得更高的评价；戴厚英在 20 世纪 80 年代初勇敢反思，但昙花一现，归于沉寂，必须历史地给她公正的评价；徐小斌能在影视渲染之下，力保文学的本质，则难能可贵。

一　宗璞：女性文人与现代主义者

宗璞（1928 年生）很有可能是唯一一位通晓英法语言，并对西方文学和中国古典文学都有相当造诣的中国当代作家。这解释了为什么在 1976 年后，她能够率先发表现代派小说。她父亲是中国哲学领域的权威学者冯友兰，姑母冯沅君是中国古典文学教授，书香世家的背景使她有别于那些工农兵出身的作家以及知青作家。宗璞是个高雅文学的作家，文笔细腻而具传统与现代的品位。尽管她健康欠佳（她有眼疾），又要照顾家人（她父亲），却一直坚持写作。从 1947 年至今，横跨数十载，作品涵括小说、寓言、散文、文学评论以及翻译。她是较早获邀到国外讲学、访问的中国作家，她的作品被翻译为多种语言。1996 年，她出版了四卷本文集，目前，她正在完成"野葫芦引"四部曲中的最后一卷（按：已经完成）。

宗璞的人生跟中国学者圈子有密切关系，这个圈子也成为她创作的重要泉源。她在燕京大学（今北京大学）出生，三个月大就跟随父亲冯友兰入住清华大学。她回忆说，九岁之前清华园的生活，是她最快乐和最怀念的。她上小学四年级时，中日战争爆发，她停学一年，1938 年与母亲和三个弟妹一同逃难到昆明，与在西南联合大学任教的父亲相聚。她亲历了战争离乱中大学师生的艰难生活，空袭警报与躲藏的恐惧深深印在记忆中。1946 年，宗璞从西南联合大学附中毕业，然后到天津南开大学学习两年，后转回清华大学，主修英国文学，1951 年大学毕业。宗璞曾在不同的文化机构任职，她先在中国作协工作，后到《世界文学》担任编辑，直至 1981 年退休。①

宗璞很小就开始阅读外国文学作品。八岁时阅读狄更斯的《苦海孤雏》，十来岁阅读陀思妥耶夫斯基和托马斯·哈代的作品，她的大学毕业论文就是以后者的作品为题撰写的。20 世纪 60 年代初，《世界文学》要参与一场批判西方作家尤其是卡夫卡的运动，宗璞趁这个机会，阅读卡夫卡的作品，不觉受到影响。② 1976 年后，宗璞顺理成章地成为最先在小说技巧方面进行现代主义创作实践的作家。

宗璞六十多年的创作生涯，可以大致分为三个时期。

(一) 第一时期 (1947~1957)：从《A. K. C》到《红豆》

在芸芸众多的中国女作家中，宗璞是较早对于小说创作美学具有强烈自觉意识的一个。她认为短篇小说创作有三个类型：一类侧重情节，一类侧重人物，一类侧重气氛。③ 1943 年，宗璞在昆明的报纸上发表第一篇散文。1947 年，她在天津发表第一篇小说，名为《A. K. C》，这篇小说显示了她运用情节的技巧，以及意识到生命的荒诞。当时，她正在学习法文，因此，采用了法文方式拟了篇名。这是一篇融合痛惜与荒诞的爱情故事。小说的第一人称叙述者，是一个留学巴黎的中国留学生，他是旁观者也是记录者，故事由他开始，也由他结束。故事主要是一个六十岁的单身法国妇人的回忆。她年轻时与一个腼腆、寡言的医生堕入爱河。一天，他们出游回来时，他送给她一只小瓷瓶，她小心翼翼地收好。多天过去，她听闻他郁郁不乐；之后，就再也没来找她。故事到了此处，作者没有再提这只小瓷瓶。此后，邻居家男孩无意中打碎了这只小瓷瓶，妇人看见瓶底

---

① 关于宗璞的生平资料，见她的《自传》一文，收入《宗璞文集》卷 4，华艺出版社，1996，第 334~337 页。
② 宗璞：《独创性作家的魅力》，收入《宗璞文集》卷 4，华艺出版社，1996；原发表在《外国文学研究》1991 年第 1 期。
③ 施淑青：《又古典又现代——与大陆女作家宗璞对话》，《文坛反思与前瞻：施淑青与大陆作家对话》，香港，明报出版社，1989，第 172~188 页。关于短篇小说观点见第 187 页。

A. K. C 三个字母,当她读出来时,忽然领悟到其中的意思是叫她打碎瓶子;她收拾残片时,看见一封求婚信,信中叫她七天内回复,但是一切都太晚了,她的人生被开了一个大玩笑!

1950年,宗璞发表短篇小说《诉》,描写受剥削的工厂女工。不久,她发觉自己对于工农兵文学难以适应,不知道如何下笔。1956年2月,当"百花齐放,百家争鸣"开始时,她正在中国作协任职,同年12月,她第一次用"宗璞"这个笔名,写了短篇小说《红豆》(《人民文学》1957年第7期)作为回应。小说中的主要意象红豆,在中国传统诗歌中是爱情的象征。虽然是六年前的事了,女主人公江玫在一道墙内找到了当年她自己藏着的一只小盒子,里面装的红豆依然鲜亮,但仍让身为新政府干部的她无限伤感。这是一篇引人入胜的过渡性小说,合时地描述了某些站在十字路口的年轻人的彷徨与抉择。[①] 原来新中国成立前夕,江玫忍痛与打算逃往美国的男友齐虹决裂,齐虹是银行家之子,被认为是站在革命人民对立面的资本家,江玫的抉择,显然是站在革命人民一边。运动来时,这篇小说却被批判为"毒草",模糊阶级斗争,提倡资产阶级情感观,把个人情爱凌驾于革命之上。宗璞因这篇小说而出名,也因这篇小说而受了二十多年的委屈。

(二) 第二时期(1958~1978):沉静的执着

1958年,宗璞到北京郊外十三陵水库劳动,第二年,她被派到涿鹿县当农民。其间,她写了一些寓言。1960年10月,她被调回北京出任《世界文学》的编辑,并担任文学评论组主任。虽然宗璞这个时期的小说基本上不偏离当时的时代意旨,但细读后就会发现,在舒缓有致的文笔与恰到好处的人物塑造中,隐藏了一种沉静的追求艺术的执着。其中最佳的例子,是短篇小说《不沉的湖》(《人民文学》1962年第7期)。小说塑造一个醉心舞蹈艺术却伤了腿从此不能上台演出的女舞者。在组织领导的鼓励下,她终于走出忧郁,把创作精力转向编舞方面,依旧做出贡献。宗璞以组织领导的化身,坚持了她对艺术的执着。宗璞的另一个短篇《后门》(《新港》1964年2月号)显示她对于特权思想的批判。写的是一个关于烈士后代想利用特权走后门进入大学的故事。小说发表时,名字被改

[①] 宗璞:《〈红豆〉忆谈》,《宗璞文集》卷4,第306~308页。

为《刘翠翠和她的母亲》,以削弱批判意味,并被要求塑造一个纠正女儿想走后门的正直的母亲形象。

1966 年 6 月,冯友兰被评判成"反动资产阶级权威"和"反共老手",并被送进牛棚;同年 8 月 18 日,宗璞本人与她在外国文学研究所的同事们也一起受到冲击,她被污蔑为"反动学术权威冯友兰的女儿""文艺黑线的宠儿"。这些经历,都写入散文《一九六六年夏秋之交的某一天》①中。

(三) 第三期 (1978~2016):人道主义与现代主义

宗璞最重要的著作均创作于 1976 年之后。1978 年 6 月完成的短篇小说《弦上的梦》(《人民文学》1978 年第 2 期),乃这个时期第一篇正面写 1976 年 4 月 5 日"天安门事件"的小说。这时"天安门事件"仍被定为"反革命事件"。这篇作品的发表显示了宗璞的道德勇气。故事的灵感来自她的一个亲戚②,叙述者是年长的女音乐家,描写对象是个"文革"时丧失双亲的 19 岁叛逆女孩梁遐,"天安门事件"把她们截然相异的两代人连接起来。

令人惊艳的是宗璞的短篇《我是谁》(《长春》1979 年第 12 期)。这篇小说横空而出,糅合了"文革"时期某些卡夫卡式的气氛与非人化的恐惧。从海外归来的爱国女科学家,不被信任,受到冷漠对待,文本刻画了她自杀前失去逻辑、支离破碎的精神状态。怪诞小说《蜗居》(《钟山》1981 年第 1 期)把读者带入噩梦般的氛围;该氛围压抑,使人堕落到极端的非人化境地。这些人物背上长出蜗牛般的贝壳,这无疑是对卡夫卡《变形记》的应和。更具反讽意味与悲剧性的是宗璞笔下人物的象征行为。他们以自己的"吐沫"(语言)来使贝壳增大、增厚以求自保,因为先天的软弱(如背叛)以及外界的批判,能随时把他们缩小到蜗牛般大小。

宗璞的第一个中篇小说《三生石》(《十月》1980 年第 3 期)获得全国优秀中篇小说奖。这个中篇小说带有作者的个人色彩。主题特别有意义,女主人公是一个受当时政治氛围影响,努力改造自己的知识分子,在

---

① 此文收入宗璞《铁箫人语》,春风文艺出版社,1994,第 59~65 页。
② 《宗璞:当代文坛的常青树》,王能宪、陈骏涛主编《足迹:著名文学家采访录》,中国工人出版社,2011,第 2~12 页。

经历了长期的压抑之后，终于觉醒，渴望人性的回归。女主人公梅菩提是个大学教师，因为写了长篇小说《三生石》而屡遭攻击。"文革"时，校园内野心勃勃的同事甚至把大字报贴到她癌症手术后的病房里。男主人公方知，因为"双百方针"时提出意见，被打成"右派"。恶劣的环境并没有摧毁他们的爱情，三生石魔幻般地成为他们之间的爱情媒介。虽然篇幅有点过长，但文本叙述从头到尾保持了连贯节奏。

宗璞的"野葫芦引"四部曲是她生活经历与艺术探索的高峰。这是个具有史诗品位的写作工程，被某些评论家称为"当代《红楼梦》"。因为视力差，宗璞甚至要靠助手帮助写作。已经出版的三部长篇小说《南渡记》《东藏记》《西征记》，都以二战为背景。第四部《北归记》仍在写作中（在本书出版后，第四部已经完成）。

《南渡记》聚焦于孟家在北平以及逃难到大后方的经过；《东藏记》写他们一家人在临时校园西南联合大学和昆明近郊小城的生活；《西征记》写战争。《南渡记》第二章中，作者特意加插了孟樾关于野葫芦的独白，透露他的期望：葫芦是不能被消灭的，因此，中国是不会被打败的。

《南渡记》以日本全面侵华的1937年7月7日开篇。从这一天起，孟、吕、澹台三个家族的活动交叉展开，一场即将举办的婚礼带来的兴奋，随着日军的入侵而破灭。小说的人物众多，但令人惊讶的是，小说因宗璞的技巧处理，非但情节不会乱，而且引人入胜，人物也随情节的发展逐渐充实成独特个体，最后都逃出危城。

宗璞无疑是这个写作工程的最佳人选。她的个人成长，抗战期间从北平逃难到云南的经历，以及在西南联合大学亲历的师生与家眷的生活，都可以被她信手拈来，成为材料。宗璞的父母亲成为小说中孟樾与吕碧初的原型，他们的女儿眉，就是宗璞的化身，很多情节场景是从眉的视角呈现的。

《东藏记》聚焦于儿女们在大后方的成长经历，大学师生与教师家眷的经济困境，并夹杂教师之间的冲突、当地政府对言论的压制，以及每天不可预测的跑警报。宗璞把大后方生活的种种细节，例如，学生听到警报一响就马上逃到坟地里躲藏，疟疾传染，云南风土人情，等等，都纳入文本中。

除了塑造孟樾的学者、社会批评家和负责任的丈夫的形象外，宗璞还塑造了几个令人印象深刻的人物，其中最令人难忘的是孟樾的岳父，即吕碧初的父亲吕清非。作为正直的国民政府行政院官员，他拒绝与日本人合作，最后以死殉国。与他成对比的是沽名钓誉、学养平平的戏剧教授凌京尧，他忍受不了日本人的折磨而低头，与之合作。他的侄子卫葑是宗璞精心刻画的人物，具有神秘色彩。他在第一部与第二部小说中，从一个大学物理教师转变为一个充满理想的地下革命党员。可是，他的革命理想因为目睹知识分子不受重视而破灭。他的痛苦、蜕变流露出宗璞对于历史的批判。

宗璞认为，男人与女人不同，女人要努力提高自己的能力。宗璞的女性视角，赋予她的女性人物一种特有的感性。她不是西方意义上的女性主义者。她的女性人物是有教养的、高贵的、坚毅的。典型的例子有吕碧初（孟樾之妻），她照顾三个孩子与老父，战时她经历千山万水把三个孩子带到昆明与丈夫相聚。在昆明，她除了照顾家庭外，还为大学筹款。另一个例子是优秀坚韧的凌雪妍，如《南渡记》中，她历经艰苦终于在抗日根据地找到卫葑；《东藏记》中，她在河边洗衣服时失足淹死，留下了刚出生的婴儿，这是《东藏记》中最令人哀痛的一个情节。

孟樾的二女儿眉，是作者的隐身叙述者，她的成长经历——从战争爆发、日军进城、逃难大后方、考入大学，到她对玮玮渐生情愫——若隐若现地编织着整个文本的发展线索。

宗璞未获得应有的重视。在中国当代文学谱系中，宗璞在几个方面都占有重要的位置。她从自己的角度活化了二战题材；她专注塑造知识分子，特别是二战时期的知识分子；她给予被边缘化的知识分子以重要的位置；她的中国古典文学素养，使她的创作具有细致、高雅的品质；她对于西方语言文学的认知和了解，使她能走在现代主义文学实践的前列。宗璞的作品不是完美无瑕的，但是，她精致的文笔，尤其是她所塑造的那些有品位和懂音乐、绘画、古典诗歌的知识分子，把她推向雅文学的前列。

（四）作品的英语翻译本

"Melody in Dreams（《弦上的梦》）"（tr. by Shen Yaoyi）, *Chinese Literature*, Aug（1979）: 78 - 99; also in *Seven Contemporary Chinese Women Writers*, Panda Books, 1982, pp. 87 - 118; "A Dream on the Strings"（tr. by Aimee Lykes）, in Mason Y. Wang ed., *Perspectives in Contemporary Chinese Literature*, University Center, Michigan: Green River Press, 1983, pp. 229 - 72.

"Red Beans" (《红豆》) (tr. by Geremie Barmé), in Geremie Barmé and Bennet Lee eds., *Fragrant Weeds*: *Chinese Short Stories once Labeled as "Poisonous Weeds"*, Hong Kong: Joint Publishing, 1983, pp. 195 – 228; "The Red Beans" (tr. by Sydney Shapiro), in Hugh Anderson ed., *A Wind Across the Grass*: *Modern Chinese Writing with Fourteen Stories*, Ascot Vale, Vic: Red Rooster Press, 1985, pp. 52 – 73.

"The Marriage of Late Sister (《桃园女儿嫁窝谷》)" ibid., pp. 74 – 88; also in *Chinese Literature*, Jan (1964): 3 – 21.

"The Back Door (《后门》)", ibid., pp. 89 – 98.

"Who Am I? (《我是谁》)", ibid., pp. 99 – 104; also in Liu Nienling (tr. & ed.), *The Rose Colored Dinner*: *New Works by Contemporary Chinese Women Writers*, Hong Kong: Joint Publishing, 1988, pp. 95 – 104.

"Lulu (《鲁鲁》)", ibid., pp. 105 – 116.

"A Head in the Marshes (《泥沼中的头颅》)", in *The Antioch Review*, Spring (1988), vol. 46, no. 2.

"The Tragedy of the Walnut Tree (《核桃树的悲剧》)", in Zhu Hong (tr. & ed.), *The Serenity of Whiteness*: *Stories by and about Women in Contemporary China*, New York: Ballantine Books, 1992, pp. 282 – 300.

The Everlasting Rock (《三生石》), (tr. by Aimee Lykes), Boulder, Colorado: Lynne Rienner, 1998.

二　戴厚英：从激进者到批判者

在当代作家中，戴厚英（1938～1996）是人生最具戏剧性、争议性与悲剧性的一个。她来自安徽省的一个小镇，却能进入上海读大学，她是"文革"期间激进的造反派红卫兵，却与一个"资产阶级"的浪漫诗人发生爱情；她是反对人道主义的极左文艺理论家，后来她却为此忏悔，并以小说来推崇人道主义；她是个无神论者，晚年却皈依佛教；她是个孝顺女儿，是家族的骄傲，最终却被来自家乡的青年杀害。

戴厚英出生于安徽省颍上县的南赵集古镇，父亲开杂货店，母亲是不识字的家庭妇女。1956年中学毕业后，戴厚英考入华东师范大学，主修文学，是家中唯一一个接受大学教育的孩子。1957年，她父亲被定为

"右派",可能是这个原因,戴厚英力求被接受而紧跟时代路线。

1960年,上海作协召开会议,批判资产阶级反动思想。被批判的,有华东师范大学教授、文学理论家钱谷融于1956年发表的《论"文学是人学"》。戴厚英口才好,成为当时"文艺理论战线上的新生力量";会上,她非常凌厉地批判钱谷融的人道主义观,并直呼其名,令钱谷融与参会者都为之一惊。①她也因此获得"小钢炮"的称号。② 大学毕业后,她被派到上海作协理论批判小组工作。1960年中,选入上海市革命领导小组,后暂调北京工作,参加批判《早春二月》等被称为小资产阶级情调的电影。

不久,戴厚英失去了这些光环。"文革"前夕,因为上海市革命领导小组阵营的内斗,戴厚英不得不靠边站。这时,她的丈夫提出离婚。她与丈夫来自同一所中学,大学毕业后,他被调到芜湖工作,她则因为工作需要被留在上海;她曾申请调动,但不成功,离婚遂成定局。

戴厚英的人生因为一个遭遇而改变。1968年,在批判"修正主义"与"资产阶级思想"期间,戴厚英被派去调查著名诗人闻捷(1923~1971)。在调查过程中,戴厚英对闻捷产生同情,这在当时是被视为离经叛道的。闻捷的妻子在红卫兵抄家后跳楼自杀,戴厚英负责通知闻捷,并联系他们的三个女儿。后来,戴厚英与闻捷被派到同一所"五七干校"劳动;在那儿,他们决定申请结婚,可是不获单位批准,理由是"五七干校"的目的是思想改造。回到上海后,闻捷被开会批判为具有"毒害革命者的思想"。在一个激烈的批判会之后,闻捷开煤气自杀。③ 戴厚英伤心欲绝。经历此劫,戴厚英保持低调多年,并开始了灵魂的探索。1976年后,她最早起来批判极左造成的人道主义的偏差与异化,作品引起很大争议。

戴厚英在上海工作,成为家中的经济支柱。她节衣缩食,把大部分薪金寄回家,是家乡的模范。她关心家乡的建设,1990年洪水泛滥,她义不容辞地捐款接济。退休之后,她计划回乡推广教育。可是,1996年8月

---

① 钱谷融:《关于戴厚英》,《当代作家评论》1997年第1期,第53~55页。
② 高云:《我和戴厚英的相识、相知》,戴厚英著《心中的坟——致友人的信》,复旦大学出版社,1996,第99~120页。
③ 关于戴厚英与闻捷的相恋经过以及后者的自杀,见高云《我和戴厚英的相识、相知》,戴厚英著《心中的坟——致友人的信》,第7~95页。

25日,她与侄女不幸地在上海寓所被家乡来上海打工的年轻人因劫财而杀害,而具有反讽意味的是,凶手竟然是她中学老师的孙子,还曾受她的帮助。

(一)"人的三部曲":回返马克思人道主义

1978年初,闻捷逝世后7年,戴厚英的挚友高云因为要做一项研究,向戴厚英求取闻捷的资料。戴厚英回忆往事,把多年来的有关闻捷的记忆倾吐在4本记事本上。① 没有料到的是,这竟催化了戴厚英创作小说的意欲。戴厚英把这些记忆写成一篇5万字的文章交给高云,又在两个星期之内完成了45万字的长篇小说《诗人之死》(1978)。可是,这本书在当时被拒出版。其实,这部小说比1978年8月11日卢新华发表在上海《文汇报》的《伤痕》还要早,更值得注意的是,《诗人之死》的艺术手法明显超越《伤痕》。这部长篇利用隐去真人真事的手法,叙写了戴厚英与闻捷的故事以及后者的死亡悲剧,控诉了时代对个人的无情干预。女主角向南是戴厚英的化身。作者利用向南寄给另一城市挚友的4封信,透露了一个宣传性质的极左分子向人道主义者的转变,以及她对余子乐(闻捷的化身)的态度。这部小说的主旨强烈地谴责时代对个人恋爱与婚姻自由的粗暴干预,并对当时文人圈子中的阴谋、谎言、背叛有入木三分的描述。

戴厚英只用了两个月就完成了第二部长篇小说《人啊,人!》(1980),由花城出版社出版。② 这部小说上市后即刻畅销,再版10次,销量达100万册,并很快翻译成英、法、俄、日、韩等数种文字。形势急转,戴厚英的《诗人之死》终于获准出版。在工作方面,戴厚英并不如意,她在复旦大学的分校任教数年后,就转到广东汕头大学任客座教授。香港的志群戏剧社把《人啊,人!》编成话剧,1985年与1986年在香港上演,戴厚英因此获邀出席;跟着,她获邀到西德、美国等国访问,成为最早出国的中国女作家之一。

《人啊,人!》的故事发生在一个大学校园,聚焦于1957年"反右运

---

① 高云:《我和戴厚英的相识、相知》,戴厚英著《心中的坟——致友人的信》,第3~6页。
② 关于戴厚英写作此书和出版的经过,见吴中杰《忆戴厚英》,戴厚英著《心中的坟——致友人的信》,第121~171页。

动"期间大学教师之间的矛盾。具有反讽的意味的是，1976年之后，受害者与加害者又回到同一个单位工作，有的觉悟前非，有的文过饰非。在叙述方面，戴厚英在保留主干情节生动性之同时，大量采用意识流、梦境、多重内心独白的手法，情节的发展不靠全知观点而是通过主要人物的内心独白来推进。女主人公孙悦担当了连接其他人物的枢纽，男主人公何荆夫曾因支持一个侨生回家探望病危母亲而被定为"右派"，被大学开除，一直流离失所。这部小说的主题——呼唤人道主义——重复地出现何荆夫与其他人物的交流中。

戴厚英在小说的后记中写道："我采取一切手段奔向我自己的目的：表达我对'人'的认识和理想。为此，我把全部精力集中在对人物的灵魂的刻画上。我让一个个人物自己站出来打开自己心灵的大门，暴露出小小方寸里所包含的无比复杂的世界。"① 有西方汉学家认为，虽然戴厚英的叙述技巧并不是詹姆斯·乔伊斯式的，也不是弗吉尼亚·伍尔芙式的，但"她毫无疑问地已经成功表现了人物的复杂内心活动，这在……现代中国小说中是少有的"②。小说出版后，戴厚英接到大量的读者来信，并成为20世纪80年代最为国外汉学界熟悉的中国作家之一。

1985年，戴厚英完成半自传性质的小说《空中的足音》，与前两本小说合成"人的三部曲"。《空中的足音》的女主人公云嘉洛，离开了批判她的省立大学，回到家乡的宁城师范学院教书，但这所学院并不宁静。小说以东晋南朝时期的归隐田园的诗人陶渊明开篇。可是，这所师范学院充塞了浅薄、妒忌、教条的同事，连老同学与朋友也觉得她的回来是个威胁。只有她的老师孟跃如（可视为闻捷的化身）了解她的理想、人生态度与痛苦。通过他们二人的对话，戴厚英点出如传统中国士人哲学中的人道主义等观点。

除了"人的三部曲"之外，戴厚英的长篇《脑裂》（1993）也是以中国知识分子为轴心的，但自传元素则明显淡化了。这是发生在20世纪90年代的校园小说，薪金微薄的教授无奈下海经商或兼职，以赚取外快。这部小说加上以上三部，戴厚英其实已经写了中国知识分子四部曲。与《人

---

① 戴厚英：《人啊，人！》，花城出版社，1983，第358页。
② Michael Duke, *Blooming and Contending: Chinese Literature in the Post-Mao Era*, Bloomington, Indiana: Indiana University Press, 1985, p.153.

啊，人！》探索人道主义的主旨不同，这部小说中的大学教师都或轻或重地活在创伤后遗症之中。狂傲的男主人公公羊，俨然是个零余的人，他就受这些症状困扰。他渴望升为副教授，但是担心不能通过新设立的英语能力考试，同时，他抵抗不了市场与红衣女郎的诱惑。同样的脑裂母题重复出现在公羊妻子的梦境和幻想中，且蔓延到其他同事，犹如传染病。公羊死于不治之症，成为中国经济大潮下知识分子的预示隐喻。

（二）淮河：短篇小说与没完成的三部曲

像许多来自农村的作家一样，戴厚英与家乡一直保持密切的联系。她差不多每年农历新年都回家乡，自称为"淮河的女儿"。她在短篇小说集《锁链，是柔软的》（1982）的序言中，提到她的家乡有古老曲折的历史以及无穷无尽的故事与人物。她以平实的语言，刻画了一系列农村人物。有1949年前受人尊重，但之后受鄙视的巫婆（《夜色朦胧》），有养护他人的孩子但晚年孤独无依的保姆（《雕像》），有无辜被打成"右派"不获赔偿的人（《好人安如斯》），有受寡妇不能改嫁的传统观念与自我奴化思想双重枷锁钳制的文盲妇女（《锁链，是柔软的》）。

戴厚英计划把家乡的故事写成三部曲。第一部《往事难忘》（1986）与第二部《风水轮流》（1989）都在香港出版。她去世后，两部长篇合并成为《流泪的淮河》（1999），可惜的是三部曲则永远落空。

正如戴厚英所说，她致力于诚实地记录淮河上好的坏的男男女女。第一部《往事难忘》共5章41节，涵盖了淮河边上宝塔集的李、顾两个家族从民国到1965年的恩怨情仇。民国期间，宝塔集的人受到淮河的影响——淮河每次泛滥，都带来灾难——不得不卖儿卖女，且淹死女婴的事情时有发生。人们被儒教思想、民间信仰和风俗习惯所控制。新中国成立后，因大兴水利，人民的生命与财产有了保障，生活不断改善，然而，他们的思想仍然未从苦难中走出来。第二部《风水轮流》连接第一部，共6章44节，讲述了从1966年到1976年的人与事。化身女主人公李翠的戴厚英，以批判性的眼光目睹身边人物在20世纪这10年中的命运变化。

戴厚英以大量的散文，记录了她的生活点滴。她去世后，有《戴厚英随笔全编》（1998）和《人道与佛道》（1999）问世。戴厚英的散文《结缘雪窦寺》详细记录了她逐渐认识宗教价值的过程，对了解她的思想转变甚有意义。她说"曾经尝试了解有没有灵魂,我从哪儿来,到哪儿去?"①在雪窦寺斋戒7天后,她皈依佛教。考虑到戴厚英曾经是无神论者,她的精神质变就显得很不寻常,可惜她没有机会发表皈依佛教后的作品。

戴厚英的写作生涯体现了当代中国文学的无常变幻,作为个性强烈的争议性作家,她在反思文学潮流中脱颖而出。20世纪80年代之后,她的作品被冷待。她留下了7部长篇和2个短篇小说集,以及大量散文、半部自传和很多寄给在美国求学的女儿的信。后者结成集子《戴厚英戴醒母女两地书》,1998年由暨南大学出版社出版。

(三)作品的英语翻译

"Father's Milk is also Blood Transformed"(tr. by Jeannette Faurot), in Duke, Michael S. ed., *Contemporary Chinese Literature: An Anthology of Post-Mao Fictionand Poetry*, Armonk, N. Y.: M. E. Sharpe, 1985, pp. 25 – 29.

Stones of the Wall (tr. by Frances Wood), New York: St. Martin's Press, 1985.

"The Vagabond: He Jingfu," in Geremie Barmé & John Minford eds., *Seeds of Fire: Chinese Voices of Conscience*, New York: Hill and Wang, 1988, pp. 153 – 60.

"On Behalf of Humanism: The Confession of a Former Leftist" (tr. by Frances LaFleur), in Helmut Martin & Jeffrey Kinkley eds., *Modern Chinese Writers: Self-Portrayals*, Armonk, NY: M. E. Sharpe, 1992, pp. 26 – 33.

三 徐小斌:不只是女性主义作家

徐小斌,小说家、剧作家、刻纸艺术家,20世纪80年代初在文坛显露头角,到90年代中时,已经成为独具特色的女性主义作家。与许多女性主义作家一样,童年与青少年的成长体验是其创作的源泉,但又与那些执着于描写灵魂和身体受到戕害的女性作家不同,徐小斌的作品覆盖更广泛的主题。她的小说,掀开了世代女人间复杂关系的面纱,女性性欲描述、艺术感与宗教启蒙相交织,塑造了逝去皇朝的女性图像。在其近作

---

① 戴厚英:《结缘雪窦寺》,《人道与佛缘》,上海人民出版社,1999,第218~235页。

中，奇幻、神秘与讽刺三位一体。

徐小斌出生于北京的一个知识分子家庭，其父为经济学教授。然而，由于家庭氛围的不和谐，其童年并不快乐。在少年时期，她阅读了大量中国古典文学作品与19世纪欧洲和俄罗斯文学作品的译作，尤其沉迷于《牛虻》、《怎么办》和《一个陌生女人的来信》中。1969年，16岁的徐小斌在"上山下乡"运动中到黑龙江生产建设兵团劳动。5年后，她设法调回到北京近郊插队一年，而后又成为一名工人。1978年她考入中央财政金融学院。尽管她真正的兴趣是文学，但是由于僵硬的教育体制，她无法更改专业。这种窘境并没有妨碍她对于文学、宗教、音乐、哲学、艺术各方面的探求，这些都成为她后期写作必不可少的材料。她目前是中央电视台的编剧及编辑。

徐小斌有多种天分。她自幼喜欢描画，后师从中央美术学院姚之华教授学习国画。她对于刻纸艺术很感兴趣，并于1990年8月开办个人展，由此可知其作品女主人公为何多为画家、作家、舞蹈家、作曲家和设计家，同样也可解释其作品中丰富多彩的意象。徐小斌是第一批电影剧作家。1986年由其小说《对一个精神病患者的调查报告》（《北京文学》1985年第11期）改编而成的电影《弧光》，荣获莫斯科电影节特别奖。1993年，她的第一部电视剧剧本《风铃小语》荣获飞天奖。

尽管徐小斌有5年知青生活体验，却并未写出知青小说。她一直以来更倾情于写城市女性。徐小斌笔下女主人公多有文艺、梦幻、乖张的特征，且经常游离于社会现实之外。较之于外在描写，徐小斌更侧重于女性角色的内心刻画，曲折情节让位于心理纠葛。她描绘女性独有的生命体验：由怀孕到分娩再到为人母。她笔下的母女、姐妹关系多为对抗性关系，而两性关系则是无效性关系；她是一个悲观主义者。除了最早的作品稍显乐观外，其他大部分作品都呈现幻灭色彩。她的语言精练优美，意象诡奇，例如，黑夜池塘里裂开的大蚌、羽蛇的文身、海火，以及隧道尽头的古城。

徐小斌的写作可分为三类和三个阶段。

（一）创伤、疯狂与社会批判

1970年徐小斌从乡下回北京探亲时曾试图写小说。她最早的小说作品《雏鹰奋飞》以悲剧爱情为题材，但是写了7000字左右便放弃了。她发表的第一篇小说《春夜静悄悄》(《北京文学》1981年第2期)，荣获十月文学奖，写"文革"中失去联系的两位女性，"文革"后在街上偶然相遇的故事。作为第一人称的叙述者"我"是一个勤奋、独立的大学生，而另一个则追逐新时尚、崇尚外来实利主义。徐小斌透过两位女性镜像来表达自己的观念。

徐小斌的早期作品中，常以医院作为社会批判的背景。她的《请收下这束鲜花》(《十月》1981年第6期)中的12岁女孩，叙述者称之为"你"，在"文革"中失去所有家人后试图跳楼自杀。她被田医生治愈，而田医生正是"拯救者"和"导师"的象征。出于感恩和爱慕之情，她想成为医生，为了进入医学院而刻苦学习。4年后，当她入读医学院前的一次拜访中得知田医生已患癌症，生命垂危。死亡的母题重复出现在她的小说中。

徐小斌的第一个中篇小说《河两岸是生命之树》(《收获》1983年第5期)标志着其艺术上取得的一大进步。如果说心理描写是现代主义小说的标志的话，那么徐小斌就是1976年后从事现代主义小说创作的最早实践者之一。故事以楚医生、新病人即女主人公孟驰，以及几位患者的内心独白方式展开，读者必须从每个人物的主观叙述中把情节连接起来寻找真相。24岁的孟驰，由于其绘画的政治寓意被卷入1976年的"天安门事件"而遭逮捕。现在，她由于患病而保外就医。孟驰和楚医生之间很快萌生了爱意。类似于伤痕小说，医院中的领导为反面人物的代表。由于一位同样喜欢楚医生的医院领导女儿的嫉妒，孟驰被赶出医院。通过孟驰的艺术素质、敏感和独立的品格，徐小斌勾勒出典型的女性形象。

而后，徐小斌进一步塑造出一系列女性病患者的形象。在徐小斌1985年的中篇小说《一个精神病患者的调查报告》(《北京文学》1985年第11期)中，疯狂是作为一种反抗的姿态出现的。这个设置在1976年之后的中篇小说中，她塑造了一位因不墨守成规而被视为需要住院接受治疗的精神病女性患者。她在溜冰场上用冰刀画出醒目的"8"字形象，不单单是她的错觉，而是人类无法冲破的生命轨迹的隐喻，这部作品预示着徐小斌更钟情于塑造性格乖张而敏感的女性人物形象。

(二) 各种各样的逃离

逃离母题以各种各样的形式重现于徐小斌的作品中。徐小斌在《逃意识和我的创作》（《当代作家评论》1996 年第 6 期）中说，她笔下的众多女性形象在其意识或者潜意识中，均显示一种逃离家庭和婚姻的渴望，而无论家庭还是婚姻，都是处于逻各斯中心主义之下。她们选择逃离的目的地或者其他空间，或者是遥远的充满异域风情的边缘地带，或者是心灵深处，其实无论何种情况，她们都是无路可逃的。

徐小斌的中篇小说《末日的阳光》（1993）描绘了一个 13 岁女孩由于身体变化而产生的对成长的恐惧。其中又夹杂着丢失别人委托她保存的写有批评"四人帮"的信的惶恐。写信者是她理想中的英雄，他最终不得不逃离这座城市来躲避追捕。文本中的女主人公自始至终处于一种游离即逃往心灵深处的状态。

逃离不幸婚姻的主题，不断出现于徐小斌的作品中。中篇小说《双鱼星座》（《大家》1995 年第 2 期）荣获鲁迅文学奖，是徐小斌的成名作。这是写一个有着不幸婚姻的女人和三个男人——她的丈夫、丈夫的司机、她的老板——关系的心理小说。她在梦中杀死了这三个男人后逃到中国南方的佤寨。但是这只是一种暂时的解脱，她能否在这个陌生的地方找到自己想要的东西，仍然是悬而未决的事情。

1991 年，徐小斌随中国作协代表团访问了甘肃敦煌莫高窟；1992 年，她以此为背景创作长篇小说《敦煌遗梦》。徐小斌带着她笔下的人物逃离去寻觅爱情，却仍是无路可走。敦煌为作者提供了珍贵的佛教壁画、雕塑、僧侣、民间故事讲述者陈清和守门人的意象。故事结构精巧。六章名称均以佛教人物或佛教术语命名。情节和人物形象均与敦煌壁画和宗教探求相关。

故事沿着三条线索展开叙述。第一条线索是两个从北京逃离到敦煌来寻找精神洗礼的中年男女的相遇经过。张恕为了远离他不忠的妻子逃离北京，但是不久便沉迷于收集古老的佛教故事。肖星星，是一位已婚且有儿子的艺术家，她到敦煌来寻找佛教绘画的灵感。第二条线索是他们二人在敦煌的恋爱冒险。张恕不久便被一位裕固族姑娘玉儿所吸引。肖星星也在一个 19 岁的大学生身上获得了情爱的满足。第三条线索展现了一个隐藏的窃取敦煌珍宝的阴谋。徐小斌的悲观主义在文中借被倾覆的互信得以展现：那个年轻大学生竟是窃取敦煌珍宝的盗贼，而有一副酷似观音面容的女主任竟是无良的罪犯。这些元素的结合，使得小说有很强的可读性。

徐小斌同样以梦幻的背景来写逃离主题。短篇小说《蓝毗尼城》

(《钟山》1996 年第 3 期）将神秘主义与社会批判结合起来。在一次山体滑坡之后，一位记者尾随一位神秘的萨满教教徒进入了一个通向蓝毗尼的洞穴。作为外来人，他目睹了奢侈的餐点、凶残的男性以及被性剥削的女性。为了惩罚他的入侵，他身上被文上蓝毗尼的地图。很多年以后，一位朋友拍下他的文身但是画面已经模糊不清。事实上，蓝毗尼在公元前 300 年就已经消失了。

徐小斌的作品中多次出现神秘主义的元素。短篇小说《蜂后》（《花城》1996 年第 2 期）中有引人入胜的情节。为了缓解与女朋友佟丽分手的痛苦，第一人称"我"开始了旅行。因为汽车抛锚，他停在了一个距北京几百公里的玫瑰庄园外。文本的悬念设计精密，直到最后读者才知道真相。玫瑰庄园的女主人蜂箱和她因未婚先孕而逃跑的女儿，似乎与叙述者"我"毫无关系，但是，在叙述者"我"的姐夫到达现场来帮忙修理汽车时，所有这些情况都突然发生变化。在回家的路上，姐夫因车祸身亡。在他死之前，他告诉"我"他是性无能并且在他死后他的妻子应该再婚。佟丽是"我"的前女友，而姐夫竟然是提供她金钱的"客人"。玫瑰庄园的主人认为女儿腹中的孩子的父亲是姐夫，便把蜜蜂放进车里以谋划复仇，可是，警察却找不到玫瑰庄园和那个女人。

（三）镜像：友情、姐妹情及母女关系

徐小斌小说中的姐妹关系经常是脆弱的。她 1989 年的长篇小说《海火》描写了两个大学生之间爱恨交织的姐妹情谊。她获得高度好评之作《迷幻花园》（《北京文学》1993 年第 2 期）追溯了有着亲密情谊的芬和怡与她们的母亲在 20 年间关系的转变。芬和怡形成一组镜像，对立又互补。故事以芬，一个充满幻想的服装设计师为中心展开。怡则是一个灵活的演员。她们的友情（姐妹情谊）由于共同喜欢上一个男人金而破裂。芬虽与金结婚，然而悲哀且反讽的却是，金原来是个自私的人，芬的爱情幻灭了。尽管芬和怡不时相见但其破裂的情谊却不可能弥合。徐小斌在中篇《如影随形》（《十月》1995 年第 6 期）中进一步探讨了这个主题。

《羽蛇》（《花城》1998 年第 5 期）是迄今为止徐小斌最重要的小说，在全国以及国际上获得声誉。这部作品包含上述所有母题，表现的情感更为强烈。作品的时间跨度由太平天国运动（19 世纪中叶）延续到 20 世纪 90 年代。女主人公的名字叫羽或者羽蛇，是太阳神的名字。她的母亲叫

若木（扶桑），祖母叫玄溟（太阳的另一个名字），曾祖母的姓氏为杨（阳的同音字，太阳）。女主人公的朋友金乌同样是太阳的名字。徐小斌进出这些女人的生命之中，她们如同一个星系，各自发光发亮，又有各自的黑暗面。徐小斌通过羽和其母亲若木以及若木与其母玄溟的敌对关系来颠覆人们视为当然的母女间无条件的爱。然而，她们之间的敌意可以追溯到同一个源头——男权中心主义，比如，有生男孩的压力。

羽的形象是徐小斌的独特创造。羽才华横溢、敏感、乖张。她之所以名"羽"（羽毛）是因为她的长睫毛随着眼睛一眨一眨就像羽毛。她生于蛇年，因此名"蛇"。羽的母亲自其降生便不喜欢她，她极度渴望生下一个儿子（女性处于男权统治下的标志）。羽是如此嫉妒她的小弟弟以至于在她6岁的时候便掐死了他，由此而来的罪恶感伴其终生。从此，羽不断陷入恐惧之中，并且极度渴望母爱。为了赎罪，羽在少年时期去寺院并请求老僧在她背上文身，后来她意识到那是一条羽蛇。徐小斌最巧妙之处就在于将魔幻与现实编织在一起，如羽为了缓解痛苦，让年轻僧人圆广按照老僧的指示穿刺她的身体就是一例。多年后羽再遇圆广，而此时他的名字却叫烛龙（火之神），且声称从未见过羽，神秘主义由此弥漫开来。只有当他们再次回到同一个寺庙之时，他才能想起似乎在多年前的梦境里他确实做过她所说之事。

虽然徐小斌承认女性是作为第二性存在的，但是她并不完全否认男性。作为英雄出现的烛龙呈现了徐小斌书写"天安门事件"的强烈愿望。烛龙到美国后做送餐员维持生计，最终身心破碎而亡。

（四）历史、爱情、环境意识

在21世纪的第一个10年中，徐小斌继续以女性为中心进行创作，但辅之以多元的主题。她对于历史题材感兴趣可由较早作品《玄机之死》（《十月》1997年第4期）予以证明，此故事源自唐朝女诗人鱼玄机（约844~871年）的谋杀案，而作者试图往其中注入女性主义思想。2005年她出版了一部脍炙人口的小说《德龄公主》（2005），故事源自裕德龄（1886~1944）——一位掌握多种语言的曾在法国生活6年的清朝外交官的女儿的一生。作为慈禧太后的翻译，裕德龄被授予公主的头衔并且生活在皇宫中。在宫中，她给大家介绍西方的宫廷礼仪、事物（照相机、冰激凌、肖像画）、习惯（与异性跳舞）以及语言。尽管作品以全知方式叙事,但是故事更倾向于以德龄公主的视角而展开。徐小斌将慈禧太后描绘成一位愿意接受新事物的开明女性,将光绪帝塑造为雄心勃勃的改革者。该小说于2006年改编为电视剧。

由《哈利·波特》引发灵感,徐小斌创作了想象丰富的讽刺长篇小说《炼狱之花》(2012),给其读者带来冲击。作品探讨了在商业化社会下因被金钱、性欲、权力统治而扭曲、异化的两性关系,以及人类与自然的关系。女主人公海王之女海百合,因寻找一位要求与海结合的男性(他将戒指投入海底)而被送往人类世界。海百合天真、善良、诚实,她在人类世界的猎奇生活充满戏剧性与寓意,这些都由陌生化手法呈现出来。她偶然发现了一本指南,其中记载了人类世界交往中成文及非成文的规则,这些规则对她而言很多用不上。徐小斌将社会批判集中于她所熟悉的传媒行业。海百合在与电影剧作家、导演、演员、制片人的交往中,了解到了他们的贪婪、虚伪以及对权力的渴望。经历种种曲折之后,在试图拯救一位女作家的事件中,海百合学会了说谎。徐小斌的悲观主义体现于小说的结局处:海百合再也不能摆脱人类的虚假面具,不得不继续生活在堕落的人类世界中。

徐小斌在2013年出版的《天鹅》中重新回归爱的主题。作品以对夜间湖泊的美丽景色以及充满象征意义的一对天鹅的描绘,作为其强有力的开场。作者以全知全能的叙述视角讲述如果一只天鹅死掉,那么另一只也会追随而去,预示情人间的悲剧性结局。两位作曲家,一位是来自北京的40岁女教师,另一位是29岁的解放军作曲家,在远离权力、文化和政治中心的伊犁不期而遇。徐小斌以乐理名称命名各章节,由此建立一个类似于一首乐曲的结构,有开端、高潮和结尾。以伊犁作为故事发生的背景,暗示着真爱必须于纯洁的远方才能获得。他们克服了世俗的偏见,但是无法抗拒命运。男主人公在SARS流行的期间于北京医院拯救了他的爱人之后回到伊犁时去世。徐小斌以浪漫与讽刺相交织的且弥漫悲剧色彩的场景结束全文:夜晚,女主人公于只剩一只天鹅的湖边投湖自尽,而此时,他们合编的天鹅歌剧正在上演。

徐小斌的作品是精致的,她的写作并不跟随某一潮流。她塑造非一般的女性形象和撼动人心灵的意象,时而带有极端意味的境遇。她能够技巧地融魔幻与现实于一体的能力,是如此超绝。她将现实主义、神秘主义与浪漫主义融合在一起的能力,无疑超越现在的许多作家。

（五）部分作品已出英译版

Feathered Serpent（《羽蛇》），translated by John Howard-Gibbon and Joanne Wang, New York: Atria International, 2009.

Dunhuang Dream（《敦煌遗梦》），translated by John Balcom, New York: Atria International, 2011; also by Panda Books, 1999.

Crystal Wedding（《水晶婚》），translated by Nicky Harman, Singapore: Balestier Press, 2016.

"新经典"的探索与构建

——评王安忆的小说理论及创作

段崇轩*

摘要 新时期以降的40年,是一个颠覆经典、重建经典的时代。王安忆以她的创作实践、理论探索,为"新经典"的建构做出了卓著贡献。她承传了现实主义经典小说的现实精神和艺术构架,却变革了人物塑造的传统方法,强化了小说对物质世界的呈现;她吸纳了现代主义小说对理性思想的注重,但扬弃了现代小说那种混乱、虚无的理性特征。她在现实主义和现代主义两种创作思潮之间,摸索和融合了一条新的经典小说道路,尽管她的创作和理论依然有诸多可商榷的地方。

关键词 王安忆 现实主义 现代主义 "新经典"小说

Abstract Many classics have been subverted and rebuilt in recent 40 years since the New Period. Anyi Wang made outstanding contributions to the New Classic Literature by her fictional creation practice and theoretical exploration: The realistic spirit and artistic structural frame are conserved from those classic realistic works, but the way of creating character was reformed to present the material world more. Rational thinking was valued as in modernist fictions but chaos and nihilism were abandoned. Anyi has found a new way to the New Classic Literature from both realism and modernism, even there is still a long way to go for her to perfection.

---

* 段崇轩,山西省作家协会副主席,主要研究方向为中国当代文学。

Keywords Wang Anyi; realism; modernism; the New Classic fictions

一 面对文学的裂变

从新时期①文学到多元化时期文学的40年发展中，王安忆无疑是尖端作家群中的一位。她不仅在小说创作上成果卓著，而且在小说理论上建树丰硕。创作孕育了理论，理论推进了创作，形成了她自己的小说美学。她在漫长的小说之路上，秉承了现实主义经典小说的创作传统，吸纳了现代主义小说的艺术元素，并通过她独有的悟性和创造，开创了一种"新经典"小说道路；这种创作道路代表了当下小说的某种思想和艺术高度，影响着小说的创作与走向。对她的小说创作，已有大量的研究成果；但对她的小说理论，研究还很少，这是值得深入开掘的一个理论课题。

社会转型牵动着文学的转型。现在的中国社会正处在剧烈而深刻的转型期，其重要标志，就是从传统的农业社会向现代城市社会以及现代工业科技社会的蜕变。这一社会转型是全方位、整体性的，涉及经济、政治、文化、道德、日常生活等众多领域和层面。文学，特别是小说，是文化领域中最活跃的一个部分。40年中，它经历了痛苦的裂变和艰难的转型，这一转型至今还在路上。小说的变迁表现在很多方面，譬如在题材上，从被奉为主流的乡村叙事，向多元共存的城乡叙事转换；譬如在创作方法上，从"一统天下"的现实主义，向众声喧哗的现实主义、现代主义、写实主义以及通俗文学等多种表现形态演变。在小说的变革和转型中，对传统经典小说的批判性继承和"新经典"小说的融合性建构，是小说发展的深层主题。正是在这个方面，20世纪五六十年代的那些尖端作家，始终引领着变革的潮流。譬如莫言，他立足民间和农民视角，借鉴现代魔幻主义，使乡土叙事走向了世界文学；譬如贾平凹，他扎根三秦大地，从传统文化和自然山水中汲取营养与灵感，创造了一种具有民族特色和神韵的小说品种；譬如韩少功，用对社会人生的思想探索，驱动着小说文体的艺术探索，形成了一种熔现实主义和现代主义为一炉的小说文体；譬如毕飞

---

① 本文中的"新时期"即改革开放后的20世纪七八十年代。

宇,从对现代主义的钟情到对现实主义的执着,将自己的小说创作升华成一种新颖别致而又诗意盎然的小说样式。王安忆把小说创作和小说理论紧密结合在一起,在小说艺术规律的探索上走得更为自觉和深远,构建了一种更为严密而丰盈的小说诗学。尽管这些作家的小说理论各具特色、多种多样,有的甚至不成熟,但他们的目标是一致的,就是寻找和构筑一种当下时代的新的小说范式与路径。

王安忆是一位勤奋、严谨、极富开拓精神的小说家。她长、中、短篇小说皆擅长。长篇小说有《69届初中生》《流水三十章》《纪实与虚构》《富萍》《长恨歌》《启蒙时代》《天香》《匿名》等十多部;中篇小说有《流逝》《小鲍庄》《大刘庄》《荒山之恋》《叔叔的故事》《乌托邦诗篇》《伤心太平洋》《我爱比尔》等三十多部;短篇小说有《雨,沙沙沙》《命运》《墙基》《本次列车终点》《舞台小世界》《鸠雀一战》《天仙配》《发廊情话》等百余篇。长、中、短篇小说创作上的累累成果,或多或少遮蔽了她的小说理论研究和实绩。比起同时代的作家特别是女作家来说,她对文学理论有着更浓厚的兴趣。20世纪80年代,她就发表了《挖掘生活的诗意》《感受·理解·表达》《难的境界》《我做作家,是要获得虚构的权力》《我看长篇小说》等一批见解新锐的文学评论。这种评论写作,她笔耕不辍,成为她文学评论中的重要部分。1994年她主动要求到复旦大学中文系开设"小说研究"课程。2004年正式调入复旦大学中文系任教授,给本科生上课,带研究生,开文学讲座。她的课程,全部是关于小说文体的。她结合自己的创作实践,探索小说的艺术规律和表现方法;她解读经典作家和作品,归纳小说的基本原则和历史演变;她评述当下的小说创作和现象,阐发自己的文学思想和观念。她认真备课,撰写教案,这些讲稿大部分成为小说理论著作。此外,她还应评论家相约进行文学对话,受文学机构邀请去做文学讲座,受国内外大学聘请开设文学专题课,这些文学和教学活动中的讲授稿,都转化成了她的小说理论成果。她的小说理论著作已出版十余种,如《故事和讲故事》《小说课堂》《小说与我》《麻将与跳舞》。特别是围绕"心灵世界"这一主题所做的十三堂小说课教案《心灵世界——王安忆小说讲稿》,与评论家张新颖的文学对话《谈话录——我的文学人生》,在台湾中山大学的文学对话、讲座实录稿《小说家的十四堂课——在台湾中山大学的文学讲座》等,体现了她对经典作家作品的精辟阐释,对小说艺术本质和规律的深入把握,对当下小说以及作家作品的坦诚褒贬，展现了一位小说理论家的无穷风采。

王安忆首先是一位杰出的小说家，在已走过的 40 年文学道路中，她独辟蹊径，精益求精，创作出大量的长、中、短篇小说力作和精品。她同时又是一位出色的小说理论家，把自己丰富的小说创作经验，对经典作家作品的理解，以及中外理论家和作家的小说理论观点，通过自己的"心灵世界"的熔铸，形成了独具异彩的小说理论。正如吴秀明指出的："作为一个严肃的作家，王安忆在走上文坛之初就自觉地将自己的写作与生活对应起来，直面现实，不断地寻求自身的突破。在新时期文学的每一发展阶段，她始终是一位有活力的探索者，她的创作不断地受到读者和研究者的瞩目。"[①] 这段话，既是对她小说创作的评论，也是对她小说理论的概括。当然，王安忆不是一个纯粹的文学评论家，她的小说理论虽然精辟，但缺乏理论的严谨性、系统性；虽然鲜活，却少有理论的普遍性、适用性。文学以及小说的基本理论，如中国古典小说理论、西方现代小说理论，她掌握得还不多、不深。可以说，她是一位实践性、感悟性的小说理论家。

文学以及小说的裂变和转型，集中地表现在小说的经典理论问题上。经典小说理论，自然包括浪漫主义、现实主义、现代主义等各种文学思潮和流派的理论。但事实上，经典现实主义理论已然一派坐大，取代了其他种种主义。新时期文学的十几年，几代作家奉行的大抵是经典现实主义文学思想和方法，王安忆自然也难以例外，并在这种创作方法的支配下，写出一批优秀作品。但"时运交移，质文代变"，从新时期文学后期到多元化文学的 90 年代，随着中国社会变革向纵深推进，随着文学自身创新的内在要求，文坛上出现了现代派、先锋派小说潮流。从此现代主义思潮由弱到强，与现实主义思潮并驾齐驱。传统的经典现实主义理论逐渐被打破，新兴的现代主义小说理论日见风行。王安忆在这一现代主义潮流中算不上活跃，但她的小说思想观念却发生了深刻变化。关于现实主义小说理论，她在 20 世纪 90 年代中期发表的《我的小说观》中，提出了颇有点惊世骇俗的"四不要"原则，即"不要特殊环境和特殊人物"，等等。这"四不要"原则，质疑和批评的正是经典现实主义的重要特征和基本元素。陈思和说，王安忆不是一个理论家，她的艺术主张"总是词不达意"。但她的这些含混观点，确实反映了她对现实主义的反思和改造。关于现代主

---

① 吴秀明主编《中国当代文学史写真》（下），浙江大学出版社，2002，第 1037 页。

义小说以及思想，王安忆也有自己的清醒认识："现代小说非常具有操作性，是一个科学性过程，它把现实整理、归纳、抽象出来，然后找到最具有表现力的情节再组成一个世界。这些工作完全由创作者的理性做成，完全由理性操作，因此现代小说最大特征是理性主义。……而它的致命的，改变了20世纪艺术景观的缺陷也在此，它终究难以摆脱现实的羁绊。从这点说来，现代主义小说本质上是不独立的。这也是我对现代艺术感到失望的地方，它使我感到，我们已经走入了死胡同，应当勇敢地掉过头，去寻找新的出路。"[①] 她对现代小说强劲的理性力量、机智的艺术构思，都很赞赏，但对它艺术上的不独立、格调上的灰暗等，却不满意。王安忆正是在对现实主义的承传、扬弃，对现代主义的容纳、剔除中，通过自己的小说实践和理性感悟，不断建构自己的小说思想和理论的。

与众多同代优秀作家一样，王安忆执着探寻的，是一条"新经典"小说的艰难道路。她承传了经典小说的现实精神和艺术构架，却变革了人物塑造的传统方法，强化了小说对物质世界的展示，使她的小说既具有现实主义的基本属性，又超越了现实主义小说的艺术面貌。她吸纳了现代主义小说的一些理念和手法，但只是选择性地"拿来"，理性地加强精神世界的营造，这使她的小说氤氲着现代主义的气息，但又难以化入这个文学流派之中。她说："与一切艺术一样，小说不仅是思想的生成物，也是物质的生成物，具有科学的意义。因此，我们应建设一个科学的系统。"[②] 这就是王安忆小说创作和小说理论的高远理想。

二 经典小说特征的取舍

新时期文学初期，作家面对的是一种混杂的现实主义文学传统，其中有"十七年"文学中的革命现实主义，有五四文学中的启蒙现实主义，还有从西方引进的现代主义。经过作家们的选择和整合，形成了一种以启蒙现实主义为主体的文学思潮和方法，是谓"现实主义的回归"。经典文学重新得到遴选、确立，其艺术特征和经验被广大作家认同、奉行。经典现实主义小说的基本特征，譬如要有生动完整的故事情节，要有个性和共性

---

① 王安忆：《心灵世界——王安忆小说讲稿》，复旦大学出版社，1997，第261页。
② 王安忆：《故事和讲故事》，复旦大学出版社，2011，第9页。

结合的人物形象乃至典型形象，要有巧妙多样的结构形式，要有深刻揭示社会人生本质的思想意蕴，等等，被作家们视为小说创作的金科玉律。正是在这样的小说观念和方法的指导下，新时期小说蓬勃发展，形成了一个文学的高峰。众多小说在当时就是被视为经典的，几十年后真正进入经典行列。王安忆在现实主义文学大潮中崭露头角，她遵循的是规范的现实主义创作套路，发表了一大批引人注目的中、短篇小说，在她不断变革的创作历程中，这种现实主义创作并未中断，且时有佳作。但与此同时，她同现实主义又发生了某种疏离，开始探索一条新的创作通衢。

王安忆的人生和读书经历，影响和制约着她的创作历程。她是20世纪50年代人，青少年时期正逢十年"文革"，但她奇迹般地完成了自己的读书"使命"。国家在"十七年"时期已经积累了丰厚的古今中外的经典文学作品，她这一时期就阅读了大量的西方浪漫主义、现实主义的经典作品，譬如托尔斯泰、屠格涅夫、普希金、陀思妥耶夫斯基、雨果、福楼拜、罗曼·罗兰、大仲马、小仲马等的代表性小说。王安忆青年时期没有接受过正规的大学文学教育，成为终生的遗憾。因此她特别注重对经典作家作品的阅读，对文学理论与批评的学习。此后，她又阅读了中国现当代作家作品，譬如鲁迅、沈从文、孙犁、茹志鹃的小说，譬如王蒙、汪曾祺、高晓声、张洁、莫言、贾平凹、史铁生、阿城、张承志、张炜等的代表作。这些作家作品，深刻地影响着她的小说创作，也丰富着她的小说理论。她特别神往雨果那样的浪漫主义作家，喜欢美英的劳伦斯·布洛克、阿加莎·克里斯蒂的推理小说，但更崇拜的是托尔斯泰、曹雪芹那样的现实主义巨匠。她坦承自己是一位现实主义或批判现实主义作家，说："我们好像老是逃不出那个批判现实主义，我现在就不知道什么时候能让我走到浪漫主义那里去。"①

1996年，王安忆的创作走过18年时间，她发表了《我的小说观》，宣示了她新的小说观念。对王安忆前期的创作来说，有两个重要的转折节点：一是1983年参加美国艾奥瓦大学"国际写作计划"，这打开了她的思想解放之门，促使她用现代的社会和文化眼光去审视社会人生；二是20世纪八九十年代改革开放，这改变了她的世界观乃至现实主义小说观，逼迫她在小说的思想和艺术上进行新的变革。在她的"四不要"原则中的

---

① 王安忆、张新颖：《谈话录——我的文学人生》，人民文学出版社，2011，第163页。

"不要特殊环境和特殊人物",指的是人物塑造问题,"我怀疑它会突出与夸大了偶然性的事物,而取消了必然性的事物"。她并没有轻视或者否定人物塑造,只是认为个性化、特殊化人物是有缺陷的,应当突出人物的普遍性与必然性。"不要材料太多",指的是故事情节的选取问题,"材料太多会使人被表面复杂实质却简单的情节淹没,而忽视了具重要意义的情节"。她并不怀疑故事情节的重要性,而是以为情节应当单纯、自然,具有内在的逻辑性。"不要语言的风格化",指的是小说语言的风格问题,"风格性的语言还是一种狭隘的语言。它其实缺乏建造的功能,它只能借助读者的想象来实现它的目的,它无力承担小说是叙述艺术的意义上的叙述语言"。她反对的是刻意追求的个性语言,这是有一定道理的,但一概反对语言的独特风格,也是偏激的。"不要特殊性",指的是作家的艺术个性,"它容易把个别的东西无限止、无根据地扩大,忽略了经验的真实性和逻辑的严密性"[1]。她没有全盘否定作家独特的艺术个性,只是担心这种独特性伤害了经验和理性。王安忆"四不要"原则的所指,正是现实主义经典小说的重要特征和基本元素,如人物、情节、语言、作家个性。但事实上她是既有取也有舍的,在取舍和重构中,努力探索一种新的现实主义。陈思和精辟地指出:"王安忆在她的'四不要'中努力地寻找自己的叙事风格,一场转型中的叙事风格。尽管她对自己所要寻找的诗学并不十分清楚,但通过艰苦的创作实践,正在逐步地接近着这个理想的精神之塔。"[2]

王安忆对经典现实主义小说,不是革命,只是改良,但触动了小说从内到外的嬗变。

故事情节是小说的基础工程,传统现实主义小说要求故事情节要巧妙、曲折、完整,以此来体现主题,突出人物,但它往往造成情节的偶然性、故事的封闭性。王安忆对这样的故事情节进行了反思、变革。她把故事情节分为"经验性情节"和"逻辑性情节"两种,认为前一种往往是由作家的亲身经历生发出来的,它生动感人,但狭隘、浅薄,只有后一种情节才是理想的小说情节。她说:"小说的情节应当是一种什么情节?我

---

[1] 王安忆:《我的小说观》,《王安忆自选集之四·漂泊的语言》,作家出版社,1996,第33页。
[2] 陈思和:《营造精神之塔——论王安忆90年代初的小说创作》,《文学评论》1998年第6期。

称之为'逻辑性的情节',它是来自后天制作的,带有人工的痕迹,它可能也会使用经验,但它必是将经验加以严格的整理,使它具有着一种逻辑的推理性,可把一个很小的因,推至一个很大的果。"① 这就是说,故事情节要突破作家的个人经验,突破事件的外在连接;而要把作家的体验上升到人们的共同经验,就需要把情节用理性逻辑推导联系起来。譬如作家20世纪80年代的《从疾驰的车窗前掠过的》,写一个女知青将要调动回城,告别农村时的行为和感受;这就是一种经验性情节,显得单薄而狭窄。而90年代后写的《喜宴》,同样是知青生活题材,写10位知青到外庄参加一位农村教师的婚礼,环境集中、情节琐碎,是以虚拟的知青视角来展开画面的,这就可以明显感到作品内在的理性逻辑以及丰富的生活内涵。王安忆90年代后的小说,生活画面广阔,故事情节松散,但内在的因果逻辑是严密的、完整的,显示一种博大精深的气象。

    人物塑造是小说创作的重心,是决定作品优劣成败的关键。经典现实主义小说理论,始终主张人物形象既要有鲜明的个性,又要有深刻的共性,塑造出"典型环境中的典型人物"。在这种理论引导下,曾经出现过众多卓越的人物形象,但也产生出大批有问题的人物形象。譬如那种浅薄而恶劣的个性化人物,譬如那种僵化而教条的概念化人物。王安忆深切意识到了这种个性化、典型化人物的局限和弊端,因此孜孜不倦地探索着人物塑造的理论与方法。她明确说"不要特殊环境和特殊人物",又说:"我写小说的目的,却是希望我的人物能够超拔出常规的生活,从普遍性里到达特殊性,可我又不能让他背离人之常情的轨道。"② 现实主义人物,是从个性进入共性的,而王安忆所写的人物,是从普遍性抵达特殊性的。这样的反拨是有深刻意义的。她逐渐放弃了现实主义人物的个性、共性等,转向了人物的人性、命运等,塑造出一些更为丰富、深刻、阔大的人物形象。譬如20世纪80年代的《舞台小世界》,就刻画了一个保守、落后,却有着深厚的群众基础的剧团职工福奎的形象,采用的是传统现实主义写法,同样十分成功。21世纪后创作的《民工刘建华》,描绘了一位农民工木匠的形象,作家没有着力写他的个性,而是把笔墨集中在他作为现

---

① 王安忆:《心灵世界——王安忆小说讲稿》,第298页。
② 王安忆:《小说家的第十四堂课——在台湾中山大学的文学讲座》,河南文艺出版社,2016,第58页。

代农民工的精明、狡黠、执拗、自尊等共性性格上，一样非常出色。其实人物塑造的观念与方法，是十分复杂、多种多样的，不管什么主义和流派，都是可以塑造出众的人物形象的。王安忆对现实主义人物的看法，或许是偏颇的。

结构形式是小说的一种内在构成、表现模式。传统现实主义在长期的发展中，已经形成了多种模式。但这种模式一旦固化，就会束缚作家的思想和创作。王安忆在几十年的小说创作中，驾轻就熟地使用着现实主义小说的种种结构方法。譬如《墙基》《绕公社一周》等，就是以故事情节为主干的情节型小说。譬如《命运》《鸠雀一战》等，就是以刻画人物为中心的人物型小说。譬如《回旋》《蚌埠》等就是以环境和场景为主体的情境型小说。但她更重视大千世界、日常生活给人带来的审美感、形式感，如共性时态下的城乡联系，如城市街道的网状构成，等等，都给她启迪与灵感，转化成她小说中的结构形式。这种零散状的、自然型的结构形式，成为她长、中、短篇小说的惯用结构。

主题思想是小说的骨骼、内核，现实主义小说特别强调关注时代生活，揭示社会人生的本质规律。这一规则没有错，但强调过头，就会出现图解化、概念化弊病。王安忆形象地讲道："我们要再更进一步，就是思想。我们从壳子进到了内容，就是瓤，然后就要把核敲开了。我为什么很喜欢用'核'这个词呢？因为我觉得对一个果子来说，核是生命的种子，种植下去，长出苗来，最后结成果实。小说的核我是这么命名它的，叫思想。"① 她的这一理解是新颖的、精准的，但王安忆对社会现实的认识，却与很多作家不尽相同。她觉得自己的经历、个性等，决定了她写外部社会现实，但不是第一主题。她坦陈："我承认它的合理性，我不打算去和事实做对抗，我可能是一个很犬儒的人。"② 因此，在她20世纪80年代的小说中，还可以看到对社会的揭示、批判，如《苦果》《麻刀厂春秋》等。而到90年代之后，她的创作逐渐转向了写各种人物的人生、人性，以及日常生活的涟漪、脉动和漫长历史的演变、诡异等。她在现实的社会人生之外，找到了一个更加幽深、广阔的人世空间。小说主题思想的转移，使她的小说呈现新异的风貌和特性。

① 王安忆：《小说课堂》，商务印书馆，2012，第278页。
② 王安忆：《小说家的第十四堂课——在台湾中山大学的文学讲座》，第57页。

三 现代小说元素的培育

在 20 世纪 80 年代中期之后的现代主义文学潮流中，基本没有王安忆的身影。有评论家把她的《小鲍庄》《大刘庄》划入寻根小说范畴，其实也很勉强。她是一位现实主义作家，但始终在寻求对现实主义的突围。她不是一个现代主义作家，却有着敏锐的现代主义意识。她密切地关注着当下作家的创作，其中很大一部分属于现代派作家，如莫言、余华、苏童、毕飞宇等，她在创作上自觉不自觉地受到了他们的感染。对现实主义小说理论和现代主义小说观念，她都努力"慎思之、明辨之"，谨防一些观念走向偏颇，伤害了小说艺术。与同时代一些作家相比，无论创作上还是理论上，她都要清醒、自觉得多。

中国的现代主义文学思潮，不仅是内生的，而且是外发的。西方现代主义文化思想和文学作品的大规模引进、传播，深刻地影响和改变着中国作家的思想与创作。从王安忆的文学评论著作中可以看到，她从 20 世纪 80 年代到 90 年代，一直在关注和研究西方现代主义作家和作品，譬如海明威、马尔克斯、卡尔维诺、米兰·昆德拉等。关于马尔克斯，她给予极高的评价，说："我以为马尔克斯给我们思想的启发，是从更广阔的背景上寻求当今政治的答案，在方法上则提供一个摹本，就是在虚拟空间中演出现实故事。我想这是我们受马尔克斯的影响，这是不能够推诿的。马尔克斯在我看来是了不起的作家，我曾经在课堂上讲述《百年孤独》，做案头准备，再一次分析小说的文本，更觉得《百年孤独》了不起。他所虚拟的那个空间，不只是映射拉美的历史和现状，还是对所有生命周期，发生和消亡，演进和异化，描绘了一幅基因图谱。他的能量比我们大，因为出发不一样，我们只是在文学阶段性发展中借鉴了他的某一个特质，而马尔克斯本人，可能有着更为强大的动因。"[①] 马尔克斯在处理虚拟与现实、魔幻与政治等关系上的原创性，启迪和激发着王安忆的创作。关于米兰·昆德拉她做了辩证的解读，说："米兰·昆德拉的《生命中不能承受之轻》，是赋予性极大负荷量的隐喻的，托马斯是个滥交者，他给他的性活动，性对象，性体验，都予以体制批判的解释，可说引导了整个社会主义

---

① 王安忆：《小说家的第十四堂课——在台湾中山大学的文学讲座》，第 134 页。

批判的现代化写作。倒是《玩笑》他写得很好，以后的写作模式此时还没有形成，经验性的东西占了上风，这是最可宝贵的。"① 米兰·昆德拉小说中隐喻方法的运用、个体经验的表现，同样打开了王安忆的创作思路。

王安忆首先是小说家，其次才是小说理论家。她对西方现代主义文学的研读，并不系统、完整，也难说细微、深入。她像多数作家一样，看到自己喜欢的作家作品、理论著作，就拿来阅读、琢磨。即便是被很多作家奉为圭臬的，她也不去盲从，总要通过自己的感悟、理解乃至实践，才去认定、选取，然后融入自己的小说理论框架。西方现代主义小说理论丰富而混沌、高深而矛盾。现代主义理论是理性的，后现代主义理论却走向了反理性。王安忆披沙拣金、提纲挈领，把握到了现代主义小说的一些基本特征和表现元素，并谨慎地在自己的小说中进行培育，使她的小说具有了一种现代性精神。这种现代性主要体现在两个方面：一是小说的理性思想和品格，二是小说的艺术表现方法和手法。

增强小说的理性思想和品格，是王安忆不懈追求的一种创作目标。这种追求给她的小说融入了一种现代性特征。现代主义小说从本质上讲是一种理性的产物，是在西方各种哲学、文化思想的催生下出现的。譬如意识流小说与现代心理学和直觉主义哲学，荒诞派小说与存在主义哲学，魔幻现实主义小说与印第安古典文化传统等，都有密切关系，后者是前者的思想理论土壤。王安忆既主张小说要有扎实的情节、环境、人物，即物质基础，又强调小说要有丰沛的感情、诗意、思想，即精神世界，她甚至称之为"神界"。因此她在构思和创作过程中，总是从哲学、历史、文化的层面观照生活，并把自己的理性思想灌注在作品中。譬如20世纪80年代中后期创作的"三恋"及《岗上的世纪》，就是几部具有浓郁的理性色彩的中篇小说力作。作家在创作这些小说时，无疑受到了弗洛伊德性学说的启发，譬如人的性本能、"俄狄浦斯情结"、力比多的升华等，在作品中得到了艺术的表现。《荒山之恋》写的是拉大提琴的青年与金谷巷女孩儿的爱情，二人都有美满的家庭，但男青年厌倦了死水一潭的生活，女孩子渴望寻求新的情感和精神刺激，于是二人走到一起并陷入了新奇的性爱之中，直至以死殉情。王安忆对这个故事的认识是："爱情虽然发生在两个人之间，但其实是社会性的，它的最后造成是由时间、空间来决定。"小说揭

---

① 王安忆、张新颖：《谈话录——我的文学人生》，第252页。

示了婚姻、性爱、社会之间的矛盾与错位。《小城之恋》写的是"文革"时期，县剧团年轻的男演员与女演员的一场悲剧爱情。他们没有文化、理性，只有蓬勃的青春与欲望，以致沉湎在性爱中不能自拔，女孩子怀孕无法处置，最终双双殒命。王安忆说："在这里我却要做一个不同的实验，就是将一对男女放在孤立的环境之中，他们需要面对什么？于是，排除一切外在因素，余下的，只有性。面对性，他们又将命运如何？"小说表现的是青春、性爱、母性、命运，以及在文化浩劫时代的严酷真相与悲剧结局。《锦绣谷之恋》写的则是两位知识分子，一位女编辑与一位男作家，萍水相逢的庐山之恋。王安忆说："我企图让一个人独立完成一场爱情。你看，那里面的男性，面目非常模糊，女主角实际是自己和自己恋爱，完全是妄想，是一场心理剧。"小说表现的是现代人特别是年轻女性的精神和情感困境。《岗上的世纪》写的是一个女知青和生产队长的"不正当"性关系。女知青急切返城，以色诱人，生产队长贪恋肉体，以权谋色。但他们在情爱和性爱中假戏真做，功利退居幕后，年轻的生命在性爱中成熟、升华。王安忆说，小说"是将社会生活铺张开来，情欲只是内里的核"[①]。作品的思想意蕴十分复杂，表现了社会、道德、功利、性爱等之间的纠缠与矛盾，但其中的内核、动力是性。这几部中篇小说都写了性，因此在当时反响强烈，实际上小说写得非常干净、理智，毫无色情渲染，因为在整个作品中，始终有清晰的思想理性在支撑和烛照。

　　取法现代小说的艺术表现形式和手法，更自由、有力地表现社会人生，这给王安忆小说赋予了更多的现代审美质感。她是一位真诚的现实主义作家，从不随波逐流去写那种"照猫画虎"式的现代派小说，现代表现形式和手法到她手里，都要经过她的内化，变成一种与内容相吻合、不露痕迹的艺术方法。譬如小说的结构形式，她不满足于中规中矩的情节型、人物型小说，而喜欢采用那种零散状、自然型的结构形式。如《小鲍庄》，同时写了一个村庄众多的人物、事件，维系、笼罩世间万象的是自然环境和文化传统，采用的是散点透视的结构方式。如《大刘庄》，一笔写了两个地域空间，一是乡村，二是城市，以三段为一单元，交替运行，运用的是立体块状的结构形式。20世纪90年代之后，作家则更多使用一种复调小说结构。譬如小说的叙述方式，第一人称、第三人称、多视角人称等，

---

① 王安忆、张新颖：《谈话录——我的文学人生》，第244~245页。

已不够王安忆使用。她在《叔叔的故事》《伤心太平洋》等作品中，大量运用了后设小说叙述，即把故事的编织过程也写到文本中，从而解构故事的真实性。还有虚拟叙述，即叙述人"我"已不是一个真实的作者自己，而是某类人、某种人的一个化身。他讲述的故事有真假，有推断，有想象，需要读者去判断、补充。这些都是很先锋的叙述方法。此外，她还将一个真实的事物、真实的人物，赋予一种象征寓意；在有序的叙事中，突然插入一段凌乱的意识流描写。这些都是作家经常采用的艺术表现手法。

四 "新经典"小说的构建

　　一个时代有一个时代的经典文学。传统的现实主义经典文学，是19世纪和20世纪的产物，它代表了那个时代的文学高度，体现了那个时代的文学规范。它在今天依然是富有生命的，值得作家们去承传和发展。但毋庸讳言，它的规则和经验，已不能完全适应今天的社会生活，已逐渐脱离人们的审美趣味，需要改造和创新，以建构"新经典"文学。新时期以来40年的文学历史，正是传统经典文学向现代经典文学的转型过程。40年文学已是一段不短的历史，它已积累了海量的文学作品，沉积了丰富的文学理论和经验。在这一基础上，形成"新经典"文学或现代经典文学是水到渠成的事情。历史中有定型的经典，现实中有生成的经典。莫言、贾平凹、王安忆等20世纪50年代出生的一代作家，已在"新经典"文学的创造中，做出了宝贵的贡献，形成了各自的小说理论和美学。特别是王安忆，在小说理论的探索方面有着更突出的建树，需要评论界系统、深入地去梳理、总结。

　　王安忆在小说创作和小说理论的实践中，逐渐形成了她的小说理想，凝聚成这样一段话："小说是什么？小说不是现实，它是个人的心灵世界，这个世界有着另一种规律、原则、起源和归宿。但是构筑心灵世界的材料却是我们所赖以生存的现实世界。小说的价值是开拓一个人类的神界。"[①]这是王安忆小说理论的核心、精髓。它来自作家几十年的小说创作实践，来自她对中外古今经典作家作品的解读，更来自她对世界和小说的一种佛教式的觉悟。这一小说理念，包含着现实主义特征，如对现实世界真实、

---

① 王安忆：《心灵世界——王安忆小说讲稿》，扉页。

细微的描绘，也包含着现代主义的元素，如对理性的、精神的形而上世界的营构。这一小说理念，体现着作家坚持启蒙与批判的精英知识分子思想，也体现着作家表现普通民众的日常生活和生存命运的民间情怀。这一小说理念，既揭示了小说艺术的深层规律和构成，也昭示了小说理论走进批评对象的方法和路径。对小说的认识，还从来没有作家和评论家这样表述过。在王安忆那里，小说真正成为一种"生长的艺术"。

王安忆大量的小说对话、讲演、著述，涉及了众多的小说理论与创作问题，如对古典主义、浪漫主义、写实主义、现实主义、现代主义文学的看法，如对当下的小说创作和作家作品的评论，如对小说创作的现实性、历史性、逻辑性、文体特征、艺术虚构等问题的思考与认识，等等，都是很有见地的。而其中最有意义和价值的，是她对"新经典"小说的探索和营构；它体现在小说创作和小说理论中，主要表现在如下几个方面。

首先是建构物质世界和精神世界高度融合的小说艺术世界。传统现实主义一直强调小说是现实世界的反映、再现，它虽然也重视情感、思想、境界这些精神的蕴涵，但只是当作现实世界的派生物。现实主义是唯物的。而现代主义则始终认为小说是作家主体的创造；它当然也关注故事、人物、环境这些现实要素，却一直把它们视为思想意识的创造物。现代主义是唯心的。王安忆把小说艺术世界分为两个层面：一个是小说中的物质世界——现实世界；一个是小说中的精神世界——心灵世界。二者的水乳交融构成了小说完整的艺术世界。她打通了唯物主义与唯心主义的壁障，认为优秀的经典小说，都是在坚实的现实世界之上建构了一个超然的精神世界。譬如托尔斯泰的《复活》，她说，作家"建筑心灵世界的材料也是巨大的结实的坚固的，因此他的心灵世界也是广阔和宏伟的"[①]。譬如曹雪芹的《红楼梦》，她说："曹雪芹既是一个神秘的天命主义者，也是一个伟大的现实主义者。他以神秘的天命主义世界观来建筑小说的整体结构，而其建筑材料则是现实主义的。"[②] 这就是说，在这些伟大的经典小说中，都是由形而下的现实世界和形而上的精神世界相辅相成的，而构筑这个艺术世界的是作家的心灵世界。王安忆的这种小说思想，同样体现在她的长、中、短篇小说里。如《天仙配》中，有一个解放战争中牺牲的小

---

① 王安忆：《心灵世界——王安忆小说讲稿》，第173页。
② 王安忆：《故事和讲故事》，第97页。

女兵的曲折而完整的故事情节。但在这个故事情节中还蕴含着一个精神世界，即村长为小女兵配阴亲的思想世界，小女兵当年的男友、如今的老革命要接走小女兵遗骸的情感世界，以及代表政府的领导干部对此事的理性世界，这三种世界错综复杂地组成了小说的形而上的思想精神世界。小说给人以无尽的想象和思索。再如《叔叔的故事》，是由"我"讲述的叔叔的故事和"我"的故事组成的，这些故事破碎、模糊、幽暗，但其深层却蕴含着一个沉重而悲怆的精神世界。对作为知名作家、精英分子的叔叔的重新认识与无情剖析，是对"我"这一个年轻作家文学写作和思想信仰的反思与否定。它是20世纪90年代之交两代知识分子的一幅精神演变图画，是对一个时代的总结和检讨。

其次是塑造历史长河中的"共名性"人物形象。不论现实主义小说还是现代主义小说，都无不重视人物形象的塑造。但在塑造什么样的人物，用什么方法去塑造上，却存在很大差异。传统现实主义在长期发展中，形成了完整的人物塑造理论，即人物形象特别是典型形象，须有鲜明而独特的个性，并由个性表现集中而深刻的共性来。现实主义最注重的是人物的外形、个性、行为等外在特征。王安忆之所以批评、扬弃人物的个性描写，就是因为意识到这种个别的、特殊的性格描写，可能导致人物的自然化或概念化。因此她转向了对人物的人性、精神、命运这些深层属性的书写。她的认识是深刻而有意义的。在这样的理念支配下，她塑造的人物往往成为一种类型化、思想型、精神型人物，我们可以称为"共名性"人物，即具有共同本质特性的一类人物。当然，有些人物也有个性，但不再是人物的主要特征。譬如《富萍》中的富萍，是一个从外乡来到上海，通过自己的勤劳与打拼成为城市人的底层人物形象，她的木讷、柔顺、聪慧、倔强的性格较为突出，是一个富有进取精神的普通女性人物。譬如《我爱比尔》里的女主角三三，她风骚、大胆、叛逆，她对美国领事馆外交官的狂热追求，完全是建立在攀附出国的功利目的之上的，是一个代表第三世界女性精神人格的类型人物。而年轻潇洒的比尔，他赞赏三三的东方女性之美，享受三三的浪漫之爱，但从来没有想过娶她、帮她，是一个代表第一世界男权思想的类型人物。譬如《长恨歌》中的女主角王琦瑶，汪政、晓华解读说：她"是上海弄堂里走出来的典型的上海小姐，她似乎被动地被上海所塑造，所接纳，自然而然地、按部就班地走着上海女性走过的或期望走过的路，而在这漫长的路上，她领略并保存着这城市的精华。她的存在是一个城市的存在，她时时提醒人们回望日益阑珊的旧时灯火，即使当王琦瑶飘零为一个街道护士时，她依然能复活人们的城市记忆"①。王琦瑶表现了上海人的精神性格，浓缩了城市的历史沧桑，折射出一个市民的普遍生存，成为一个象征性人物。王安忆人物理念的变革，使她塑造出了众多结实、深厚、大气的人物形象。但这种"共名性"人物，也存在不够鲜活、清晰，缺乏自主性、立体感的局限，致使她的一部分人物，难以具象地、长久地活在读者的记忆里。其实现实主义个性化人物，虽有缺陷，但也有优势，关键在于怎样去塑造。那些现实主义大师，不是塑造了众多杰出的人物形象吗？王安忆不是也成功地塑造了许多性格人物吗？这些是需要作家深入思考、做出适当调整的。

最后是打造一种兼容并蓄的叙事方法和叙事语言。20世纪90年代之后，西方叙事学著作大量涌进中国，几乎囊括了小说理论的全部内容，且同时又衍生了许多新的课题。它们推进了小说理论的研究，也影响着作家们的创作实践。王安忆在建构自己的叙事方式和叙事语言方面，采取了如下举措。一是大量运用了复调小说形式。复调小说是苏联理论家巴赫金提出的，他认为陀思妥耶夫斯基的小说"有着众多的各自独立而不相融合的声音和意识，由具有充分价值的不同声音组成真正的复调"②。这是一种新的叙事方法和结构模式，王安忆在《纪实与虚构》《伤心太平洋》等作品中，运用了这种叙事方法，使她的小说变得更为精致、复杂、幽深了。二是创造了一种多元融合的叙事语言。她把描写、叙述、议论、独白、抒情、意识流等各种语言修辞糅合在一起，形成了一种交响乐式的语言格调和审美效果。叙事语言中充满了矛盾的因素，朴素中有奇崛，绵密中有健朗，严肃中有鲜活，深沉中有阔大，折射出一个作家丰富、细密、深广的心灵世界。

王安忆在她的小说艺术大厦旁，又建构了一座小说理论大厦。其中，特别是她关于"新经典"小说的思想理论，正是中国小说从传统向现代转型的宝贵营养。怎样把她和莫言、贾平凹等的小说理论进行整合、提炼，形成一种新的时代的小说范式和方法，是摆在众多评论家面前的文学使命。

---

① 汪政、晓华：《论王安忆》，《钟山》2000年第4期。
② 〔苏〕巴赫金：《陀思妥耶夫斯基诗学问题：复调小说理论》，白春仁、顾亚玲译，三联书店，1988，第29页。

迟子建中短篇小说中的女性形象解读

钱 虹 胡 璇[*]

摘要 迟子建是中国当代著名的女作家之一,她的作品具有鲜明的东北地域特色与人情风俗之美。她以美好的人性和浓郁的乡情构筑了一个令人着迷的属于黑土地的小说世界。本文以迟子建独特的女性观为参照,对其中短篇小说中的女性形象进行了分类解读。笔者认为,迟子建所塑造的一系列形态各异的女性形象,集中体现了作者对于当代中国女性,尤其是对地处东北边陲的农村女子以及知识女性及其命运的思考与同情,温婉含蓄地描摹了男权社会中的各阶层女性的生存现状及其心理状态。"女性"一词在迟子建的小说词典里不再是一个简单的性别概念,而是自然灵性的代言人、无常命运的包容者、美好天堂的守望者。

关键词 迟子建 中短篇小说 女性形象 分类解读

Abstract Chi Zijian is one of the famous contemporary female writers in China. Her works Have distinctive Northeastern regional characteristics and human customs. She built a fascinating novel world in black land, with beautiful humanity and rich nostalgia. Based on Chi Zijian's unique view of women, this paper classifies and interprets the female images in her novellas and short stories. The author believes that the series of female images shaped by Chi Zijian, embody the author's thoughts and sympathy for con-

---

[*] 钱虹,文学博士,原同济大学教授,现为浙江越秀外国语学院特聘教授;胡璇,原同济大学研究生,现为唐山市开滦第十七中学语文教师。

temporary Chinese women, especially rural women and intellectual women in the northeast border, and their fate. They implicitly describe the living conditions and psychological state of women in all walks of life in the patriarchal society. The word "female" is no longer a simple gender concept in Chi Zijian's novel dictionary, but a spokesperson of natural spirituality, an includer of impermanent destiny, and a watchmen of a beautiful paradise.

Keywords　Chi Zijian; novellos and short story; female image; interpretation

迟子建，1964 年出生于中国最北端的漠河县北极村，她的少年早慧及其独特的创作才华，乃至她生活中突如其来的不幸遭遇，都令人不能不想起她的同乡兼文学前辈萧红。当然，她比萧红幸运的是，她至今仍在从事她所钟爱的文学创作，没有被命运击垮。

迟子建仿佛是继萧红之后东北黑土地孕育的又一个文学精灵，她用纯净而又优美的文字构建了一个令人着迷的北国童话世界。她不仅向人们描摹高纬度地带的神奇自然天象，如白夜（《向着白夜旅行》）、彗星（《观彗记》）、北极光（《北极村童话》）等，还向我们展现了北国淳朴的风俗人情和雄浑的民族史诗（如《额尔古纳河右岸》等），但其中更多的则是对北国乡村凡俗生活与人生世态的描写，尤其是描写生活在这片黑土地上的芸芸众生的爱恨情仇。无论小说还是散文，迟子建的文字都纯净空灵而质朴生动，充满真挚的情感，我们能感受到她对自己生长的那方土地执着的爱；无论具有文学意味的《逝川》《秧歌》，有生活意味的《原始风景》，朴素感人的《亲亲土豆》，以及想象丰沛的《向着白夜旅行》和《逆行精灵》，抑或后来获得第七届茅盾文学奖的《额尔古纳河右岸》，重现哈尔滨大鼠疫中生死传奇的《白雪乌鸦》，还是近几年的《黄鸡白酒》《晚安玫瑰》《群山之巅》《候鸟的勇敢》，她都饱含深情，细腻地勾勒着大自然，抒写世俗而庸常的日子，以及日子中那些历经苦难依然顽强生存的人们。① 在她的小说中，有爱恋，有感伤，有希望，也有绝望，而所有的这些悲喜情感交织在一起，则是温情，用作者本人的话说，即"整个人

---

① 舒晋瑜：《迟子建：写不尽的爱与温暖》，《新民晚报》副刊《夜光杯》官方微信公众号，2018 年 6 月 10 日。

类情感普遍还是倾向于温情的。温情是人骨子里的一种情感"①。正如她在小说《白银那》中借乡长王得贵之口对古老师所说的："我这一辈子最不喜欢听'恨'这个字……"② 在作者充满温情的娓娓叙述中，我们不难发现迟子建和谐而理性的女性观，她认为"宇宙间的太阳和月亮的转换可以看作是人世间男女应有的关系，它们紧密连接，不可替代，谁也别指望打倒谁，只有获得和谐，这个世界才不至于倾斜，才能维持平衡状态。"③

有爱而无恨，有悲而无怨，这种独特的女性观和温情主义的创作宗旨，无疑直接影响了迟子建对笔下人物的塑造，她用质朴而又充满诗意的文字塑造了一系列带有清新气息和柔美光芒的女性形象。大体而言，她笔下的女性形象可以不同年龄段来归类和区分。

一 "香气快乐地奔跑"：小天使及对温情的渴望

孩子是降入人间的天使，他们拥有着最为纯洁的画板，等待着命运的描绘。无论哪种颜色的画笔，在他们的眼里都是美丽的，因为他们是由神界而来，尚不知人间有数不尽的悲哀。在迟子建的小说中，她塑造了不少小女孩的形象，除了《北极村童话》里具有自我童年原型角色的迎灯之外，还有《雾月牛栏》里心地善良的雪儿，《沉睡的大固其固》中不谙世事的楠楠，《清水洗尘》中天真可爱的天云，《解冻》里有些痴傻的苏彩鳞，《五丈寺庙会》里娇小美丽的雪灯，《河柳图》里早熟叛逆的裴莺莺，等等。其中又以《岸上的美奴》中的美奴、《原野上的羊群》中的小姐姐、《草地上的云朵》中的丑妞和《九朵蝴蝶花》中的费佳佳，最具代表性。

迟子建曾在访谈中这样说："没有故乡，就不会有我的写作。但是，喜欢一个人，会'爱之深，责之切'；喜欢一个地方，同样如此。因为深爱那片土地，它光明背后的'阴暗'一面，也越来越引起我的注意。"④

---

① 迟子建、阿城、张英：《温情的力量——迟子建访谈录》，《作家》1993年第3期，第50页。
② 迟子建：《白银那》，《大家》1996年第3期。
③ 迟子建：《听时光飞舞》，《迟子建随笔自选》，广西民族出版社，2001，第85页。
④ 迟子建、舒晋瑜：《迟子建访谈：我热爱世俗生活》，《上海文学》微信公众号，2016年3月30日，https://cul.qq.com/a/20160330/031152.htm，最后访问日期：2019年8月31日。

这种对故乡"爱之深,责之切"的情感,同样也反映在她对不少女孩的成长困境的描述中。"给温暖和爱意",这是《岸上的美奴》的题记,然而我们在这篇小说中看到的却是在温暖和爱意背后小姑娘美奴逐渐扭曲成长的困境。美奴是一名小学生,她的父亲经常和村里的年轻人一起出海卖货挣钱,母亲则有自闭症倾向,活在自己虚构的世界里,常人无法与她沟通。美奴是个有诗意的孩子,喜欢去岸边看船,看江,看艳艳的霞光,看渔民们的各种生活。她的日子本来过得平静安宁,波澜不惊,但是成人世界的世俗却令美奴陷入了极大的精神困境之中。美奴的母亲在生病之前开过一家小酒馆,美奴的老师白石文经常去喝酒。母亲病了之后,就常常喜欢去学校找白老师,于是同学的嘲笑使得美奴感觉"自己的羞耻心被人生吞活剥着",村子里大人们对美奴话中有话的故意询问,更让美奴因无力为母亲的行为辩解而难堪不已。她甚至盼望村子里可以出点什么事情,这样就会缓解人们对母亲的关注。她既无法与母亲沟通,也无法跟一直关心她的白老师说出自己的心事,因此,当她又一次望着江水的时候,心里的所有压力变成了一个可怕的欲念:假如母亲没有了,一切烦恼也就没有了。于是,在一个无人的夜晚,她带着母亲去了江边,上了小船,将母亲推入了江心。母亲没了,然而日子并没有像美奴想象得那般舒畅起来:父亲葬身海底,自己又被目击者勒索,尽管白老师向她伸出了温暖的手,美奴正在努力走出这种恐惧和哀伤,但是美奴的成长处境仍然令人心酸。可以说,成人世界中的污浊不仅撕去了人间的温情,断送了美奴的童真,也间接葬送了她母亲的生命。在成人的世界里,孩子的眼光永远看不穿那微笑背后的险恶嘴脸。

《原野上的羊群》中的小姐姐是一个倔强的孩子,当她看到一对陌生夫妇要抱走爸爸妈妈没有能力抚养的小弟弟时,先是眼泪汪汪地看着大人们,后来又把妈妈给陌生夫妇倒的滚烫的水扣在了花盆里,面对妈妈的责骂也没有反应,只是恨恨地盯着那对陌生的夫妇。当小弟弟被抱走的事实已无法改变时,她突然大哭起来,叫喊着:"我要小弟弟,我要小弟弟!"再后来,小姑娘看自己的弟弟再也不会回来,就开始绝食,最终因厌食症而夭折。孩子的心灵是单纯的,她无法从现实的生活去理解父母的决定,为了手足之情,她不惜以死抗命,以求换回她喜爱的小弟弟。只可惜成人的世界远没有孩子的心灵那般纯净,于是小姐姐也只能在温情的期盼中去了那一方永恒的净土。①

当《草地上的云朵》中的丑妞,出现在下乡考察的老干部的孙子和外孙面前时,仿佛是一个从大自然中走出来的蓝精灵:

> 天水和青杨同时撇了一下嘴,他们正想找个借口溜掉,门突然"刷——"的一声开了,一个夹带着浓郁野花香气的小女孩出现在他们面前。她看上去十一二岁的样子,个头介于天水和青杨之间,赤着脚,下身是一条打着许多补丁的蓝布裤子,上身是件鹅黄色的圆领短袖汗衫,汗衫已被磨出了许多大大小小的洞,称为烂衫更合适。她眼皮很厚,细眯的小眼睛,大鼻头,鼻孔朝天翻着,似乎都可以插蜡烛了。从她细长的胳膊和脖颈上可以看出她很瘦,但她的脸盘却很大,两个脸蛋宽阔得像两片丰盈的张开的荷叶。她的头发长短不一地披散着,有些黄,头顶戴着一个花环。花环的花很杂,紫白红黄的花应有尽有。但正因为这杂色,显得充满了生机;有一枝黄花似要掉下来的样子,半落不落地吊在她右耳际,为她平添了几分妩媚。……她忽左忽右地摇晃着脑袋,使沉静释放的花香猛然间变得热烈起来,香气快乐地奔跑着,屋子的空气骤然变得清澄起来。②

如果按照现代社会的审美标准,丑妞长得不漂亮,可是她又带着原始自然的美。她不在乎城里来的天水和青杨对她的嘲笑,并总是可以成功地打击天水和青杨那种城里比乡下好的优越感。她可以轻松地潜水到江心深处把西瓜放在那里冰着。丑妞对一切新鲜的东西都怀着天生的好奇心,当张无影抱着一颗哑弹回到乡里时,这引发了天真无知的丑妞对它的强烈兴趣,她竟打算把这颗泥迹斑斑的哑弹抱到江里洗干净。可悲的是,丑妞的天真想法并没有引起大人们的重视,当那些当权者在乡长家吃喝玩乐时,无辜的丑妞被这颗哑弹炸死在了江里。一个来自大自然的蓝精灵就这样在大人们的愚昧和冷漠中成了草地上空的一朵云。

《九朵蝴蝶花》中的费佳佳是一个小学生,她有一个宠爱她的父亲和

---

① 迟子建:《逆行精灵·原野上的羊群》,《迟子建中篇小说集》第3卷,上海人民出版社,2008,第126页。
② 迟子建:《原始风景·草地上的云朵》,《迟子建中篇小说集》第1卷,第293页。

一个待她还不错的继母。她的日渐消瘦让父亲开始怀疑妻子在他外出时虐待佳佳，于是就求助于妇联。然而等妇联工作人员沈妮去学校找费佳佳了解情况时，才知道原来佳佳因前不久发生的九起妇女被害事件而惊恐不已，她既担心大大咧咧的继母被人杀害，却又找不到与父亲、继母沟通的合适方式，于是日益忧虑，精神恍惚。在现实世界里，人们往往只从童话中形成的"继母＝蛇蝎心肠的坏女人"的思维定式，去习惯性地考虑现实中的母女关系，却很少从女性的温情与善良的本性出发去思考继女与后母之间互相依恋、关心、爱护的心理影响，我们也常常忽视如何在孩子与成人之间架起一座沟通的桥梁。温情常常被误解。

我们从作者塑造的这些类似小天使的形象中，看到的是孩童世界的本真纯净，以及成人世界的粗鄙丑陋。处在善与恶混杂的世界里，她们需要与人沟通，需要来自成人世界的爱与温情，需要有人带领她们走出成长中的困境和孤独，然而她们的身边却总是缺少可以给予她们爱与温情的人。

二 女性的慈悲情怀："满含善意和温情的惊禅式的目光"

迟子建的小说，总是或多或少地带有某种神秘主义的梦幻意味。在《〈迟子建文集〉跋》中，她这样写道："也许是由于我生长在偏僻的漠北小镇的缘故，我对灵魂的有无一直怀有浓厚的兴趣。在那里，生命总是以两种形式存在，一种是活着，一种是死去后在活人的梦境和简朴的生活中频频出现。不止一个人跟我说他们遇见过鬼魂，这使我对暗夜充满了恐惧和一种神秘的激动。活人在白天里生活，死人在白天里安息；活人在夜晚时'假死'，死人在夜晚时栩栩如生地复活。就这样，我总是比其它人更加喜欢梦见亡灵。他们与我频频交谈，一如他们活着。谁能说梦境不也是一种生活呢？"[①] 因此，在她的笔下，有从刮胡刀盒子里飞出的宝蓝色蝴蝶（《世界上所有的夜晚》），有喜欢聆听自然音乐的老人的灵魂（《格里格海的细雨黄昏》），也有一路上陪同"我"去看白夜的马孔多的幽灵（《向着白夜旅行》），还有一系列带有神秘色彩的女性形象。

《起舞》中的丢丢，为了在拆迁中保住自己的半月楼，几经查证后才

---

① 迟子建：《〈迟子建文集〉跋》，《作家》1996年第4期，第24页。

知道半月楼这个曾经的舞场中有一个叫作"蓝蜻蜓"的舞女,她杀死过来半月楼寻欢的日本鬼子。如果单写这个舞女的壮举,或许并没有什么奇异;然而在故事结尾,当拆迁的推土机开到半月楼时,丢丢穿着青色的连衣裙如同一只美丽的蓝蜻蜓出现在废墟之上,并因此失去了自己的腿,于是"蓝蜻蜓"就打上了梦幻般的美丽彩光,成为人们守护内心家园的精神象征。

《逆行精灵》中那个在山林里飞舞的白衣仙女,先后出现在孕妇的梦里、孩子豁唇的错觉中和老哑巴的画中,小说中的白衣仙女似乎有三重隐喻:孕妇做的是胎梦,自然希望腹内的胎儿美丽而平安,所以孕妇梦中的白衣仙女是吉祥如意的化身;豁唇还是个孩子,在孩子眼中看到林中的白衣仙女,自然是温情脉脉的爱与美的化身;而老哑巴一生孤苦,耄耋晚年,他看见的白衣仙女则应该是脱离苦海的象征,是将他从苦难凡世引渡到天国的使者,所以在小说的结尾,老哑巴吊死在一棵树上,生命的终结意味着痛苦的结束,他的灵魂已到达了无忧无虑的天堂。

《行乞的琴声》中有一位以拉胡琴为生的老人,他最拿手的曲子是《惊禅》。美丽聪慧的惊禅是老人年轻时下乡认识的一位少女。这位少女出生时父亲正在庙里上香,忽然觉得眼前有一道亮光一闪而过,因此庙里的住持认为女孩与佛有缘,赐名惊禅。长大后的惊禅并非不喜欢当时年轻的琴师,也并非听从父母的安排十八岁后去尼姑庵修行,而是忠于自己的本心。当琴师问她是否愿意和他一起走时,惊禅指着天上的月亮说:"天上只有一个月亮,可它投到人世间,就有数不清的月亮了。海里有它,江里有它,河里也有它。……我呢,就是若梅湾这小湖里的月亮,天上的月亮只要一躲在云彩后,我就被它收回去了……我想菩萨就是这月亮,我就是她的影子,她什么时候要我,我就什么时候去。"① 惊禅依着自己的心愿出家了,而老人也只有一遍遍在琴声中温习惊禅的容颜。他最大的心愿就是在离开人世间前再看到一次"那湿漉漉的满含善意和温情的惊禅式的目光"。② 惊禅在小说中已经不只是老人心中的初恋情人,还是世间仁爱亲善的象征。

从这些具有梦幻般美丽而神秘的仙女形象上,不难看出迟子建小说中

---

① 迟子建:《行乞的琴声》,《山花》2001年第1期,第21页。
② 迟子建:《行乞的琴声》,《山花》2001年第1期,第22页。

所蕴含的一种超凡脱俗的温情力量和所要表达的女性的慈悲情怀。"女性"一词在迟子建的小说中常常作为自然灵性的代言人。这种灵性是指来自生命深处的原始智慧,是人类情感最自然的状态。迟子建笔下有不少能够与自然进行超越凡界、物种、神灵交流的人物,比如,《布基兰小站的腊八夜》里的云娘,她与一只狗相依为命,拥有一只大口袋,里面放着各种神仙布偶,被布基兰的人们看作神灵的代言人。《鸭如花》中的徐五婆,孤苦伶仃,与一群鸭子相互为伴,她的鸭子就是她最亲密的朋友,她可以与鸭子交流,鸭子也似乎听得懂她的话语。这些女性似乎就是自然的守护神,能真切地感受来自大自然的各种生命的律动。在这个被物欲压迫得几乎窒息的社会中,这样的灵性无疑是作者对麻木世人的拒绝,对纯真自然的向往。

三 "至爱的亲昵":"地母"形象及其大爱情怀

迟子建说过:"我出身的家庭清贫,但充满暖意。"① 从小享受父母之爱的温馨,备受北极村姥姥、姥爷关爱的作者,有一颗对于生活极具敏感的心,因此她在小说中塑造了不少具有美好情怀的"地母"形象。比如,《逝川》中漂亮能干的吉喜,《亲亲土豆》中温柔坚强的李爱杰,《日落碗窑》中美丽贤惠的吴云华,《花瓣饭》中娇嗔可爱的妈妈,《七十年代的四季歌》中慈祥仁爱的外祖母,《沉睡的大固其固》里心有大爱的媪高娘,《泥霞池》中泼辣善良的小暖,《银盘》中爱憎分明的吉爱,等等。

《逝川》这部短篇小说中所塑造的吉喜几乎是个完美的女性,她美丽、能干、忠贞、浪漫,却终身未嫁。五十年前的吉喜漂亮能干,百里挑一,与"阿甲姑娘心中的偶像"胡会相爱。然而胡会却对吉喜说:"你太能了,你什么都会,你能挑起门户过日子,男人在你的屋檐下会慢慢丧失生活能力的,你能过了头。"② 胡会最终娶了毫无姿色和持家能力的彩珠为妻。女子能干本应是优点,但太能干却在男人眼里成了女人的致命缺陷,阿甲的男人们都喜欢吉喜,欣赏吉喜,却没有一个男人敢娶她,因为她捕鱼、持家样样在行,男人在她面前,找不到自己的优势所在。当男人们需

---

① 迟子建:《我说我》,《时代文学》1996 年第 6 期,第 47 页。
② 迟子建:《逝川》,《日落碗窑》,作家出版社,2009,第 6 页。

要以女人的低能来凸显自己的尊严和价值时,吉喜的存在就只是一道供世人欣赏的美丽风景,而无法与她牵手。但在这种世俗的夫权观念面前,吉喜依然以自己认定的方式沉静、自尊地活着。一辈子没有出嫁的吉喜依然能干,甚至学会了接生。在七十八岁的高龄时,还冒着因捕不到泪鱼而可能导致灾祸的危险来帮助"冤家"胡会实现了抱重孙子的愿望。她用一个女人的坚强和博爱诠释了什么是真正的美丽与母爱。

《亲亲土豆》中的李爱杰与丈夫秦山互敬互爱,日子过得十分美满。可是天不遂人愿,秦山身患绝症住院。就在李爱杰想方设法为丈夫筹钱治病的时候,丈夫却从医院不辞而别,回到了家中,并给妻子买了一身宝蓝色的缎子旗袍。小说的结尾李爱杰穿着这身漂亮的旗袍为丈夫守灵,并用丈夫生前最喜欢的土豆为丈夫下葬,"李爱杰最后一个离开秦山的坟。她刚走了两三步,忽然听见背后一阵簌簌的响动。原来坟顶上的一只又圆又胖的土豆从上面坠了下来,一直滚到李爱杰脚边,停在她的鞋前,仿佛一个受宠惯了的小孩子在乞求母亲那至爱的亲昵。李爱杰怜爱地看着那个土豆,轻轻嗔怪道:'还跟我的脚呀?'"① 李爱杰是丈夫心中那株清香淡雅的土豆花,如今丈夫虽已离去,可是李爱杰却在眼泪中像土豆花一样扎根于土地中,坚韧地面对着生活和未来。这一女性形象,无疑令人联想起作者本人在其丈夫骤然离世后的那段强忍悲痛的锥心日子。

《沉睡的大固其固》中的媪高娘是一个胸中有大爱的农村女性,她热心地照顾着不幸的魏疯子。为了让魏疯子恢复理智,为了使全村得救,她听信相面人的告诫,自己掏钱办了一个"还愿肉"的仪式。这个仪式导致她忘记给魏疯子做豆腐,使魏疯子在迷乱中砸死了她。即使这样,在临死前,她还是希望村里的灾难能由自己一人承担下来。这样一种不顾自己性命,一心想着拯救村里人的大爱情怀是何等让人敬佩。

《福翩翩》中的柴旺家的(王莲花),一方面,温柔体贴,勤俭持家。她对家庭、对丈夫死心塌地,甚至连称谓也依附于丈夫的,心甘情愿地失去自己的姓名。另一方面,她也有一个女人在特殊情况下的醋意、泼辣与自尊。当她得知丈夫对邻居刘英的特别关爱后,她烧掉了丈夫为她买的新衣服,砸碎了他们的爱情信物酸菜石,赌气与丈夫不说话,并强调自己是王莲花。等到把丈夫折磨病了,她又心疼不已,重申自己不是王姐,而是

---

① 迟子建:《亲亲土豆》,《日落碗窑》,第 30~31 页。

柴旺家的。对她来说，即使背负债务、衣食无靠，只要夫妻共担风雨、生活平淡安稳，也就是幸福。

　　从这些具有传统情怀的"地母"形象中，我们不难看出迟子建的女性观：女性不仅要比男性有包容、善良的品性，而且还要有更坚强、自信的意志。因此，"女性"一词在迟子建笔下往往成为无常命运的包容者。包容就是拥有博爱的情怀，包容就是可以安然地去面对现实，包容就是命运面前最美丽的微笑。《秧歌》中拉车的老李头和剃头师傅起了误会，后来因被剃了光头扫了面子而自杀，剃头师傅内疚不已，老李头的老伴洗衣婆却安慰剃头师傅："死就死了吧，别那么过意不去，他自己爱面子，一个光头就能叫他这样，我跟了他一辈子也没想到，真为他愧得慌。"① 洗衣婆的宽容，无疑闪现了女性特有的美丽光辉。《逝川》中的吉喜一生未嫁，却对人生保持着最虔诚的温柔姿态；《亲亲土豆》中穿着丈夫喜欢的宝蓝色旗袍为丈夫守灵的李爱杰；等等，她们用自己与生俱来的母亲般的包容情怀涵纳了人世间的幸与不幸。

四　"舞在生命的最高潮"："逆行精灵"的浪漫与妖娆

　　除了那些"地母"式的女性形象外，在迟子建的笔下，还有一些极具个性的独特女性，她们挣脱了传统风俗道德的束缚，追求自我的生存价值。

　　《原野上的羊群》里有个叫作桑桑的女孩，关于她的故事是通过她妈妈林阿姨来叙述的：她从小就不安分，很喜欢跳舞，喜欢香烟和烈酒，喜欢找男人。她不喜欢上学，高中都没上就跟着几个生意人到广东跑买卖去了。后来因为卖淫被公安机关收审。一年后她出狱遇见一个美国商人，他把她带到美国，开始时过了一段好日子，后来她被抛弃了，就去酒吧当舞女。林阿姨为桑桑画了很多画。其画中，我们看到的桑桑是一个叛逆不羁却又饱含青春的金色舞女形象："她的头颅小小的，双臂张开，漫长而沉重的裙裾几乎占据了整个画面。从她微微歪着的头颅和呈火焰状的裙子上

---

① 迟子建：《秧歌》，《迟子建中篇小说集》第2卷，第29页。

面,能感觉到她正舞在生命的最高潮时期。她热烈、孤傲又有些阴郁。"①这样一个喜欢金黄色、喜欢跳舞的女孩,因为对已有生活的怀疑而固执、叛逆地走向人生的另一个极端,并死于她认为是人类最美丽的病——艾滋病。林阿姨说:"桑桑这么激烈决绝地认为她不是我们亲生的孩子,我不知道这原因究竟是什么。……有时候反过来又一想,如果我是桑桑,我怀疑生活在我身边的人不是我母亲,我会激烈地反抗他们吗?我想我不会。可桑桑这么做了,也正因为她是桑桑。"②是的,因为她是桑桑,所以她激烈地去对抗已有的世界,义无反顾地走向自己所希冀的世界。谁说她的选择就是错误?在每一个人的心底不都有过一个叫作"桑桑"的叛逆精灵吗?只是,我们始终输给现世生活,追求现世的安稳。桑桑的存在价值就是她实现了庸常人所不敢的对现世的怀疑和激烈的反抗。

《逆行精灵》中的鹅颈女人,也是一个很有个性的女性形象。她浑身洋溢着柔媚的女性气息,喜欢把钱花在独自外出的旅途中,喜欢那些浪漫的邂逅。世俗的婚姻约束与道德律令对她而言没有任何作用,她的行为也并非传统意义上的放浪形骸。她需要浪漫却不需要男人的回报,她的情与欲似乎只是满足心灵上和生理上的浪漫之需。她仿佛就是那迷雾森林中的花妖,在一个自我的天地里尽情绽放着妖娆和美丽,即使在她与男人乱爱的时候,也格外具有诗情画意的抒情意味。而正是这种纯净的放浪,从一个侧面深刻地嘲讽了那些粗俗的、为色而淫乱的男子。她是两个自我的矛盾统一体,一种世俗与浪漫、放浪与纯真的完美结合体。这在迟子建塑造的众多女性形象中是一个特别引人注意的类似山鬼式的花妖。

与上述尽情绽放生命之花的女性形象截然不同的另一个富有个性的女性形象,是《鬼魅丹青》中的蔡雪岚。蔡雪岚因自己无法生育,以照顾丈夫的情人和私生子而在小城中出名。直到她擦玻璃时意外坠楼身亡,大家才知道蔡雪岚已打算和丈夫刘文波离婚,并有了自己的心上人四耳。四耳其实就是蔡雪岚好友卓霞的前任丈夫罗郁,他因为推崇养生的禁欲之爱不被卓霞理解而离婚。蔡雪岚却觉得这样没有欲望的爱才是真正的长久之爱,因此与罗郁走到了一起。可以说,温柔贤惠的蔡雪岚是中国传统女性的典型化身,可是她的精神却又脱离了一般的世俗女子,达到了神一般无

---

① 迟子建:《原野上的羊群》,《大家》1995年第2期,第88页。
② 迟子建:《原野上的羊群》,《大家》1995年第2期,第100页。

欲的境界。在蔡雪岚的身上，我们不难看出迟子建所勾勒的一个具有人间温情与浪漫精神的女性乌托邦世界，即女人不再是男人的宠物和传宗接代的工具，而是作为一个被尊重的个体，与男性平等地存在。她们是美好天堂的守望者。在迟子建的小说中，凡是和谐的家庭必有一个贤惠能干的女主人，她们是妻子，是母亲，更是一方天堂的守望者。《福翩翩》中的王莲花将清贫的小日子操持得有声有色；《日落碗窑》中美丽、贤惠的跛脚吴云华不仅将自己的家收拾得井井有条，而且还无私地照顾着邻居家的傻媳妇。迟子建心中的完美女性是哪怕眼中有泪也要微笑的坚韧女子，是拥有自然、纯真情怀的传统女性，就像她在散文《女人与花朵》中写的那样："我想花朵也许是女人的灵魂，而蜜蜂则是男人的灵魂。当蜜蜂嗡嗡地叫着从这朵花又跳到另一朵花上时，花朵还是静静地呆（待）在原处一如既往地开放着。"①

五　"第三地晚餐"：已婚女性的温情缺失与薄凉命运

当然，迟子建笔下也有不少缺少家庭之爱、精神之爱的悲剧女性形象，尤其是一些已婚女性，其温情的缺失与薄凉的命运令人同情和唏嘘，正如《微风入林》中的罗里奇乡卫生院女护士王玲所说的："咱们女人就是命苦！"作为与男性不同的个体，女性更多的时候是回归家庭。这种回归是由女性自身的自然属性和社会发展所决定的，但是家庭很多时候已经不是女性可以依赖的温暖巢穴。

《河柳图》中的中学教师程锦蓝，与不堪忍受清贫而去了上海浦东后见异思迁的丈夫离婚后，嫁给了村子里的能人裴绍发，后者是一个只有小学文化，喜欢伴着屁声哼小曲儿，有了钱不敢存银行的小心眼的粗俗人。生活的残酷把两个本没有共同情感的人捆绑到了一起。在这样不如意的生活中，程锦蓝唯一的情感寄托就是去河边看河柳。原本温文尔雅的她在裴绍发的百般压力下，变成了一个红袄绿裤的农村妇女。即使这样委曲求全，婚姻仍然是不安稳的，她遭受了来自丈夫前妻的孪生妹妹兰的威胁，无奈之下，忍无可忍的程锦蓝拿砖头砸了兰酒馆的玻璃。在故事的最后，

---

① 迟子建：《女人与花朵》，*Women of China* 2002年第4期，卷首语。

程锦蓝与懂事的儿子在河边抱头大哭,生活已经把她逼得几乎无路可走,可当裴绍发把河边的红柳砍完抱回家时,日子又注定必须继续下去。为了生活,隐忍是柔弱的程锦蓝唯一的选择。

《鬼魅丹青》中的齐向荣,厌恶男女之爱,也不会打扮自己,为了拴住在公安局当副局长的丈夫的心,她为病重的婆婆捐了一个肾,因此她在拉林小城颇受赞誉。当她发现丈夫与开布店的卓霞有了私情时,就只好装疯装病,每天在纸上画着鬼魅的图画,企图用别人的舆论压力来留住丈夫离开的脚步。原本充满温情的家庭如今对齐向荣而言充满了可怕的魅影,她付出再多也无法得到丈夫的真心之爱。而当丈夫因车祸死亡之后,成为寡妇的齐向荣反而得到了心灵的解脱,她再也不用害怕失去什么,重新做回了正常的自己。

《微风入林》中的罗里奇乡卫生院女护士方雪贞,虽人近中年但仍容貌秀丽,身材俊美,这成了"蔫茄子"丈夫陈奎的一块心病。丈夫与她本是中学同窗,结婚后有了一个聪明伶俐的儿子,家庭生活温馨美满,"在罗里奇,这也是令人羡慕的一个三口之家"。然而"十几年的日子过下来,他竟是满身暮气,牢骚满腹",逐渐沉迷于酒馆、牌局,夫妻生活形同虚设,尤其令方雪贞难堪的是,为了防止妻子值夜班时红杏出墙,丈夫竟向卫生院院长要求将妻子值夜班时的搭班医生安排为年近六旬、形同"一截枯树"的"张迷糊",理由是这样他才放心。这无疑是对妻子的人格和品行的极度不信任,终于导致了因受到惊吓而绝经的妻子与鄂伦春汉子孟和哲在东山坡夜晚的定期私通。当方雪贞的身体康复,生活似乎又回到了原来的轨道,"但她的脑海中依然浮现着东山坡温柔的夜景。那已消逝的林中微风,虽然不在她的耳际作响了,但它们却悄然埋入她的心头,依然时时荡起阵阵涟漪"。

"第三地,第三地,别人的哀愁,我们的欢乐;第三地,第三地,自己的天堂,别人的地狱。"《第三地晚餐》中的"第三地,也就是'他地'之意,这是近些年情人们幽会最喜欢用的一个隐秘用语。"[①] 女主人公陈青是《寒市早报》文学副刊"菜瓜饭"的编辑。初恋男友的坠崖身亡、设计师的玩弄态度与丈夫马每文的隔膜,让精神上落寞的陈青开始寻找她的"第三地"——去一个没人认识她的地方为陌生男子做一顿丰盛的晚

---

① 迟子建:《起舞》,《迟子建中篇小说集》第5卷,第80页。

餐。但真正意义上的第三地，却是对女性个体尊严的污蔑，因为女人在第三地永远都是以她者的身份出现的，是笼罩在男性的审美视野下的地下情人。她们的存在只是因为第三地更加"秀色可餐"，当男性最终回归家庭时，第三地的女性就失去了精神依附，成为被抛弃的对象。在这个开放的社会，知识女性面对的不仅仅是生活上的压力，还有来自心灵深处的落寞。陈青的母亲，当年轧钢厂的美人，因为工伤丢了一条胳膊，被迫嫁给了粗俗的陈大柱。她因受不了丈夫与别人明目张胆的偷情，亲手杀死了丈夫及其情人，最后自己也被判处了极刑。

幸福的女子都有幸福的笑容，而不幸的女子却各有各的遭遇。这些如水似花的女子们在如墨的夜色中唱着命运的悲歌，寻找着精神上的慰藉之光。

结　语

综上所述，迟子建笔下的众多女性形象，丰富多彩、摇曳多姿，从不谙世事的孩童到安于命运的老妇，从目不识丁的乡村妇女到情感丰富的都市女性，构建了一条长长的女性形象的画廊。总而言之，她赋予了这些女人们自然与人性中最美好的东西，"女性"一词在迟子建的小说词典里不再是一个简单的性别概念，而是自然灵性的代言人，无常命运的包容者，美好天堂的守望者。但迟子建也说过："其实我在写作的时候，从来没有想到笔下的女性人物该是什么样的，男性人物又该是什么样的。小说如同一场戏，开场后，谁先登场，谁表演的时间长，谁是什么性格，男人女人哪个抢眼，完全取决于他们在戏里角色的分量。我想我写过的女性人物，最典型的特征，应该是一群在'热闹'之外的人。不过让我细致地'总结'她们，我还是很吃力。因为在'女'字上做文章，对我来说，跟让我登珠峰一样难。"[①] 因此，用"一群在'热闹'之外的人"来概括其笔下的女性形象，也许是切中肯綮的。

迟子建在20世纪80年代以来涌现出的女作家中可谓一个异数，她的创作既不同于池莉等的写实与批判，也不同于陈染、林白等的内向与极

---

① 迟子建、舒晋瑜：《迟子建访谈：我热爱世俗生活》，《上海文学》微信公众号，2016年3月30日，https://cul.qq.com/a/20160330/031152.htm，最后访问日期：2019年8月31日。

端。她用自己最质朴的情感为读者点亮了一盏白莲般纯净的心灯。那明亮的灯光是慰藉庸常人生的温情之光，是穿透苍茫夜色的希望之光，也是她心中的人间理想之光。她始终用一颗通透的心去关注女性的生存状态，始终坚持着自己温和的女性观。在这种不是简单地去颠覆男权社会，而是要求男女平等、和谐的女性观下，迟子建所塑造的这些女性形象，正是作者女性意识和人文关怀的体现。她要求女性走出自怨自艾的狭小生活空间去确立女性的主体地位，用女性与生俱有的美好情怀去关怀人世，包容生活。从这个意义上来说，迟子建的小说是一首首温情而略带忧伤的歌曲，她笔下那些美丽的女子就是一个个蕴爱含情的音符。她们带着温暖和爱而来，既活在小说中，也活在凡世间。她们悲喜自得，不忧不惧。文学存在的最大价值莫过于告诉众人什么是真，什么是善，什么是美，而在这些女性形象上，我们总能感受到一些让人心生温暖的东西。

欧华文学版图中的女性书写

樊洛平[*]

摘要 遍布于欧洲多个国家的华文女作家,从不同世代的文学出发,以分散中的文学聚合,构成了欧华文坛女性书写的半边风景。其创作表现出四种书写路向:一是在人生漂泊的背景上,描写旅欧女留学生的文化乡愁和生命情感经验;二是穿越女性的日常生活层面,抵达对女性乃至人类的生存境遇、精神世界、生命灵魂、人性状态的终极关怀;三是从回眸故国家园的视角,表现特定时代氛围中的女性成长经验;四是在跨文化语境中讲述异国婚恋的悲欢离合,书写中西文化联姻的家庭故事。同样是呈现漂泊海外的游子生活和异域经验,欧华女作家的小说创作是以女性人生的视角和生命情感的融入,为欧华文学带来新的创作元素和性别经验的。

关键词 欧华文坛 女性书写 生命情感 异域经验

Abstract Visiting from different parts of Europe, Chinese female writers, start from different generations of literature that has dispersed and reunited, which contributes greatly to the female writing in European-Chinese literature. Their creations show four ways of writing: 1. Depict the nostalgia and emotion and experience of life of female students studying and drifting in Europe; 2. Overpass the female daily life and reach the ultimate

---

[*] 樊洛平,郑州大学文学院与黄河科技学院台湾文化研究中心教授,主要从事中国当代文学与海外华文文学研究。

concerns about the living conditions, spiritual world, soul of life and states of humanity of not only female but also of all human beings; 3. Express the growth experience of female in the atmosphere of a specific era through the perspective of retrospection of motherland; 4. Present vicissitudes of foreign marriages in a cross-cultural context and write family stories of marriage between Chinese and Western cultures. Compared with other literature creations that present life and foreign experience of those who live overseas, novels by European-Chinese female writers integrate emotions of life from a female perspective. They bring original elements and gender experiences to European-Chinese literature.

Keywords　European-Chinese literary circle; female writing; emotions of life; overseas experience

欧华文学版图与女性书写现象，近年来开始进入学界的研究视野。旅欧华人的留学与移民，虽然拥有较为漫长的历史，旅欧华文作家亦不乏世代更迭，但因为身居欧洲大陆40多个国家的分散状态与人生流动，文学创作与学界研究的聚合力量有限，女性研究亦多停留于少许作家个案的关注上。20世纪80年代特别是21世纪以来，欧华文坛生态发生重要的变化，第一个全欧性华文作家团体——欧洲华文作家协会于1991年在巴黎成立。中国改革开放后，随着旅欧移民潮的出现，随着世界华文文学研究领域的不断拓展，欧华文学的创作版图逐渐得以整体凸显，欧华女性书写的专题研究有了新的推进。

一方面，对欧华女作家的个案研究彰显力度，从20世纪60年代欧洲留学生文学的开拓先锋，到80年代以来欧洲新移民文学的代表作家，他们不断引发学界的关注和评论。1960年到瑞士留学的中国台湾作家赵淑侠，以她对欧华文学的拓荒性贡献为中国海峡两岸乃至海外华人圈所认同，成为第一个在中国大陆举办国际学术研讨会的欧华作家。① 卢湘、刘

---

① 1994年10月，由华中师范大学、中国社会科学院文学研究所、中国新文学学会、湖北省文艺研究中心等联合主办"赵淑侠作品国际研讨会"。会后出版《赵淑侠作品国际研讨会论文集》（作家出版社，1996）。

俊峰深入研究赵淑侠，并出版专著。①陈贤茂等著的《海外华文文学史初编》及陈贤茂主编的《海外华文文学史》也专辟章节对赵淑侠加以评述。②此外，研究赵淑侠的期刊论文和学位论文也层出不穷。③1989年旅欧的新移民文学代表作家林湄，由内地到香港，再至荷兰，"十年磨一剑"地创作长篇小说《天望》《天外》，颇受中国学界关注，好评纷呈，以戴讽、陈美兰、陈辽、刘云、王红旗、江少川、戴冠青、林丹娅与王璟琦等人的研究颇具代表性。④1991年，虹影从大陆移居英国，中国学界对她创作的认同与争议，在当时的评论界掀起一波热潮，讨论观点多集中于女性主义、跨文化、宗教、家族、城市、饥饿书写及创伤书写等方面。⑤与此同时，女性创作的个案研究开始发掘有特色的老作家和近年来崭露头角的新作家。前者以大陆旅欧作家周仲铮以及台湾旅欧作家吕大明、丘彦明、郑宝娟的创作为关注点；后者以台湾旅法作家陈玉慧以及大陆旅欧作家山飒、谢凌洁、方丽娜、刘瑛、穆紫荆、海娆、朱颂瑜等20世纪90年代以来的创作为观照对象。⑥2019年，陈公仲、张俏静主编的《别样凝眸：欧

---

① 庐湘：《海外文星——瑞士籍华人著名女作家赵淑侠的路》，北方妇女儿童出版社，1988；刘俊峰：《赵淑侠的文学世界》，中国文联出版社，2000。
② 陈贤茂等著《海外华文文学史初编》，鹭江出版社，1993；陈贤茂主编《海外华文文学史》4卷，鹭江出版社，1999。
③ 据中国知网统计，以赵淑侠为研究主题的期刊论文共60篇，硕士学位论文3篇，博士学位论文1篇。
④ 据中国知网统计，以林湄为主题的期刊论文44篇，硕士学位论文3篇。代表性研究成果有戴讽《妇女的命运和女性的辉煌——林湄小说创作中的妇女问题》，《上海社会科学院学术季刊》1996年第5期；陈美兰《"抬起头来，为大地创造意义"——长篇小说〈天望〉的一种解读》，《华文文学》2005年第6期；刘云《天问——读林湄的长篇小说〈天望〉》，《华文文学》2006年第6期；陈辽《"新移民文学"中的长篇杰作——读评林湄的〈天望〉》，《华文文学》2008年第2期；王红旗《以社会众生灵魂相探究"人类精神"生态嬗变——荷兰华裔女作家林湄长篇小说〈天望〉〈天外〉的世界性价值》，《中华女子学院学报》2016年第4期；江少川《地球村视域下现代人精神世界的探寻——评林湄的长篇小说〈天外〉》，《华文文学》2016年第5期；林丹娅、王璟琦《从林湄创作看新移民文学之新质》，《妇女研究论丛》2017年第4期；戴冠青《生命守望与信仰重构——欧华女作家林湄〈天望〉中的信仰书写》，《名作欣赏》2017年第31期。
⑤ 据中国知网统计，以虹影为篇名的期刊论文共202篇，硕士学位论文91篇，博士论文2篇。
⑥ 据中国知网统计，以上述各位作家为主题的期刊论文，周仲铮5篇，吕大明5篇，郑宝娟2篇，丘彦明1篇；陈玉慧8篇，山飒16篇，谢凌洁8篇，方丽娜6篇，刘瑛4篇，穆紫荆3篇，海娆2篇、朱颂瑜3篇；其中，以上面作家为主题的硕士学位论文，山飒4篇、陈玉慧1篇。

洲华文文学研究》①，是欧华作家论的集大成者，其中专篇讨论了9位欧华女作家的创作。

另一方面，有关欧华女性书写的宏观研究，如陆卓宁、阎纯德以及旅法作家黄晓敏的论文，在传递更为丰富的女性创作信息的同时，还对新的学术生长点进行发掘，或在百年海外华文文学史的背景下考察欧华女性文学的发生、创作面貌及文学经验，或以法国华文文坛为场域，深入探讨女性文学创作境遇及其特点，这无疑开启了一扇新的研究窗口，呈现更为开阔的文学视野和文化背景。②

欧华文坛的作家阵营和文学版图中，女作家创作所构成的文学风景线令人瞩目。同样是呈现漂泊海外的游子生活和异域经验，但因有女性生命立场和观察视角的融入，欧华女性书写以独特的品质与面貌，为欧华文学带来新的创作元素和性别经验。

一 欧华女作家的世代特征与文学生态

欧华文坛女作家文学格局的形成与彰显，与特定的时代背景有关，离不开旅欧、留学、移民的命运三部曲，也离不开浪迹天涯中的游子对祖国文化的坚守与对文学的追寻，因此所呈现的是鲜明的文学世代特征。

从19世纪后期开始，尤其是自21世纪以来，有着人类历史辉煌和先进科学发展水平的欧洲，不断地以神话传说般的巨大魅力，吸引着东方世界的注目。早在19世纪后期，中国就已开始实施留欧学生计划；20世纪上半叶，受到五四时代的社会风气激励，中国知识分子通过官派留学和勤工俭学赴欧，或寻找科学救国、教育救国道路，或追寻文化艺术的创作理想，等等，欧洲是那个时代中国前沿知识分子向往之地。在这批走出国门看世界的旅欧先行者中，有吕碧城、苏雪林、凌叔华、袁昌英、冯沅君、陆晶清、林徽因、陈学昭、罗淑、杨绛、周仲铮等女作家。她们回国后活跃于文坛，她们创作的作品，如吕碧城的《欧美漫游录》，苏雪林的《棘

---

① 陈公仲、张俏静主编《别样凝眸：欧洲华文文学研究》，商务印书馆，2018。
② 陆卓宁：《论欧洲华文女性文学的发生——百年海外华文文学研究的一种视域》，《暨南学报》2015年第1期；〔法〕黄晓敏：《从华人法语女作家的创作看跨界文学》，《华文文学》2016年第6期；阎纯德：《法兰西天空下的文学中华——巴黎华裔女作家素描之一》，《名作欣赏》2016年第19期。

心》，陈学昭的《南风的梦》《工作着是美丽的》，为今天研究者提供了女性留欧生活的记录文本；而周仲铮写于1957年的《小舟》，则是留居欧洲后的创作。早生代旅欧女作家的创作，在中西文化碰撞中以反封建为中心，共同奠定了旅欧女性书写的根基。

20世纪50年代至70年代赴欧的中生代女作家，多为受当时留学风潮影响的中国台湾留学生，如赵淑侠（瑞士）、池元莲（丹麦）、郭凤西（比利时）、吕大明（法国）、杨翠屏（法国）、王双秀（德国）、车慧文（德国）、张筱云（德国）、郭名凤（德国）、杨玲（奥地利）等；亦有其他途径赴欧的女作家，如麦胜梅以越南华侨赴台后再选择旅居德国，卢岚、蓬草（冯淑燕）和绿骑士（陈重馨）由中国香港到法国，周勤丽由内地去港后再转法国。中生代旅欧女作家的创作，因有冷战时期两岸隔离的背景，格外凸显了海外游子的漂泊人生和去国乡愁。赵淑侠筚路蓝缕，为当代旅欧女性书写高扬起一面旗帜；吕大明以深厚的中西文化底蕴和唯美风格的散文创作，亦成为欧华文学的拓荒者之一。

"欧洲华人社会在生态上起了根本性的变化，是近三十年的事。随着中国大陆的改革开放，台湾的注意力也不再只集中于美国，两岸都有大批的留学生涌向欧洲。"① 20世纪80年代以来赴欧的女作家，如来自中国大陆的林湄、虹影、刘西鸿、山飒、池莲子、谢凌洁、谭绿屏、方丽娜、刘瑛、穆紫荆、黄雨欣、叶莹、朱颂瑜、倪娜、丁恩丽、赵金玲、陈平、海娆、昔月、安静（颜向红）、岩子、夏青青、杨悦、魏青、高蓓明、张琴、黄晓敏、施文英、魏薇、应晨、友友、文俊雅、常晖、梦娜（李民鸣）、李寒曦、汪温妮、阿心等，与来中国自台湾的郑宝娟、丘彦明、陈玉慧、张筱芸、施文英、黄世宜、颜敏如、潘可人、林奇梅、郑伊雯、林凯瑜、蔡文琪、高丽娟、赵曼、区曼玲、钟宜霖、于采薇等，构成了欧洲新移民女作家的整体格局，她们是当下欧华女性书写颇具冲击力的新移民作家群。上述三个文学世代的旅欧女作家，带着各自的时代背景和文学积淀，开拓并延伸了欧华女性书写之路。

欧洲地域辽阔，包括南欧、西欧、中欧、北欧、东欧5个地区的40多个国家。生活在欧洲各地的旅欧华文作家散中见聚，"二战"结束后逐

---

① 赵淑侠：《披荆斩棘，从无到有——析谈半世纪来欧洲华文文学的发展》，《华文文学》2011年第2期。

步出现欧华文学，旅欧女作家在此背景下形成自己的文学生态与创作格局。欧华文学的形成与以下三个方面的因素不无关联。

首先，它源自旅欧女作家无怨无悔的文学追求，这种追求激发在异国他乡自我坚守的创作动力。如赵淑侠于20世纪60年代，在看不到华人和汉字的瑞士孤军奋战；林湄以十年磨一剑的精神，在荷兰寂寞笔耕；另外，还有诸多女作家在生存打拼与妻职母职的担当中坚守写作。

其次，它得力于近年来文学社团的勃兴，这使欧华女作家的文学凝聚力不断提升。近年来，随着全球化潮流中新移民作家阵容的不断扩大，以及欧洲一体化进程的加快，散居于欧洲各国的华文作家也逐渐加强了交流。欧华文坛积极营造文学氛围，结社同行，互相切磋，提携新人，文学社团活动也频频发力。1991年3月16日，欧洲华文作家协会在巴黎成立，创会会长为赵淑侠，创会会员达64人。这是欧洲成立的第一个华人文学团体，它以文学的凝聚力和包容的胸怀，改变了长期以来欧华文坛一盘散沙的状态，为欧华文学创作播撒种子、培植新人。该会成立28年来的6任会长中，赵淑侠、郭凤西、麦胜梅是名副其实的"半边天"。目前欧华文坛的文学社团，如欧华文学会（2013年成立，林湄任会长）、中欧跨文化交流协会（2012年成立，刘瑛任创会会长，现任会长为赵金玲）、奥地利华文写作笔会（2016年成立，方丽娜任会长）、捷克华文作家协会（2006年成立，汪温妮任会长），以及欧华文学笔会（2020年成立，由奥地利华文写作笔会更名，方丽娜任会长），等等，会长也多由女作家担任。女作家发挥的力量和作用由此可见一斑。

最后，它与旅欧之地的背景相关，旅欧女作家在不同国家地区逐渐形成群落。旅欧女作家分散在欧洲几十个国家中，虽写作是自由为之的个体劳动，但仍能看出所在国或地区的文化积淀与文学环境对女性书写的影响。法兰西作为美丽的文学大国，既有雨果、巴尔扎克、罗曼·罗兰这样的文学巨匠，也有"女权主义第一人"之称的波伏娃。在法兰西的天空下，聚集着吕大明、郑宝娟、卢岚、蓬草、绿骑士、杨翠屏、周勤丽、山飒、黄晓敏、施文英、西维、桔子、董纯、应晨、杨丹等一批女作家。在旅法作家的女性书写中，除了来自中国港台的旅欧作家多以深厚的文化底蕴抒情言志，发出声音外，还有一部分作家运用法语来表现"自家的事"——或刻画中国女性的人生故事和家族命运，或回望古老东方的神秘国度——成为一种独特的创作现象。周勤丽的自传体小说《花轿泪》，以

20世纪三四十年代中国为背景，刻画了一个13岁嫁人、后来移民法国成为著名钢琴家的中国女子的命运。魏微的《幸福的颜色》以第一人称讲述"我"外祖母的故事，将16岁被迫嫁给陌生男人的恐惧和旧式婚礼的繁文缛节表现得淋漓尽致。应晨的《水的记忆》，以祖母的缠脚和放脚为主线，真实地演绎了辛亥革命以来中国女性的家庭、婚姻命运变迁。在语言和文化的跨界中，上述女作家的创作将中国风俗、女人故事、婚姻命运、时代悲欢，在女性视角下进行融合与审视，这显示了女性意识的自觉。

德国是欧洲重要的境外汉学策源地，也是歌德、海涅、格林兄弟等大文学家的故乡，这里不断聚集着旅德的华文女作家。周仲铮、郭名凤、王双秀、张筱云、车慧文、麦胜梅、陈玉慧、颜敏如、潘可人、郑伊雯、穆紫荆、方丽娜、刘瑛、黄雨欣、倪娜、叶莹、谭绿屏、海娆、罗令源、丁恩丽、赵金玲、陈平、昔月、夏青青、梦娜、区曼玲、杨悦、魏青、王雪妍等，都在德华文坛留下笔耕印迹。周仲铮1924年留学欧洲，后来成为著名画家和作家，她的自传体小说《小舟》于1957年问世，成为德国第一部华人创作的畅销书。小说主人公小舟在五四新文化运动的影响下，不甘心做旧式传统生活中的"闺门秀"，她强烈反抗缠足，主张婚姻恋爱自主。她离家争取读书，出国赴欧留学，并在"二战"时的德国度过了五年九死一生的地下室生活。小舟经历了艰辛的人生拼搏。她不断挑战周遭环境中传统落后的价值观，一步一步地成长为主宰自己命运、实现人生价值的知识女性。《小舟》是海外最能反映五四新女性觉醒意识的小说之一，也是颇具语言魅力的女性书写文本。21世纪以来，在旅德女作家的长篇小说创作中，陈玉慧的《海神家族》、穆紫荆的《战后》独辟蹊径。前者在20世纪两岸社会动荡的背景上，透过一个家族历尽沧桑的流浪命运以及三代女人与家族的爱恨情仇，从女性视角，讲述了一个父亲缺场的台湾家族故事，成为台湾历史的一种寓言；后者则是穿越"二战"的历史烟尘，走进东西方跨国文化的语境中，发掘"活在纳粹之后"普通人的形形色色的爱情命运与人性状态，凸显以爱抚平战争伤痕的主题。上述作品对社会生活的独特表现及对人性的洞察力，显示了德华女作家的创作实力。

当然，旅欧女作家逐渐形成自己的创作格局，这其中最重要的原动力就来自女作家对文学、对汉语写作、对中华民族文化的执着的热爱和坚守，这使她们虽然分散在欧洲的各个国家中，虽然是在异域他乡孤独寂寞的艰辛笔耕，但发出了自己的声音，说出了女性移民在海外的心路历程和漂泊历史，成为欧华文坛不可或缺的"半边风景"。

二 欧华女性书写的路向与面貌

欧华女作家的女性书写，主要是通过女性视角的观察，在人生与文化的跨界境遇中，或表现漂泊的乡愁和对民族文化强烈的认同感，或反映海外女性移民的悲欢离合与婚姻命运，或以拉开距离的沉思方式回望故国家园的人生，或以在地的融入的方式思考女性的精神关怀，等等，无论她们写怎样的女性题材，女性视角、女性意识、女性思考都是贯穿其中的精神红线，也是她们共同拥有的海外人生经验中，基于女性独特的生命体验和人生价值所凸显出来的女性书写主题。这种创作方式由此形成女性海外漂泊生活、女性人生的思考、女性成长叙事、女性婚恋家庭四种路向的书写格局。

第一，聚焦于海外漂泊生活的女性书写。

从20世纪六七十年代赵淑侠在欧洲开创留学生文学开始，到80年代蓬勃兴起的新移民文学，异乡他土的漂泊生活始终是欧华女作家关注的主题，如德华文坛新近问世的《永远的漂泊》（丁恩丽著，2017）、《易北河畔的留学生活》（王雪妍著，2018）等。这类创作多着眼于异国他乡的生存和文化境遇描写，漂泊生活、游子乡愁、现实冲突、命运追寻、文化寻根构成这种写作的主要元素，而且还被赋予了一种复杂的女性情感经历和生命经验。

被誉为欧华文学开拓者的赵淑侠，她的创作从留学生文学起步，并在此基础上创造了欧华文学的新高峰。20世纪60年代，应留学热潮而生的留学生文学，主要是反映留美学生在求学、就业、婚恋、生存问题上的困境，表现"无根的一代"在两种文化夹击中的痛苦和彷徨。1960年到瑞士留学的赵淑侠，当时面对的欧洲还是华文文学的沙漠。在艰苦笔耕的20世纪70年代，赵淑侠结集出版了反映海外中国人游子生涯的《西窗一夜雨》《当我们年轻时》，写出的"'漂泊感'似乎是我们这一代在海外中国人共有的感觉"[①]。1979年4月，60万字的长篇小说《我们的歌》开始在中国台湾报纸上连载，"书中强烈的爱国情操，激发了许多彷徨海外的学

---

① 赵淑侠：《西窗一夜雨》，"自序"，中国友谊出版公司，1984，第1页。

子回归母土的热诚。轰动一时的台湾校园歌曲也因此开花结果"①。与之前的留学生文学不同,"小说中主人翁的苦闷,不是漂泊,无根,或是因为经济困难,失恋失婚,念不出学位等等以前的留学生文学讨论的题材",而是"身在异国报效无门"以及因"知识分子的良知"与"对时代的责任感,而产生的压力和沉重"。② 因而,"《我们的歌》的出现,标志着旧的留学生文学的终结,也标志着新的留学生文学的形成"③。

《我们的歌》透过女青年余织云自费到欧洲的留学生活,以及她与青年音乐家江啸风、青年物理学家何绍祥的感情纠葛,真实地表现海外留学生从"失根"到"寻根"的精神觉醒。作者对生生不息的民族魂的追寻,无疑构成贯穿作品始终的精神主线。江啸风是一位有天赋、有才华、有思想的青年音乐家,他以理想主义的形象,成为作者褒扬的民族魂之化身。江啸风原本有机会留在德国攻读博士学位,当教授,创作西方的现代交响乐,但是,他不想留在德国走别人羡慕的"正路",他"唯一想做的事,是创造中国自己的声音,我们自己的歌"④。"我们的歌,要从山里、森林里、泥土里、文化里、中国人民历经苦难的灵魂里发掘。我们的歌,一定是雄壮、自然、能表现我们深远的民族性的"⑤ 声音。出去之前他有感于岛内民族精神的式微,到欧洲后更痛心留学生民族意识的淡薄,他决心以强烈的使命感重振"士"之精神,即便能继续在德国深造并谋求发展,也无法让他改变为理想奋斗的决心。江啸风终于不顾与恋人的情感破裂,回到他生长的小镇,组织合唱团,创作了《我们的歌》。后来在演出途中突遇台风,他为了救人而牺牲。

何绍祥是另一种留学生的代表,是人称"中国头脑"的青年科学家。一直以来,他认为自己和科学结了婚,科学就是他的生命。他缺乏民族意识,一心想做超越国界的"世界公民"。自以为高人一等,却在异国他乡的民族歧视中败下阵来;他与余织云婚后矛盾激化,也让他遭受打击。最终,他从"世界公民"的梦中觉醒,开始以自己的科学奋斗来为中国人争光。

余织云是那个时代留学欧洲的女子,她的经历和感受更多地带有女性

---

① 《赵淑侠小传》,赵淑侠著《人的故事》,三联书店香港分店,1986,第 209 页。
② 赵淑侠:《从欧洲华文文学到海外华文文学》,《海南师范大学学报》2007 年第 4 期。
③ 陈贤茂主编《海外华文文学史》第四卷,第 548 页。
④ 《赵淑侠文集·我们的歌》,安徽文艺出版社,1997,第 127 页。
⑤ 《赵淑侠文集·我们的歌》,第 105 页。

的特点。母亲省吃俭用送织云留学,并给予厚望,希望身为长女的织云学成后能拉拔弟妹出国,她还希望织云设法找一个学理工、读博士、挣大钱的丈夫。织云留学时虽然不乏人生追求和文学才华,但内心矛盾、现实压力以及性格的懦弱,使她在虚荣中犹疑、彷徨。她看不惯那些通过留学来采办"知识嫁妆"的女生,她原本喜欢江啸风充满理想和才华的与众不同,她也曾经动手来写《我们的歌》的歌词,但是她不想和江啸风一起回去吃苦、奋斗,去创造《我们的歌》,最终选择了何绍祥,过起了安逸、舒适的"洋中国人"的生活。后来受国外"二等人"现实境遇的触动,在江啸风民族精神的激励下,织云重新校正人生航标,续写江啸风没有完成的《我们的歌》,将中国的歌曲推向世界,为自己的民族尽一些力。余织云的形象,折射出了留学或移民海外的知识女性在民族意识、留学求知、爱情选择等方面所面临的多重问题。特别是在有关爱情婚姻的选择上,是采办"知识嫁妆",找一个富有能量的"金龟婿",还是追求爱情同道,共谋人生奋斗?在女性自我价值的实现上,即便有志向、有才华、有专业的知识女性,也要选择如何面对"留学留到厨房里"的婚姻境遇?即便拥有"洋中国人"的物质生活,又是否能消弭因精神落差产生的矛盾?小说从女性的角度,写出了织云真实而复杂的心路历程。

迄今为止,赵淑侠已创作《我们的歌》等6部长篇小说,《西窗一夜雨》等6部短篇小说集,《紫枫园随笔》等14部散文集,并且出版文集《赵淑侠自选集》,可谓欧华文学创作的集大成者。赵淑侠认为,"长期的羁留海外,令我颇生寄人篱下之感,加上对故国种种情况的忧思和割舍不断的怀恋,乡愁和民族意识变成了我写不完的题材",① 这些带给她对留学生、"学留人"海外漂泊生活和民族文化与人格的独特书写。作为一个多年在欧华文坛潜心笔耕的女作家,赵淑侠为"文学女人"言说写作的系列散文,以女性的立场和视角,深入精神世界与情感天地,对"文学女人"的内在情怀和对真善美的追寻,有着感同身受的深刻解读,产生了广泛的文学共鸣。

第二,对女性人生精神向度的哲理思考。

对于女性移民的海外旅居生活如生存境遇、婚姻境遇、社会境遇的具象描写,无疑是海外华文文学的普遍关注点。但关注与关怀女性移民的精

---

① 赵淑侠:《人的故事》,"自序",第2页。

神向度,以及表现她们在异国他乡的跨文化视界中,通过灵根自植的文化坚守和自我提升来与居住国文化进行沟通与融合,并对人类的生存境遇、人性悲悯、灵魂拯救、价值重建等方面进行描述,以直抵人类的终极关怀,是欧华女性书写的新挑战和新超越。旅居荷兰的华文女作家林湄的创作,就是这方面的代表,具有标志性的意义。

林湄1989年移居比利时,翌年定居荷兰,出版有6部长篇小说及多种短篇小说集和散文集、随笔集,有着丰富的生活阅历和文学积累。她的小说表现了几代旅欧华人的生活境遇和心路历程,内蕴了强烈的女性意识。特别是林湄用两个十年创作的长篇小说《天望》(2004)、《天外》(2014),不仅为她带来令人瞩目的文学声誉,而且成为21世纪以来欧华文坛上的重量级的作品。

《天望》是一部探讨人的精神世界、追求终极关怀的力作。小说讲述欧洲小镇上的一桩跨国婚姻故事,但作者的艺术着力点并非在此。年轻的传教士弗来得与中国女子微云结婚后产生的矛盾冲突,与夫妻两人的不同文化背景密切相关。弗来得虽是庄园主的继承人,却视金钱如粪土,坚守信仰,四处布道,用宗教拯救世人灵魂,即便他的肉体受伤甚至残损,仍不改初衷;妻子微云是介于中国传统女性和新女性之间的人物,她需要的是一个真正的家和一个实实在在的丈夫。当弗来得放弃安宁的农场生活走上布道之途的时候,她因无法理解而心情焦躁。由夫妻两人各自文化背景串联起来的社会经历、各色人等,将当今世界的种种现实问题呈现出来,诸如战争、种族歧视、人权剥夺、环境污染、非法移民、同性恋、吸毒、恋童癖、失业、破产与企业外迁转产,等等,作者由此质疑:在全球化时代的背景下,东西方文化究竟向何处去?面对全世界共同的现实问题,人类如何协同解决?此篇小说对新移民故事讲述的超越之处,就在于它没有一味沉入现实,而是"抬起头来,为大地创造意义"。弗来得和微云作为中西文化的代表,他们在东西方文明中的互望,在乡村和城市中的互看,以及对东西方人的解读,无不产生差异和惊奇;"他们由互相碰撞、对抗、摩擦、抱怨——最后达到互相宽容、接纳与融合,走到一起了。这是世界文化大融合的理想"①。作者站在多元文化中的"边缘的特殊视角,将人

---

① 王红旗:《"坐云看世景"的荷兰华文女作家——与林湄女士畅谈她的魅力人生和长篇小说〈天望〉》,《华文文学》2007年第2期。

文精神、书卷经验、生存感观、生命意识以及对于灵魂、肉体的哲学和美学的思考，编织成串串的问号……望天兴问，沉思默想"①，从而对具有不同文化背景的人类精神的共同归属进行了自己的思考。

"如果说《天望》写'天人相望'的感悟"，那么，作为姊妹篇，"《天外》则是上天对人类社会的俯瞰"。②《天外》是在地球村的视域下探寻现代人的精神世界的故事。该故事的背景仍然设置在欧洲，小说以郝忻、吴一念这个华裔移民家庭的感情纠葛为主线，涉及华人家庭、白人家庭以及异族婚姻家庭的生活模式；与此同时，小说还解剖了个体生命在经历感情、人性磨砺后重新获得的人生。郝忻与吴一念这对患难夫妻远涉欧洲寻找新的生活，异国他乡的文化隔阂和陌生环境却让他们屡屡受挫。历尽艰辛，他们终于建立了一所讲授中国文化的"翰林院"，不料郝忻发生了一场婚外情，妻子吴一念遭遇了情感危机。海外华人家庭的婚变、代沟、经不起外界诱惑等也是人类的共同问题。小说还通过透视其他家庭的悲欢离合故事、华人移民的文化劣根性表现，以及欧洲社会中威胁到人类生存的现实症结等，再度提出了关注人类精神生态和改造国民文化劣根性的问题。"这也是《天外》的终极主题：从书写地球村人对生存的感受到人性、人与世界的关系及人的时代处境，最终回到'怎么办'这个救赎问题上"③。

林湄在艺术构思和表现手段上匠心独运，别具一格。《天望》五篇，以传统的五行（水、木、金、火、土）命名，阐述天地生成、生命变化、宇宙万物循环不已的规律，蕴含了中国古老的文化传统和生命系统观。《天外》五篇，分别命名为"欲""缘""执""怨""幻"，佛家禅理意味深藏，其中欲望和爱情成为推进《天外》叙事的基本动因。事实上，立足于现实生活中的大地，仰望天空追寻人类生存的终极意义，自由驰骋在精心建构的艺术天地中，林湄对这个大千世界的感应、描摹、思考、叩问、追索以及对之的艺术化的呈现，愈发凸显她对文学的情怀和自有的大家风范，成为这个时代超越女性书写的创作者。

---

① 林湄：《边缘作家视野里的风景》，《天望》，长江文艺出版社，2004，第2页。
② 陈辽：《呈现海外华人社会的整体真实对地球村人类生存际遇的思考——读评林湄的〈天外〉》，《雨花》2015年第10期。
③ 陈辽：《呈现海外华人社会的整体真实对地球村人类生存际遇的思考——读评林湄的〈天外〉》，《雨花》2015年第10期。

第三，对女性成长的回眸与叙事。

对于女性来说，成长故事作为一段刻骨铭心的记忆，往往蕴藏着女性的生命经验和人生源头，是女性主义叙事不可或缺的表现主题。

一方面，对于"80后"或更年轻的旅欧女作家来说，她们的成长经验多与留学海外相关，且在居住国的当下发生。与西方文化的直接冲撞以及对成长之痛的切身感受，为她们的书写嵌入残酷的青春物语。"80后"旅英女作家西楠的长篇小说《纽卡斯尔，幻灭之前：致我们无法忘却的青春疼痛》，讲述了女主人公左言与英国老师及其他国家学生的留学趣事和文化冲突，在表现青涩、压抑和叛逆的青春躁动之际，也呈现一个青春女孩内心的乌托邦世界，这给残酷的青春物语带来些许生命的暖色。

另一方面，对于更多的20世纪五六十年代出生、移民海外时已经成年的旅欧女作家而言，她们的童年、少年甚或青年的成长阅历，皆在母国发生，这段挥之不去的记忆，随着时间的流逝或许印象更加清晰。因而，当她们身居欧华文坛，表现女性成长经验时，多以回眸视角叙事；描写女性在特定时代背景和社会氛围中的个体成长经历，就成为欧华女作家女性书写的特点之一。这种创作与20世纪五六十年代中国文坛的多从革命、集体的领域关注女性成长的创作不同，且也异于20世纪90年代的一味以私人话语方式诉说女性成长的创作，它是旅欧女作家越过国内文坛流行的创作模式、拉开时空距离回眸人生的一种生命体悟创作。

旅法双语女作家黄晓敏的长篇小说《翠山》，以孩子的视角回眸非常年代的"五七"干校，表现女孩子在特殊境遇中的成长经历。黄晓敏坦言，《翠山》是"一本写给自己的书"。它融在泥土的气息和翠山的大自然中，为一种孩提记忆而存在。1969年到1971年，黄晓敏曾随母亲到河南省罗山县全国总工会的"五七"干校生活，并就读于罗山五中（莽张中学），《翠山》即是对这一时期少年生活的回忆。

《翠山》中，那个曾在北京学过法语的女孩子晓晨，和一群十多岁的小伙伴们一起，作为当年随父母下放到外省翠山县的"资产阶级黑苗子"，在远离父母30多公里以外的山村学校读书。衣食住行全靠自己打理，睡的是一排大炕，十几个孩子睡在一起，吃的是小食堂里缺油少盐的萝卜白菜，学的是以政治挂帅的内容，走的是以学农为主的"五七"道路；摘棉花、捡粪、打农药、脱土坯、挑砖、建校舍的繁重劳动皆在读书生活中；男孩子卫国在金训华事迹的激励下为抢救砖窑而献身，女孩子大华失足落入水塘而死亡；等等，这一切都成为"五七"干校背景下不堪回首的历史记忆。同时触动这些北京孩子们的，还有翠山农家子弟的贫困生活及由此引发的悲欢离合，如每周回家背米交伙食费、没钱买菜就吃白饭的穷学生，再如一到冬天姐妹几个轮着穿一条棉裤的赤贫人家，等等，山村乡民衣食住行的困窘状况令他们触目惊心。而翠山最聪明的女孩子，是那个怀揣作家梦想的凤文，高中毕业前夕被迫辍学，以换亲方式出嫁；而真心相爱的杨宝玲与尹裕良，遭到民兵有预谋的"围猎"以至于才华横溢的裕良失去了参军资格，"名声败坏"的宝玲不被尹家接受，最终嫁给她并不喜欢的化学老师徐麻子。翠山两年，让这些北京的孩子们在遭受少年劫难的同时，也在懵懂之中开始认识他们原本陌生的乡村世界。

《翠山》的成长记忆，始终是在孩子的眼光和世界中以及在翠山的特定环境中来呈现的。在陌生的环境寻找野性的自由，在离开父母的群体生活中感受陌生世界的新鲜，孩子的世界虽然艰苦却不乏快乐。比如，伙食差，他们就到镇上去偷偷摸摸买零食，心里有一份小小的窃喜；爬到银幕背面的稻草堆上看乡村的露天电影，望着星星唱着歌曲，好不惬意；模仿当地的方言口音，几个北京女孩子给同学和老师起外号、编顺口溜，逗得大家乐不可支；用法语念《毛主席语录》，让同学们耳目一新；等等。另外，山清水秀的翠山、大自然的景色和乡村的劳动风光，也给北京的孩子们带来生活的新鲜感。作者用不疾不徐、温婉流畅的叙事，自然地呈现曾经的时代记忆。将严峻的历史与少年的悲欢融在一起，翠山经验作为无法忘怀乃至影响人格形成的一种成长，也成为特殊岁月的一种见证。

欧华女作家表现女性成长最见力度的作品，当数旅英著名作家虹影的《饥饿的女儿》。小说的主人公"我"（六六），一个出生于20世纪60年代重庆山城的私生女，留在她成长过程中最深刻的记忆，就是"饥饿"。这里，大饥荒时代多子女的贫民之家粮食匮乏的饥饿，因为私生女身世被排斥的亲情缺失，政治浩劫岁月中遭遇的精神饥荒，少女青春初萌阶段面临的性恐惧，这多重的"饥饿"笼罩着六六的成长过程，让她成为一只饥饿的青春小兽，在懵懂中躁动着噬咬着自己的青春生命。小说中，六六的身世之谜始终缠绕着她，而成长过程中纷至沓来的问题无从解答，苦闷、孤独的内心渴望感情安慰而不得，那个被非常运动排斥的与她同病相怜的历史老师遂充当了女孩子的精神导师，把她从一个少女蜕变为一个女人。母爱的扭曲，使六六的生命充满孤独无助的疼痛；生父、养父、历史老师，这三个"父亲"对她的辜负，则让六六清醒地意识到"这个世界，本来就没有父亲"。一个女孩子心灵与身体逐渐定型的成长期，却被大饥荒和社会纷乱贯穿，个人的命运与那段历史无可逃脱地缠绕在一起。六六后来的求学、出走和独立闯荡，也是对那个时代和那种灰暗生活的一种青春反叛与质疑。这样的童年记忆对虹影而言，是解开她所有作品的钥匙。

在上述用回眸视角书写的女性成长故事中，中国当代史往往设置成了最常见的背景，欧华女作家亲历的人生和自传色彩的回忆，在描述女孩子成长经验的同时，也从某种侧面写照了曾经的岁月和阵痛。

第四，关于女性婚恋、情感与家庭故事的讲述。

婚恋情感与家庭故事，直接关乎海外华人女性的现实生存境遇，一直以来是欧华女作家普遍关注、长久不衰的创作题材。对于这种题材，早年的留学生文学或从异域他乡的孤独寻觅，或从爱情与婚姻、精神与物质的现实落差，来表现女留学生在生存困境和文化困境中的情感生活；21世纪以来的新移民文学，则在全球化的潮流中，在欧洲华人移民与日俱增的背景下，从在地生活者的角度，经历着、观察着、书写着女性的情感世界。爱恨情仇的女性心路、异国婚恋的悲欢离合、中西联姻的家庭故事等，纷纷进入女作家笔下，成为女性书写的题材。

表现异国婚恋故事，发掘海外华人的感情境遇，是欧华女作家较多书写的内容。无论对周围世界的情感探寻，还是来自女作家自身的异国婚姻经验，都突出了一种在地观察与纪实书写的视角；中西文化在婚姻境遇中或矛盾冲突，或沟通融合，均呈现生活的多元状态。

西班牙华文女作家张琴的纪实小说《异情绮梦》（2003），以14个异族男女的婚恋故事为主题，通过新异奇幻的故事叙述方式和激情点评，发掘出挣扎于爱与痛旋涡中的痴情男女的真实灵魂。

对于1989年旅居法国且出国前已经成名的女作家郑宝娟来说，迄今出版有《望乡》等8部长篇小说，《裸夜》等13部短篇小说集，《本城的女人》等8部散文集。"郑宝娟以女性的'边缘'眼光审视海外华人的漂泊生涯，其文化认同超越了东西方的二元对峙，深入到人性困境的层面，题材不回避时代性，而人物塑造始终致力于人性本质的探寻和展露。"[①]

---

① 黄万华：《远行而回归的欧洲华文文学》，《越界与整合：黄万华选集》，花城出版社，2014，第241页。

《燕子的季节》中的女主角燕妮,怀揣"猎夫"目标到巴黎留学。因格守东方的文化传统和所受的家庭教育操守,错过了许多英俊有为的男子。滞留法国三年,婚姻无期,工作也没指望;后因遇人不淑,身怀重孕的她不得不哀愁地飞回台北。《女娲》中的香港仔洛基,以"最明智的选择"来到法国,却在空耗了情感之后陷入虚无境地。海外留学生在"巴黎这个狂蜂浪蝶的世界"迷失,如梦魇般无休止地流浪下去。郑宝娟的小说不回避社会真相,她让留学寻爱的巴黎之行,展露残酷而灰暗的一面。

在旅德华文女作家的创作中,来自中国台湾、有着新闻工作历练的潘可人的《女娲》(1999)一书,选取10个异国婚姻故事,通过翔实的访谈记录,将双元文化背景下异国婚姻的美丽与哀愁展示给世人。与此同时,该小说也透露作者追求真爱、心态包容的婚姻观。海外华人家庭的婚变、代沟等也是人类的共同课题。能诗善画、来自粤西的叶莹,以带有自传色彩的长篇小说《德国婆婆中国妈》(2015)引发文学界的反响。透过红尘世界中家庭的日常生活场景,作者写出了异国婚恋家庭的和谐生活和亲情氛围。"作者在突出女儿心、母女情的同时,也非常巧妙地糅进了德国的历史片段、古典文学、家庭习俗和风土人情。"[①] 她对中德文化背景的观照,真实生动地增加了两种文化碰撞的趣味性。

近年来在德国《华商报》连载的长篇小说《擦肩而过:我的大鼻子畏婚夫》的作者赵金玲,以生动的笔触表现异国婚恋的文化差异和感情形态,将略带几分神秘色彩的外嫁女生活真实地展示出来,颇具阅读吸引力。

兼具新闻写作和诗歌创作的倪娜,以"呢喃"为笔名创作的长篇小说《一步之遥——中国女人在德国》(2017)颇为引人注目。作品讲述中国女人羽然与其德国丈夫阿雷克斯的异国婚姻故事,透过语言难、打工难、融入难、当海二代家长难、当德国人的妻子难等生活难题,反映了中德婚姻在日常生活中的矛盾冲突和文化差异。20多年来的风雨牵手,被作者真实而形象地概括为"一步之遥",即牵手的距离;也许这是男女的距离,也许是中西文化的距离。倪娜对异国婚恋生活真相的表现,有一种入木三分的深刻性。

---

① 关愚谦:《〈德国婆婆中国妈〉序》,叶莹著《德国婆婆中国妈》,南方日报出版社,2015,第3页。

毕业于吉林大学医学院、1992年之后定居德国柏林的黄雨欣，她的中短篇小说集《人在天涯》（2009），重点反映20世纪八九十年代的一群中国人在德国求学、谋生的漂泊生活，表现了他们所经历的动荡的情感世界和变迁的生活观念，写出海外华人受困于中西文化夹缝中的生存状态。在触及海外华人家庭因经不起外界诱惑而引发婚变时，作者没有停留于世俗婚变故事的娓娓讲述上，而是不动声色地深入探究对家庭婚姻的是非观念。如《男人的定力》中，那个在国内读博士学位的艳君，万般痴情地等待着曾为同学现在德国读书的丈夫郭东，却不料郭东经不起海外生活中的孤独和诱惑，发生婚内出轨，以致两人闹到离婚。痛不欲生的艳君最终走出婚姻与情感困境，成功地通过博士论文答辩后到深圳求职，开始新的人生。与此同时，她也没有忘记给郭东的父母购买安置晚年的新房。来自中国传统文化的底蕴和现代女性对人格的坚守，成为作品中女主人公走出情感困境、实现人生价值的力量源泉。

1994年旅居德国的刘瑛，跳脱出海外华文作家常书写的主题乡愁与漂泊，在跨文化的背景上，以知识女性的眼光来看异国他乡的爱情、婚姻、家庭以及亲子教育，表现中德文化价值观在上述问题上的差异与冲突。她的小说《玛蒂娜与爱丽丝》透过德国两代妇女不同的爱情选择和情感境遇，揭示了战争年代诚实的婚姻爱情观和当下时髦的家庭伦理观间的巨大差异，强调婚姻爱情的神圣性与责任感。她的《一次特殊的职业培训》写德国的妇女希望通过短训班来提高女性魅力和学习夫妻相处之道，东西方女性不同的性爱观却引发华人女性乔影内心的纠结和排斥。《遭遇"被保护"》则描写一幕华人家庭主妇赵莹因一次夫妻口角而被德国"妇女之家"强行保护的喜剧，从中可以看出中德社会处理家庭矛盾的方式大相径庭。人在他乡感受"不一样的太阳"，刘瑛以生动明快、饶有趣味的故事讲述方式，将中德文化的差异、矛盾与交流、融合的命题，再次提到了旅欧华人如何适应环境、开拓发展的高度。

方丽娜1998年赴奥地利留学，近年来在欧华文坛崭露头角，创作的作品颇具影响力。她的小说以女性视角和悲悯情怀来看人生，充满纯正的文学意味。中篇小说集《蝴蝶飞过的村庄》（2017），在中西文化观念不断冲突的背景上，集中描摹海外华人形形色色的爱情、婚姻状态，对跨国婚恋中的女性情感成长和人格历练有着深入而执拗的探索。《处女的冬季》写蓝妮从中国来到奥地利后，在一波三折的命运旅途中的一次次感情挫败，东方女性守身如玉的恋爱观与传统贞操观，压抑了她内心的渴求与生命状态，让她邂逅了爱情却无法留住。作者以深刻、犀利的笔触剖析爱情与人性，直抵蓝妮的生命症结，促使她对自身、对理想爱情以及对中西文化观念冲突中的自处与两性相处，都有了更加清醒的认知。方丽娜从不掩饰对人性的揭示和对感情的困境乃至绝境的描述，但心中有阳光的她，常常让小说的女主人公绝境逢生，在命运轰毁之际站起，从而抵达一种人生的觉醒和救赎高度。在《处女的冬季》《不戴戒指的女人》《蝴蝶飞过的村庄》等作品的结尾，作者都留有一抹橙红的暖色，给小说中的女性带来新的希望。这情形并非作者刻意添加的"光明的尾巴"，也不是小说预设的情节模式，而是方丽娜沉浸在笔下人物的命运波折之中、从心里自然流淌出来的人生走向和命运抉择。

大凡旅居海外的华人，都无可避免地在异国他乡要经历生存立足、情感追寻、婚恋家庭、事业打拼等多重人生境遇，爱情婚姻的寻觅往往成为漂泊人生的一种支撑力量，也是旅欧女作家屡屡表述、经久不衰的文学题材。从跨文化语境中的实地观察乃至亲身体验来看，形形色色的婚恋状态，不失为一种关注人类感情需求、洞悉人性情态、走出国门看世界的方式。

结　语

欧洲华文文坛的女性书写，历久弥新，文学新作迭出，对其历史脉络的爬梳，对其文学风貌的整体观照，对其经典作家与后起之秀的考察，应当更多地进入中国文学界的视野。对于在海外漂泊与奋斗，面临跨国别、跨语境的不同文化冲突与融合，身处相对分散、孤军奋战的文学境遇中的欧华女作家呈现怎样的文学姿态与女性书写格局，应当予以特别关注。她们为欧华文坛乃至海外华文文学领域提供了哪些新鲜而独特的创作经验，也应该成为华文文学学界深入探讨并持续关注的议题。

欧洲华文文坛的女性书写，方兴未艾，但与北美等地的华文女性书写相比，其创作方式、格局、视角，以及作品的影响力及思想高度和再现的女性生命经验，还有诸多需要努力推进的空间；有推进的空间，就有努力的方向，如能中西文化相结合，不断吸取、积淀创作经验，从视角格局和思想高度继续提升作品的质量，就能让人更加期待欧华文学的美好明天。

他者伦理学视域下的存在镜像：
林湄小说论

刘红英*

摘要 林湄的小说创作以其哲学性思考在新移民作家中独树一帜。她小说中所构塑的人物形象具有某种身份的不确定性。在列维纳斯他者伦理学视域中，这种不确定性，首先体现为文化意识中同一性的消泯与持守的觉醒；其次体现为思想理念的意识性主体向肉身性主体的互动转化；最后体现为存在主义意义上的异己性感受。林湄小说揭示在异域时空中的边缘感、文化身份意识以及作为移民的生命体验。在身份不确定性这一感知体验中，她的思索与列维纳斯的哲学理论有了某种契合。从列维纳斯的他者伦理学视域下来考察林湄小说创作，不仅是对新移民作家的个案研究，而且是对新移民作家整体创作的一种启示。

关键词 林湄 他者伦理学视域 性别身份

Abstract Lin Mei's novel is unique among the new immigrant writers for its philosophieal thinking. From the perspective of Levinas' other ethics, the characters is to be a kind of uncertainty in her novels. Firstly, it is reflected the disappearance of identity and persistence of initiation in cultural consciousness. Secondly, it is embodied in the interactive transformation

---

* 刘红英，文学博士，浙江越秀外国语学院中国语言文化学院副教授，研究方向为海外华文文学、中国当代文学。本文系国家社科基金项目"文化伦理视域下新移民女作家小说研究"（项目编号：15BZW145）的阶段性成果。

from the conscious subject to the physical one. Finally it is to the alien feeling in the sense of existentialism. The sense of edge、the sense of cultural identity and the life experience as an immigrant are revealed in Lin Mei's novels. There is the uniformity between her thinking and Levinas' philosophical theory in the perceptual experience of the uncertainty of identity. Lin Mei's novels is a kind inspiration not only to a case study of new immigrant writers, but also to the whole creation of new immigrant writers, in the perspective of Levinas' other ethics.

Keywords　　Lin Mei；others ethical vision；gender identity；

　　林湄，荷兰新移民作家，祖籍福建。20世纪80年代后定居荷兰，创作了包括《西风瘦马不相识》《天望》《天外》等小说作品，是海外新移民创作群体中值得关注的一位作家，被誉为最有希望步入大作家殿堂的华裔女作家之一。林湄笔下的主人公，置身于异域环境之中追求居家文化，以坚定的同一性倾向对自身价值进行守望。林湄还将主人公放置于绝对他者的场域，使之遭遇自我的孤独与隔绝，且在拒绝匿名的主体觉醒中，呈现一种形而上的存在方式。她的小说屡屡以"天外""天问"的视角，透观人类生命和现代文明时空中种种劳苦、烦愁和无奈困境，由此生发的人性道德和智识维度，非同寻常。林湄对艺术的热情使自己具有独特的眼光，她在思考文化的同一性与连续性，书写稍纵即逝的超越主体性，揭示幸福结构的存在论趋向时，其独特的道德自我感与责任自我感具有了某种列维纳斯他者伦理学意义的文化表征。

　　列维纳斯的他者伦理学，首先指出了生存主体的隔绝源于作为存在之外的"无限观念"。只有通过自己的罪感体验，才可能实现与上帝的接触。列维纳斯有深刻的生命体验，他能够洞悉西方文明的整体发展境况，将生存与文明的演变提升到了哲学本体论的高度来探讨。他认为，存在者能从需要的满足中获得幸福。但这种幸福不仅仅是马斯洛人本学范畴下的自然满足、尊严和安全保障，还是存在者自身掌控下所带来的满足。如果存在者在某种计划和计算的统治之下，那么存在主体无疑处于遗弃或者被遮蔽之中。在列维纳斯看来，体验到幸福，就找到了存在者的本质样式。林湄小说以其哲学性的沉思与追问见长，在异域时空中的边缘感、文化身份意识以及作为移民的生命体验，使她更加注重对生存经验与生命意义的思索。在身份不确定性这一感知体验中,她的思索与列维纳斯的哲学理论有了某种契合与共性。从列维纳斯的他者伦理学视域下来考察林湄的小说创作,不仅是对新移民作家的一个个案研究,而且是对新移民作家的整体创作的一种启示。目前,对新移民文学的研究,大多偏重于对作家作品的感性解读,而对理论建构的阐释比较薄弱。本文从哲学伦理学角度来看新移民作家的创作,以跨学科的方法,尝试探究其创作中的理论意识。

一 文化同一性的消泯与持守

同一性实际上是对于自己文化身份与精神本质的内在持守与价值认定。任何人物个体,首先是一种文化存在,其独特生活环境中的风俗习惯、道德伦理、制度、语言及价值观念,造就了其独特的感觉方式和思维方式,即其情感态度、思想行为无不是母国伦理观念的产物。换言之,文化身份作为一种整体性结构而具有同一性,在现实生活中,成为人物个体进行思维判断的前提条件。对于新移民作家林湄而言,其笔下人物是活生生的存在样态,他们如何能保持自己的文化本质,在与异质性世界发生关系时不被同化,则成为对其作品进行审美时的聚焦点所在。

林湄的《天望》,塑造了一位女孩子微云,她顺利地在欧陆某国定居,并幸运地嫁给了一位人品、家庭条件皆优的男孩弗来得。由于是两种不同文化身份的结合,从结婚开始,他们之间就持续存在文化观念和语言符号系统不同所带来的无形冲突。如在新婚之夜,弗来得谈论的是亚当与夏娃、诺亚方舟及阿里斯托芬,而在微云的观念领域中则是女娲和伏羲的东方远祖传奇。再如关于饭后洗碗,"她拿起洗洁精往洗碗用的海绵上倒,准备用海绵将碟子洗刷一遍,再用水冲之。弗来得见状,连忙放下手风琴走过去,教她欧洲食具的洗濯法:先用冷水将食具上的剩物冲掉,再往泡有洗洁精的水槽里洗一遍就行了。微云生怕洗洁精有化学成分,将水槽里取出的食具再次冲洗。弗来得解释说,这是柠檬制成品,没问题,微云还是不习惯地冲啊冲……"[①] 一只名叫"卡那利"的小鸟死了,微云将其丢在了垃圾桶。对于微云而言,小时候在故乡的夏夜里,和小朋友捉麻雀、烧烤麻雀的情景是如此难忘。但是对于有虔诚信仰的弗来得而言,这种行

---

① 林湄:《天望》,长江文艺出版社,2004,第32页。

为简直不可理喻。他教导她要爱惜动物，并将"卡那利"包在一块小花毛巾里，充满悲悯地为它梳理了羽毛，然后将它埋葬。

  微云作为东方的女性，不善言辞。当丈夫谈及地狱及天堂时，她在脑海中呈现的是玉皇大帝、吊死鬼、盗窃鬼，以及《山海经》里那些幽都上的玄鸟、玄狐等形象。由于不同的文化历史背景涵养了独特的道德观念，因此自身的道德实践和人格取向就成为文化价值属性的延展和验证。如弗来得由于受到了祖父虔诚信仰的启示，对宗教事业充满了热情，发自内心地认同圣言真理，因此他在其道德认同与个体之间架起了一座桥梁。他卖掉了土地和房子，将自己的生活纳入道德戒律之中，不惜为此过起流浪的生活，去践履道德信念，做行为"圣徒"。可是他在成全自己道德主体的同时，并没有顾及妻子微云的感受。作为东方女性，微云认为女人对男人的依附和顺从是与生俱来的天性。可是"她对这种流浪式的生活方式并不满意。传道、参观、访友、聊天……这岂是年轻人的生活？虽然异国风景、事态和故乡景况大同小异，可是，出国是为了生活得更好，结婚也是为了生活美满些。这一切，弗来得不但不在乎，还竭力地向他解释'慢慢来'的道理——先将宝贵的时光，为'使命'献上。微云常常为此闷闷不乐，甚至羡慕起故乡家园的女朋友，她们于洞房花烛夜不久，就不再被外人注意了。从此，自己给'渴望'戴上一朵又一朵的大红花，将渴望躲在花心里，再编织起母性的梦网——怀孕、生孩子、抱娃娃。咿，只有在孩子面前，才能流露出女人特有的天性和意义"①。微云的婚姻生活遭遇到了一种非东方式的他者伦理学观念。丈夫弗来得将自己身份定位为纯粹道德的承载者，他集主体与超主体于一身，不仅维系着自我的道德意向，而且试图将自己的道德意向他者化。康德认为，人类遵循道德规律是个有意识的过程，而只有有意识地遵循道德规律的行为，才可能具有道德价值。弗来得认为个体生活与整个人类生活息息相关，传道与灵魂救赎则是"绝对命令"和应尽的"义务"。而对于微云而言，这一切并不必然是"应该"的行为。她渴望一种东方式的家庭生活，对于异国的陌生感和故乡景致的回忆，以及与丈夫的隔膜，正是这种根植于灵魂深处的文化差异使然的。由生活偶然性所至，微云和出国深造的老陆发生了一夜情。弗来得不在家的时候，微云总喜欢给老陆打电话，而老陆却不太在乎；老陆怕

---

① 林湄：《天望》，第 141 页。

两人的婚外情影响到自己原有的生活方式,微云则总觉得和老陆在一起自在融洽。弗来得得知妻子怀孕后,脸上交织着迷茫而不知所措的表情。其冷静与安详令微云感到不解和诧异。微云强烈体会到中西方结合的婚姻,更多源于好奇和缘分。而气候环境以及贫贱富贵、学识差异等外在因素都可以发生变化,而唯有骨子里的文化传统不会改变。令微云魂牵梦萦的依然是童年、故乡以及亲人。列维纳斯认为,当主体不断地保持自己文化身份的确定性时,主体的世界最终只能变成一个孤独封闭的主题。要真正打破这种困境,就必须要有他者的出现。对于微云而言,丈夫对她的影响无疑是深远的,因此文化同一性的持守与消泯就具有了某种辩证的内涵。如果要拒绝某种匿名的生存状态,就必然需要打破这种同一性的藩篱。身份危机既是个体自主性的基础,也是引导存在者走向无限完美的契机。

二 拒绝匿名存在:享受与幸福

与列维纳斯的哲学思想相近,海德格尔推崇体验与生命本质的价值关联,只有当生存主体在体验中,也即存在者作为体验存在的人时,其存在的本质必然符合形而上学意义上的理性生命的基本规定。易言之,"我"担负起了"存在"使命,必然已将幸福纳入主体性场域,成就自身人格的独特性和个体性,存在的连续性发生中断。何谓存在的连续性中断?实际上,从意向性的超越性场域反思人的超越性维度,当存在主体体验到生命是时间性、历史性和有死性之时,存在就自我蜕变成了本真自我,也即一种暂时性的、局限性的存在,生存的终极虚无成为存在问题的基础。所谓"幸福",在形而上意义上是与存在之体验密切相关的,是被其纳入存在意义和生存属性范畴中予以显示的,它是存在论现象。林湄的小说中的主人公构建了基础性的本体论现象,并从其中获得了存在的根基。

《天望》中,微云自从和弗来得结婚后,享受到了居家的感觉。但是,居家的亲密性并不能阻止她从家外世界抽身而退,从而导致"实存"的问题。比如,"偶然"是怎么回事?"刹那"又是怎么回事?二者难道是命运的构成要素?海德格尔认为死亡是揭示自己最本己的可能性。从死亡的不可替代性来看,它原本就属于此在自身,人类因为体验到有死性而处于本体性的亏欠中。微云作为主体对自身存在的关心,特别是对自身存在意识的袒露,导致了对存在本身的敞开性理解。这种敞开性实际彰显了自我的"被抛性"。微云"被抛性"的情绪揭示了自身本源的现实性和必然性,生命中的欠缺和走向死亡的存在,为她自己存在获得具体化和整体性。列维纳斯认为,主体的同一性更主要源于对存在责任的承担。《天外》中,主人公郝忻尤为感兴趣的话题就是这个。他对托尔斯泰的一段话印象深刻:"从来没有想到死的列文看到哥哥尼古拉临近死亡的景象才感到'死也存在于自己的身体里''不是今天,就是明天,不是明天,就是三十年以后……但他没有力量,也没有用去想'我以前也与列文一样。其实大多活着的人均如此,没有时间,或忽视,或不愿去想,因为死使一切都终结。"[1] 郝忻旅居欧洲后,事业、家庭也算圆满,他最大的爱好就是写作,书写或研究状态使他能够舒心润肺。浮士德和靡菲斯特的交易,也成为他最大的学术谜题。一旦进入浮士德的价值世界,他似乎就超越了人间情思。但是终极无归宿的感觉,也令他感受到彻头彻尾的孤独:"天已暗了,郝忻孤单单的,偌大世界,好像没有了他的立足点。不安和忧郁包围着他,将他越缩越小,最后像被什么捆绑成一束野草,令人性、经历、疾病、烦恼、喜乐均消失殆尽,只剩下木然……真是一种难言的体会,不是缺乏人群和亲情,而是随生以来的孤寂进入了大世界风雨浪涛的喧闹后回归的一种独默——如旷野上空的白云和山地的荆棘,外人视之何其适从和宁静,却很少想到为何有这样高傲的孤寂和独特的姿态。"[2] 在这种绝对孤独的状态下,郝忻万念俱灰,在心里默默地与浮士德展开谈话:灵魂到底是怎么一回事?为什么浮士德出卖灵魂后依然能周游世界?知识精英为何最终难免孤独?拥有丰富学识的浮士德为何最终暴亡,尸体还被抛在屋外粪堆上?尽管如此精神紧张甚至期待怪诞事物的出现,郝忻依然很享受这种幸福感觉。由此看来,这种幸福的享受实际上并不是对外在事物的依赖,而是精神上对日常表象的疏离,在形而上意义彰显了存在论上的"操心"。列维纳斯认为,一旦聚焦死亡或者"操心",人就终极无归宿,且精神场域凸显"光秃秃"的生存事实,袒露的存在本质则是"自我中心主义",就是在更高层面上彰显对生活的享受与热爱。列维纳斯认为,享受的本质乃"自我的脉动","所做"和"所是"揭示存在论场域的认知与实践,而存在者则摆脱了日常生活的缠绕,拒绝了世俗性的沉沦,甚至

---

[1] 林湄:《天外》,新世界出版社,2014,第338页。
[2] 林湄:《天外》,第386页。

挣脱出了匿名存在的掌控,此时,存在的享受之超越性彰显了出来。而一般人显然没有被这种死亡意识所缠绕,因此安宁生活于日常世界。林湄也谈及这一点:"有人因见到'死'而变得潇洒,或从此改变生活方式,及时享乐。有人在殡仪馆时很有感触,觉得人生短暂,应该珍惜活着的日子,或有所感悟,看轻名位官财等俗事,做个智慧人。可是,血肉之躯与思想意识到底是两码事,空气和光阴无法理解你的感觉。许多人离开了殡仪馆便忘记哀伤,尤其是年轻人!阳光明媚,白云依在,大地依然喧闹,鸟儿照飞,孩子照生。现实的诱惑,太实际太迷人了。所以'着心''欲望'等字眼,终究无法在活人的心里消失。"① 但是弗来得显然将存在的幸福视为一种实体性上的荣耀,享受并追求这种与抽象他性的融入。弗来得对于自己当爸爸一事也充满了惊喜和兴奋,但是他把追求幸福和彼岸信仰联系了一起,和救世热情联系在了一起。从整个西方文化演变来看,马克斯·韦伯曾以世界的"祛魅"来表达超验秩序的解体。在世界"祛魅"之后,人类失去了超验的依托,不能将自我与超越自我的更大视野相伴相随,陷入形而上的无家可归的境地,小说形式不过是已经破碎的世界的镜像。由于世界总体性的丧失,其内容必然体现为从孤独心灵出发寻找自我的故事,充满了"历险般的轮舞",精灵性和荒诞性则成了小说的基本特质。克尔凯郭尔认为:"在古典悲剧中,情节自身包容了一个叙事环节,它既是事件又是情节。之所以如此,其原因自然是在于,古代的世界并不在自身中反思地包容有主体性。虽然个体自由地活动,他却是取决于各种实体性的定性,取决于国家、家庭,取决于命运。这些实体性的定性在希腊悲剧及其真正特征属性中是那真正命运攸关的东西。因此,英雄的毁灭不只是他的个人行为所招致的后果,而另外也是一种承受。"② 克尔凯郭尔强调了古典悲剧里并不存在世界结构的碎片化本质,他进而指出现代悲剧中的断裂处境:"与此相反,在更新的悲剧里英雄的毁灭并非真正是承受,而是一个作为。因此,处境和性格特征在现代(是)真正地占主导位置的东西。悲剧的英雄在自身之中有着主体性的反思,这一反思不仅仅将他反思出每一个与国家、家族和命运的直接关系,甚至常常也将他反思出

---

① 林湄:《天望》,第 26 页。
② 〔丹麦〕克尔凯郭尔:《非此即彼:一个生命的残片》(上),京不特译,中国社会科学出版社,2009,第 171 页。

他自己从前的生命。我们所关注的东西是'作为他自己的所作所为'的他的生命中的某一个特定环节。基于这个原因，'那悲剧的'会因为根本不再有任何'直接的'剩下而在处境和台词中被耗尽。因此，现代悲剧没有叙事的前景、没有叙事的遗留物。英雄站立和倒下，完全是在他自己的行为之上。"① 由于先验定向点发生了变化，赋性主体先验结构的平行关系被撕裂，艺术创作的基础被放逐，现代悲剧的主人公就成为形而上的无家可归的"荒原人"。卢卡奇认为小说是无家可归的先验表达："小说主人公的心理是精灵性的行动领地。……上帝对世界的遗弃突然暴露为实质的缺少、致密性和渗透性的非理性混合：以前从表面上看坚不可摧的东西，在与一个被精灵附体人的第一次接触中像干土一样散落一地，空的透明——以前透过它可以看到迷人风景——突然间被转变成一道玻璃墙，人们就像蜜蜂撞击窗子一样徒劳而不懈地敲击它，却无力穿过，也没法得知这里根本没有出路。"② 正因这种断裂的客观性和确定性，小说则成了描写非理性情绪的精灵性艺术。从整个西方20世纪文学的发展来看，这种观点显然具有理论的前瞻性和思想的深刻性。形而上的不和谐带来了主人公内在的幻灭，也即生存的虚无：上帝远离我们这个世界，人的先验位置的缺失，小说主人公就带有"成问题的个人的精灵性"，由于先验空间的完全缺席，主体世界与客体世界的关系就变得荒诞。面对荒原般的世界，主人公的非理性特征暴露得最为明显不过了。无论塞万提斯笔下的堂·吉诃德，还是巴尔扎克笔下的各位主人公，抑或是冈察洛夫笔下的奥波洛摩夫，都被注定了"失败的命运"。因为丧失了先验的总体性，孤独的个体必然要面临虚无的结局："主体性之最深刻、最感耻辱的无能，并不是存在于它与无理念的形象及其人类代表的斗争之中，而是存在于它不能抵挡滞重但持续的时间的流程，存在于它必须从艰难赢得的高峰缓慢而无可遏制地下滑；存在于时间——这不可理喻的、在无形中运动不止的实体——逐渐地夺走了主体所拥有的一切，并在不知不觉中将异质的内容强加于它。"③ 小说中精灵意识的涌现，反映了现代心灵无家可归的存在困境，

---

① 〔丹麦〕克尔凯郭尔：《非此即彼：一个生命的残片》（上），京不特译，第171页。
② 〔匈牙利〕卢卡奇：《卢卡奇早期文选》，张亮、吴勇立译，南京大学出版社，2004，第62页。
③ 〔匈牙利〕卢卡奇：《卢卡奇早期文选》，张亮、吴勇立译，第88页。

体现了置身于荒诞世界中的人类无根性的焦虑。为了根除此在沉陷于时间的恐惧、不安等"深渊情绪",小说则演变成为反讽的审美艺术。质而言之,弗来得的幸福观有准超验的特性,他不仅希望消除芸芸众生此在生活的痛苦,还希望消除所有能想象到的未来痛苦。在此支配性目标的追求中,生活才获得无与伦比的完整性,个体生命才具有真正意义。

三　存在断裂与克服恐惧

列维纳斯认为,在上帝隐遁后整个世界已经成为破碎镜像的反映,其中心问题源于存在的完整性的丧失。作为艺术家,荷马将先验存在和世俗存在水乳般地交融在一起,其艺术创作既塑造了生活的外延总体性,也塑造了存在本质的内涵总体性。原始意象对于处在完整性世界的希腊人来说,永远都具有自明性。他们感受到了黑暗,体验到了宇宙的终极恐怖,但仍旧不能将生命的意义和价值驱逐。这是先验的形而上哲学观使然的,也是认识和实践内在统一的结果,有上帝庇护的世界,则内含存在的完整性,个体心灵被统摄于整体性的预设之中。人的内心并没有深渊,不会被疏离感与生命难题所困扰,其本质是圆融同一的。但是,一旦形而上的生存根基失落,生活的外延性不再是直接既存,而内在心灵则伴随着有死性的体验,逐渐凸显了精神困境。概言之,现代化社会语境中,断裂感与废墟感是艺术形象内含的基本情绪。古典史诗和悲剧既不知罪愆也不知疯狂,先验结构的总体性决定了每个人的命运,此岸世界的意义只有在彼岸世界的烛照中才是清晰可见的。小说以赋性方式构建了隐藏的生活总体性,但负载着由历史情状决定的分裂,超个人的应然价值体系已经丧失,人类必须面临先验的无家可归的困境,荒诞与虚无在形式中达到了顶峰。列维纳斯采用直觉方式来把握概念,侧重把非理性的意识作为思考的主要内容,并审视现代心灵中弥漫的恐惧与绝望等悲观情绪。

列维纳斯认为,一个人的真正存在和自由是在上帝面前的存在和自由,而这种接触不是依靠理性和逻辑,而是通过自己的内心体验以独特的方式自主地趋向上帝。列维纳斯关心生存个体的经验质地,描述那些在痛苦中追寻着不为人知的使命所面临的困境,这种困境要求一种极端的冒险,跃到理性之光难以照到的领域。他要求通过神恩的奇迹力量来使内在产生转化,因为现代人已经具有"双重性"的"分裂的内在性"。艺术家对待世界的态度，是艺术家对世界的一种认知和体验方式。断裂存在于作者对上帝的自由关系之中，存在于赋形的客观性的先验条件之中。小说是作者对无以表述的感觉的赋形，是在失落了乌托邦家园后的主体性冒险，是在没有上帝的世界中作者所能获得的最高自由。列维纳斯指出，失去了彼岸关怀的现代心灵，在美学中寻找自我救赎。对于现代主体来说，生活意味着一切都无法完全实现圆满，活着意味着向人生的终点走去。生活成为一场孤独个体面对终极虚无的悲剧，除了在艺术审美中获得暂时的完整性的自我持守之外，其余的时间充满了不和谐的紧张与不安。正因为有了无限观念的烛照，所以存在主体的精神触角感受到了空无，体悟到肉身存在的他异性。主人公弗来得在与孪生哥哥的谈话中不断地追问："人到底有没有灵魂？灵魂会不会死？去向如何？今天的年轻人想的什么？希望的是什么？关心的是什么？喜欢谈论的是什么？想得到的是什么？像我和你这样生活的年轻人，几乎是白痴了。但你可以说他们是白痴，到底谁是白痴？你能说清楚吗？标准在哪里？"① 弗来得仿佛陀思妥耶夫斯基笔下的人物，对上帝、灵魂、生命以及人生意义充满了迷惑，他倍感自己的无知与无力。弗来得认为，萨特宣告人类是绝对自由的，这实际上是一种"绝对主体"的在场，同时也意味着致命的孤独。弗来得由于与生俱来的敏感气质，感受到生命虚无和存在的压迫。列维纳斯指出，正是这种世界性的重压，使其成为"绝对隔离"的存在者。妻子微云温柔贤惠，家庭和谐，但是弗来得自从他挚爱的爷爷去世后，他实际上开始了逃离：先是地理位置和空间意义上的逃离，他告别生于斯长于斯的村庄，向"城里"迈进；其次，是精神空间和心灵意义上的逃离，他告别凡俗的生活，向无限的"恩典"靠拢。他既处于各种各样的社会关系中，又显然在逃离这种关系。面对空前异化的世界，弗来得强烈感受到人类生命的孤独本质。人们以为自己都很聪明，但是生老病死是无法控制的。弗来得一方面尽可能去帮助他人；另一方面从人世界的每一种事物中，均感受到其间隐藏着的无限的秘密，而这些秘密是和宇宙的永恒结合在一起的。他欣喜自己拥有这种接近无限秘密的感觉："在这文明的世界里，我的工作被人视为无知和愚昧的事，他们用科学头脑分析世界存在问题，以生物学家的观点，谈论人的欲望，用电脑知识解决两条平行线的可能交叉程序……可是，我的思想和

---

① 〔匈牙利〕卢卡奇：《卢卡奇早期文选》，张亮、吴勇立译，第38页。

情感根子不在科学和电脑上。我觉得我的生命本质和另一个世界有着千丝万缕的关系，这关系既神秘又现实，既不同又相连。于是，我全部的童年生活好像又在脑海里呈现，不仅在野地里的花朵或羔羊的诞生中获得惊奇，还渴望看得懂和看得明白。现在，除了惊奇还多了敬畏！这不是想像，是一种感觉。谁能阻止人的内心感觉？谁能识透内心感觉的真假？"[①] 郝忻同样对死亡充满了紧张和恐惧："我是在不断体验、感受中，渐渐从浑浑然不知所以然（中）认识到因知死而悟生（的）。"[②] 他内心深处遭受的困扰是对灵魂的有无以及灵魂形式的疑问。虽然他奔波于商场、事业与情场间倍感空虚，但是在乐此不疲中依然在畅想他者。在好友弗马克的精神引导之下，无限的观念也在郝忻的内心之中慢慢滋长。列维纳斯认为，虽然被隔绝的存在者从家政满足中追求他者，但是这种追求完全由他者本身所触发，从而在"我"与世界的彻底隔绝中提取了自身的存在，对肉身短暂性存在的恐惧中确立了绝对的内在性维度。郝忻甚至对儿子说："人与人之间能否和睦共处与人种没有关系，关键还是信仰问题。"[③] 在对"天路景象"的畅想中，郝忻克服了内在的恐惧。《天望》中，当孩子撒母耳出生后，弗来得依然去医院派发福音传单，在他心目中夫人和孩子固然是实在的和重要的，但他心里的神祇更加重要。如果一个男人整天围绕妻子、孩子转的话，就不配当传达福音的门徒。当弗来得看到有人给他便条，提议他做亲子鉴定，确认撒母耳是不是他的孩子时，他虽然心生怀疑但并没有放在心里。而若干年之后，弗来得因为胞兄依理克拆了当地的教堂，他备受打击以致失去了健康，卧病在床，双目失明。微云确认孩子的真相后，离开了弗来得，但是在异国谋求生活注定不易。在最艰难的时候，她获得弗来得的暗中帮助，弗来得帮她渡过了难关。当她得知弗来得的境况时，毅然地回到了弗来得的身边。林湄不仅描绘了世界的虚幻与人性的困境，还阐述了面对异质性的世界，存在的链条发生断裂之时，唯有形而上的无限才能抚慰绝望的心灵。在列维纳斯看来，柔弱的存在只能期待更为强大的力量，才可能获得一种绝对的高度和尊严；唯有借助信仰才能构筑心灵的整体性和本源的创造性，因而信仰是从事实世界（形象）通

---

① 林湄：《天望》，第 213～214 页。
② 林湄：《天外》，第 511 页。
③ 林湄：《天外》，第 402 页。

向价值世界（意义）的最便捷的通道。列维纳斯认为，现代创作主体在形而上已经面临无家可归之处境，灵魂只有借助形式的先验性综合功能把丰富而混乱的事实世界纳入某种暂时的秩序中，才有可能克服上述分裂而获得暂时的自由，从而赋予生活以价值。可见，信仰成为自由的形式和表现，是断裂的现代心灵价值的根本所在，这些思想指导了艺术美学的自我救赎与自由价值取向。

结　语

林湄小说在展示生命体验与心灵苦难的同时，隐含着一种他者伦理学观念。这种他者不仅表示一种置身异域环境之中对自我同一性的坚守，而且表示在宇宙人类学场域中与绝对他者的个体遭遇。刘再复认为，林湄"确实在挣扎中抹去了女子脆弱的眼泪，并在与命运的搏斗中使人格得到升华，正如她自己所说的，经过一场恶（噩）梦而醒悟后，她似乎像五千年前的以色列人走完了埃及地，进入了迦南美地，重新饮食生命的玛瑙。"[①]她把对生命的哲学体验与认知融入了文学的审美中，这使她的作品具有了深厚的内蕴与质感。

在推崇技术理性和物质沉溺的现代社会，人们的厌倦情绪和虚无主义观念越来越泛滥。现代科学思维固然打造了物资繁盛和舒适的外在世界，但是同样导致了世界的简约化。人类的终极虚无决定了理性主体的虚无。列维纳斯提出的保护自我的主体性和消除他者的他异性，则是一个极为严峻的现实挑战。林湄小说在表达移民身份的不确定性中，在对自我同一性的守望以及对在场伦理的渴望上，打上了列维纳斯他者伦理学的观念烙印，即其文学创作反映他者意识及其背后的伦理诉求。当然，林湄小说创作也反映中国哲学的意蕴，体现文化互渗与糅合，这些都有待进一步深入探析。

---

① 林湄：《诱惑——林湄散文小说集》，中国友谊出版公司，1988，第 2 页。

栏目四

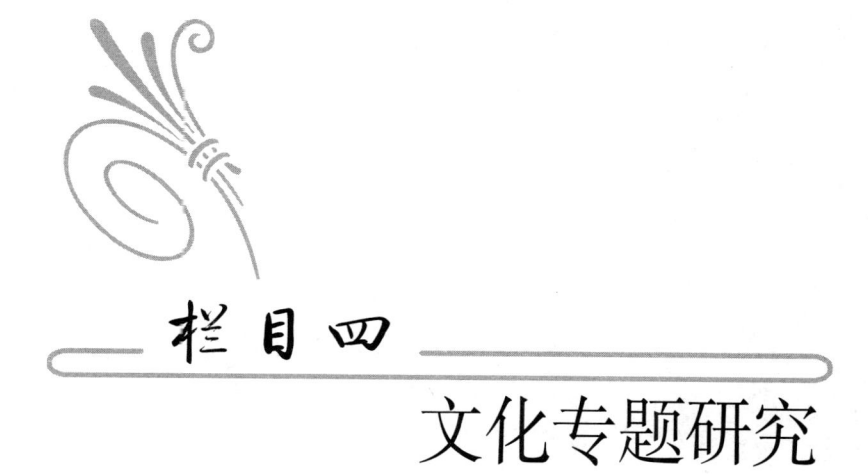

文化专题研究

东方女性形象的表演性研究
——从迪士尼公主团说起

幸 洁[*]

摘要 本文首先暂且把迪士尼公主团中各位公主作为不同历史时期社会对女性身份的隐喻，从宏观角度分析以公主为代表的女性社会性别的表演性和建构性。其次，选取其中唯一的东方女性花木兰为案例，阐述她"被女孩化"传唤所包含的女性主体性别化过程以及东方女性形象。最后，回归到中国当代社会的个人/文化历史层面，从"网红脸"和中性偶像的兴起角度，探讨在数字媒体语境下中国当代女性的身份建构和文化表演。

关键词 东方女性形象 性别表演 迪士尼公主团 花木兰

Abstract In this paper, we first use the princesses in the Disney Princess Group as a metaphor for women's identity in different historical periods, and analyze the performativity and constructiveness of women's gender represented by princesses from a macro perspective. Secondly, the only oriental female Hua Mulan is selected as a case to analyze the gendered process of female subject contained in her "girled" interpellation, and the interpellation of the oriental female images. Finally, returning to the person-

---

[*] 幸洁，浙江工业大学设计艺术学院讲师，博士，从事数字媒体艺术理论、戏剧影视美学、性别理论研究。本文为浙江省哲学社会科学规划课题"新媒体视野下的戏剧接受美学研究"（课题编号：20NDJC057YB）、2018 年国家社科基金重大项目"中国话剧接受史子课题中国话剧接受美学研究"（项目批准号：18ZDA260）的阶段性成果。

al/cultural historical level of contemporary Chinese society, exploring the identity construction and cultural performance of contemporary Chinese women in the context of digital media, in the point of view of the popularity of "Wang Hong Lian" and gender bender in the internet.

Keywords　oriental female images; Gender Performativity; Disney Princess Group; Hua Mulan

缘　起

近些年来，随着中国消费市场规模的扩大，东方女性形象与文化符号越来越成为国内外各类媒体创作的灵感来源。在本文中，我们首先暂且把迪士尼公主团中各位公主作为不同历史时期社会对女性身份的隐喻，从宏观角度分析以公主为代表的女性社会性别的表演性和建构性。其次，选取其中唯一的东方女性花木兰为案例，阐述她"被女孩化"传唤所包含的女性主体性别化过程以及东方女性形象。最后，回归到中国当代社会的个人/文化历史层面，从"网红脸"和中性偶像的兴起角度，探讨在数字媒体语境下中国当代女性的身份建构和文化表演，这些戏仿案例的语境重置去除并调度了生理性别和社会性别的自然化表象，是对原真性神话本身的模仿。

一　迪士尼公主团：从文字到影像的女性主义发展史

迪士尼所选取的改编文本基本都符合琳达·哈钦（Linda Hutcheon）所说的"能够高质量留存下来的文本一般都具备长久性、多产性和保真度这三个必要特征"。① 迪士尼的公主电影多是对不同国家的经典文学故事进行改编而成的，从迪士尼对这些女性形象的跨文化、跨媒体改编和翻译中，我们可以生动地回顾和梳理从叙述文字到展示影像的西方女性主义发展史，同时也可以用朱迪斯·巴特勒（Judith Butler）的性别表演（Gender Performativity）理论来分析这些不同语境下的改编与翻译。

---

① Linda Hutcheon, *A Theory of Adaptation*, New York and London: Routledge, 2006, p.167.

相较于迪士尼的其他原有品牌，公主团是一个年轻的品牌组合，虽然白雪公主早在 1937 年就已诞生，但其实"公主团"概念却产生于 60 多年后的 2000 年，当时担任迪士尼消费品部总裁的安迪·穆尼提出，将已有的 6 位产生于不同时期影片中的公主集合起来，打造一个新的消费品牌。这就是我们现在所熟知的迪士尼公主团。与迪士尼其他品牌——如米老鼠系列和小熊维尼系列，这些品牌都源自特定作品——不同，而公主团则更像一个全球化时代下的产物，迪士尼希望不同种族、阶级、文化的受众都能够在这个包罗万象的群体中找到共鸣的对象。此外，迪士尼的这次业务拓展的目标受众，很明显是日益崛起的女性消费群体。

到 2016 年的《海洋奇缘》为止，这 13 部作品的 14 位公主包括白雪公主（《白雪公主》，1937）、仙蒂公主（《灰姑娘》，1959）、爱洛公主（《睡美人》，1959）、爱丽儿公主（《小美人鱼》，1991）、贝儿公主（《美女与野兽》，1992）、茉莉公主（《阿拉丁》，1995）、宝嘉康蒂公主（《风中奇缘》，1998）、木兰公主（《花木兰》，1998）、蒂安娜公主（《公主与青蛙》，2010）、乐佩公主（《魔发奇缘》，2012）、梅莉达公主（《勇敢传说》，2013）、艾莎公主和安娜公主（《冰雪奇缘》，2013）、莫阿娜公主（《海洋奇缘》，2016），目前应该算是动漫界的第一女团。

迪士尼公主历经了第二次世界大战、资本主义"黄金时期"、美苏冷战、美国反战运动以及女性主义运动的第二次、第三次浪潮等，在这些拥有宏大主题的时代背景下，迪士尼公主也历经着巨大转变，从缺乏女权意识的白雪公主、仙蒂公主和"人傻、貌美、会干活"的爱洛公主，到对教育权利和婚姻枷锁进行抗争的少数族裔公主，再到追求自我、抗拒婚姻枷锁的以及拥有个人成长仪式的 21 世纪的公主，这些公主的思想观念在不断变化，从中我们可以明显看出女性主义的发展和女性地位的不断提升。

举个简单的例子，不知道大家有没有注意到，从小在宫廷中长大的白雪公主和爱洛公主，怎么会洗衣、做饭、干家务？原因就在于女性总是与时尚消费、家庭用品这些看似互不相干的事情捆绑在一起的，就像在当时的各类广告中宣扬的那样。资本主义社会的发展既需要消费主义的大力推动，又要坚守严格的社会劳动分工和性别角色定位，因此需要女性既要学会各项增进女性魅力的技能，又要承担在家中相夫教子的社会角色，即使贵为公主，也不能例外。所以，白雪公主无论在宫殿中，还是在森林小屋里，她的态度其实都是有点盲目乐观和消极等待的意味，无论发生什么事情,她唯一能干的就是待在家中干家务。有趣的是,时隔多年之后,很多影评人却在恶毒的后母身上看到了女权主义的影子。可见,公主的人物设定其实是按照各个时期对女性社会性别和身份的需求来建构的。如果用性别表演理论来理解公主,就会发现"公主"这一概念是在将近百年的持续化、纯洁化、排外化和重新界定(谁才是真正的公主)的过程中形成和确立的,这是一个无止境的过程,只有持续延展这个过程并不断引入新内涵(性别表演),公主的本体性才能存在。

但是就像德里达所说,"指意序列"(the signifying language)的"可重复性"(iterability)和语境的"不可把握性"(unmistakability)使得"语言言说言说者未必成功"。[1]

比如,迪士尼在1959年推出电影《睡美人》,这位公主基本重复了之前疗伤系的白雪公主和灰姑娘的模式,但是摆脱战乱、进入和平年代的大众,已经不需要这样的女性形象,同时当时的西方社会女性主义运动也在蓬勃发展,整个社会对这个一成不变的公主形象设定并不买账,票房的惨败使得迪士尼在此后的30年都不敢再涉足公主题材的电影。

从20世纪90年代开始,迪士尼塑造了一系列少数族裔公主,我们看到这些原本被排斥在"公主法则"之外的她者被选入,因为在这个时期,种族、阶级等其他社会规范与性别意识的交叉影响日益加深,与性别一样,种族和阶级其实也是创造主体的表演性规范。迪士尼对这些界限外的她者的刻意强调,不仅暴露了原本就存在的社会性和文化性的规范,而且暴露了公主主体界定的界限。

所以,迪士尼在塑造了亚裔、非裔以及北美印第安裔等所有能想到的公主类型之后,终于可以放心回归到原本专注的白人公主的轨道上,"公主"这一女性主体被重新驯化后作为文化霸权的工具重新流通。[2] 但是正像巴特勒所说的"语言和言说者互相言说",美国少数族裔女性对公主的戏仿(parody),说明了表演(书写、引用)总有缺陷和失败,主体只能无限地接近规范,她者入选所引发的主体重建,即"言说者言说语言",才是戏仿的真正意义所在。

---

[1] 何成洲:《"表演性"越界:语言、性别与文化》,《中国社会科学报》2010年6月24日。
[2] 〔英〕朱迪斯·巴特勒:《性别麻烦:女性主义与身份的颠覆》,宋素凤译,上海三联书店,2009,第182页。

我们可以将以公主为代表的女性社会性别，看作"一种身体风格"（a corporeal style），就好像一项行动，既具有意图又具有表演性，而表演性则意味着戏剧化地、因应历史情境地改变所做的意义建构。也就是说，人们的存在方式从来不是完全自主的，因为存在方式拥有自己的历史，而历史又制约并限定了表演的可能性。①

迪士尼同样也经历了这样的历史性嬗变，它称霸动画世界半个多世纪，却在数字媒体时代遭遇了困境，面对以电脑动画见长的皮克斯和梦工厂的崛起，很长一段时间里，迪士尼都在传统与创新的两难中挣扎。迪士尼想要拥抱数字技术，却不愿丢失手绘传统，因为管理者知道这才是迪士尼最独特的优势。

在《冰雪奇缘》之前，《魔发奇缘》这部动画片可以说是迪士尼在传统动画和电脑动画之间的过渡作品。在影片中，迪士尼的元老级画师格兰·基恩首次担任导演，并第一次尝试制作 3D 动画片，这也意味着迪士尼开始全面拥抱电脑动画。但是我们在其中依然看到了迪尼斯对经典绘画的执着，片中的视觉效果颇具油画质感，迪士尼在尝试用 CG（Computer Graphics）技术来呈现手绘动画风格。

在某种意义上说，《冰雪奇缘》是迪士尼拍摄技术脱胎换骨后的第一部作品。一方面，迪士尼通过包括《魔发奇缘》在内的多部作品的实验，在技术上终于实现了对传统动画风格的消解和重构，在真实与虚拟之间游走，拓展了动画的表现空间；另一方面，在故事改编上，迪士尼也实现了历史性的突破。《冰雪奇缘》这个故事改编自西方社会家喻户晓的安徒生童话《冰雪女王》，如果按照原本的剧情模式，应该是男主角与女主角联手战胜坏女王的故事，但是该片的主创团队认为，原来的故事已经毫无新意，不符合当下的历史语境，因此这部电影的拍摄计划被不断推迟。其实安徒生的原著里有一些与众不同的地方，比如，这是一个女主角勇敢踏上征途解救男主角的故事；再如，冰雪女王也并不是一个彻头彻尾的坏人，我们甚至不知道这位看似冷酷无情的女性背后究竟有什么样的故事：她为何独自一人居住在冰冷的城堡中？这些不同之处都为故事提供了可以重构的空间。

重构后的《冰雪奇缘》破天荒地以两位女性作为主角，故事的主题也

---

① 〔英〕朱迪斯·巴特勒：《性别麻烦：女性主义与身份的颠覆》，宋素凤译，第 139 页。

以姐妹亲情代替了王子与公主的爱情，王子角色第一次被设定为反角。《冰雪奇缘》大获成功之后，迪士尼又推出了跨生物种族的朦胧感情，如在《疯狂动物城》里，两位主人公——兔子和狐狸，一个遭遇性别偏见，另一个面临种族歧视，它们一起励志上进，将别人的歧视变为对自己的尊重。这个剧情设定和2019年的奥斯卡最佳剧情片《绿皮书》有异曲同工之妙，有意思的是这两部电影的海报设计构图也如出一辙，在正能量背后是绝对的政治正确。

二 花木兰：跨文化改编与翻译的案例分析

2018年的动画电影《无敌破坏王2：大闹互联网》中，花木兰的龙符夹克惊艳众人，在网络媒体中重新掀起了一场关于迪士尼公主装扮的讨论。因为在这部电影中，原本只以端庄、典雅示人的迪士尼公主脱下了古典裙装，换上了便服甚至是睡衣，与一群都市少女一起坐在沙发和地毯上，像所有的当代城市女孩一样，吐槽、唠嗑。作为迪士尼公主中的唯一一副中国面孔，花木兰是极佳的跨文化改编和翻译的案例，特别是迪士尼在1998年推出动画电影《花木兰》之后，在中国国内也掀起了一波改编花木兰故事的热潮。

我们可以用朱迪斯·巴特勒的"被女孩化"（girled）与德勒兹的"生成女性"（becoming-woman）概念来分析不同版本的花木兰。

在巴特勒的理论中，"被女孩化"一直是她的一个主题，这和德勒兹的"生成女性"概念很契合。不同版本的花木兰其实都在围绕或是躲避"生成女性"的问题。在德勒兹的生成学说中，他讨论了"生成动物"（becoming-animal）和"生成无感知"（becoming-imperceptible）等概念，但是对于他来说，"生成女性"是所有生成的根本和关键，"所有生成都从生成女人（性）开始，都必须经过生成女人（性）才能实现"。[①] 德勒兹认为，大千世界除了生成之流以外别无他物，一切存在不过是"生成生命"（becoming-life）之流中的一个相对稳定的瞬间。而一切生成皆始于女性。之所以不提出"生成男性"（becoming-man）的问题，是因为男性本

[①] 陈永国编译《游牧思想——吉尔·德勒兹、费利克斯·瓜塔里读本》，吉林人民出版社，2003，第12页。

质上是多数族的，是历史文化的主体，是衡量一切的尺度。德勒兹从抨击男性——西方中心主义的文化多元论出发，认为这种多元文化主义是限定性的，因为从表面上，这种观念常常设想我们应当允许不同文化的差异，但是在深层次上，则预设了某种标准，如大家都是男性大家庭的成员，遵循的都是西方文化的基准。其他文化唯一需要的是认同于"我们"的。①

因此，在生成的意义上，"生成女性"就是不再把男性的欲望作为欲望的话语，不再把假设的封闭的人类身体作为基本的政治单元。通过文学与艺术呈现，可以思考和表现超越女性禁忌的欲望，思考和表现"生成女性"和"生成动物"，从而从"单一的性"（a sex）走向"千万个小小的性"（a thousand tiny sexs）。"生成女性"就是开放前个体的、反俄狄浦斯的、革命性的欲望。这是不再从男人或人类历史的故事中进行阐释的欲望。② 在后现代语境中，在具有重大理论意义的主体问题上，德勒兹的"生成女性"概念提供了超越男性/女性二元对立的方式，为女性主义和后殖民批评提供了独特的思路。③

阿尔都塞在谈论意识形态，把个人呼唤或传唤作为主体问题时，提到了家庭意识形态对孩子个人主体的"传唤"（interpellation）。"谁都知道，一个未出生的孩子是以何种方式被寄予了这么多期望的。如果我们同意先不谈论'感情'，即对未出生的孩子寄予期望的家庭意识形态的各种形式（父系的/母系的/夫妇的/兄弟的），那么这就等于平淡无奇地说：事先就可以肯定，这个孩子将接受父姓（mon du pèpe），并由此获得一个身份，成为不可替代的人。所以，甚至在出生前，孩子从来都是一个主体。它在特定的家庭意识形态的模子里被认定为这样的主体，从被孕育开始，就有人按照这个模子来'期望'它了。"在这个有着高度完善结构的家庭意识形态中，"原先那个未来的主体必定会'找到''它的'位置，即'成为'它预先就是的一个有性别的主体（男孩或女孩）"。④

在《木兰辞》开篇中，花木兰在闺房中叹息，可汗征兵，家中没有兄

---

① Claire Colebrook, *Gilles Deleuze*, Routledge: London and New York, 2002, pp. 139 – 140.
② 麦永雄：《德勒兹：生成论的魅力》，《文学研究》2004 年第 4 期，第 159 页。
③ 麦永雄：《德勒兹：生成论的魅力》，《文学研究》2004 年第 4 期，第 160 页。
④ 〔法〕路易·阿尔都塞：《意识形态和意识形态国家机器（研究笔记）》，孟登迎译，陈越校，薛毅主编《西方都市文化研究读本》第一卷，广西师范大学出版社，2008，第 85 页。

长，父亲又年迈，无人能替父从军。在此，意识形态通过对男性主体的传唤而间接否定了女性主体的存在：因为花木兰的性别，所以她是没有身份的。花木兰之所以能走出家门，征战沙场，最终功成名就，其原因就在于她借了父兄的身份。

在此，我们来回顾一下花木兰的这个被巴特勒称之为戏剧性的"被女孩化"的过程。从产婆的宣告出生开始，这个家庭应该是略感失望地被告知"不是男嗣"：

> 这种传唤把一个婴儿从"它"转变为"她"或"他"，在此命名中，通过对性别的传唤，女孩"被女孩化"了，并被带入语言和亲属关系的领域。但这种对女孩的"被女孩化"不会就此完结；相反，这一基本的传唤被不同的权威不断重复，并不断地强化或质疑这种自然化的结果。命名即是设立界限，也是对规范的反复灌输。①

因从一出生起就伴随这种表演性传唤，女性的主体的性别化也随之发展，她们会对这种命中注定般的性别生成和表演的意义更有感触。在《木兰辞》全篇中，展现花木兰个体言说和细节的首尾两段内容，其背景都设定在她的闺房中。动画电影《花木兰》里，花木兰在闺房中的自我觉醒也是电影叙事的关键情节："只有通过把自己确认为一个女孩，并在可被认可为女孩的那一空间中行事，文化上可理解的言说主体才会出现"。② 在成长过程中不断"引用"（cite）性别规范，最终成为异性恋规范的合格主体："你是一个女孩儿"这一最初的行事性陈述，预期了"我宣布你们为夫妻"这一认可的最终来临。③

迪士尼对花木兰故事的跨文化改编和翻译的另外一个重点，就是把她从军的原因做了重新阐释。在动画片里，中国传统故事中那个因忠孝而替父从军的女儿，一出场就面临婚姻的束缚，面临异性恋规范对自己的传唤，她想要摆脱这些规范，追求自我："也许我（入伍）不是为了父亲，

---

① Judith Bulter, *Bodies That Matter: On the Discursive Limits of Sex*, New York: Routledge, 1993, pp. 7-8.
② 〔英〕安吉拉·麦克罗比：《文化研究的用途》，李庆本译，北京大学出版社，2007，第110页。
③ Judith Bulter, *Bodies That Matter: On the Discursive Limits of Sex*, p. 232.

也许这是为了我自己!"

在当时的历史情境下,即使是迪士尼的改编也不能免俗,它在影片中为花木兰设置了一位男主角,新增了一段爱情。但这个男主角的设置其实比较薄弱,人物个性也不够鲜明,有点像是为了增加情节而增加情节。

《花木兰》作为迪士尼第一部以中国文化为背景的动画片,选择了以中国女性为主角,如果我们对比近些年活跃在国际时尚舞台上的中国超模,以及在欧美影视界闯荡的东方女星,就会发现她们与花木兰的面部特征的相似性。在某种意义上说,在这个叙事层面上,这种女性形象也是经过精心挑选后,被传唤为东方女性主体的。

三 数字媒体时代的中国女性:身体铭刻与表演颠覆

从前面的论述中,我们可以得到这样的结论:"性别身份也许可以被重新设想为一种意义接受的个人/文化历史,它受到一套模仿实践的左右,而这些模仿实践与其他形式的模仿横向联系,共同建构了一个原初的、内在的性别化自我的假象,或者戏仿了那个建构的运作机制。"①

在这一部分,我们脱离影像叙事,回到现实生活,从意义接受的个人/文化历史的角度去探讨"网红脸"和中性偶像这些有趣的案例,分析中国当代女性的主体生成过程。伴随着迪士尼动画等传统媒体长大、现在又"沉浸"(immersion)在数字媒体中的中国当代女性,一方面,日常生活中的自我呈现和身份建构深受其影响;另一方面,也在通过"引用"(citationality)与"重复"(iterability)观众表演演绎了抗拒体制的文化表演。

谭旭东在对电子媒体时代的童年研究中认为,相比20世纪50年代和60年代电视就开始普及的英美等发达国家,中国进入电子媒体时代要晚约30年,到20世纪80年代和90年代电视才开始在家庭中普及,也就是说,电视媒介在英美等国对儿童的影响和对童年的塑造,约30年后才在中国发生同样的作用。然而,随着电脑技术的高速发展,20世纪90年代全世界几乎同步进入了数字媒体时代。比如,由于电脑技术的加入而具有空前视觉效果的动画片《狮子王》,1995年暑期就在中国上映,只比美国晚了一年。从数字媒体时代开始,电子屏幕成了全世界儿童童年

---

① 〔美〕朱迪斯·巴特勒:《性别麻烦:女性主义与身份的颠覆》,宋素凤译,第181页。

最好的伙伴和启蒙老师。虽然数字媒体对儿童的影响需要我们从正反两方面来认真看待和思考，但电视、网络等媒体重新构造了童年的生活环境，"童年"的概念以及儿童的日常生活现实发生了重大的变化，是无可辩驳的。①

在此，我们可以用"网红脸"这个极端案例来分析这一复杂过程。"网红脸"是指具备大多数网红相貌特征的统一脸型，这种脸型往往是经由整容而来的，主要特征就是大眼睛、尖下巴、高鼻梁、白皮肤。让我们先来回顾一下媒体化生活对观众的感知所产生的巨大影响。

如果按照苏珊·布罗德赫斯（Susan Broadhurs）的说法，技术也是人"肉身化"（embodiment）的一种模式。那么，媒体表演是不是也具有本体论层面上的表演性？

2004年湖南卫视的超级女声大赛掀起了全民海选偶像的浪潮，在这种比赛模式中，偶像和观众之间是双向交流的，从早期的短信投票，到后来的网络投票，我们可以称之为新媒体视野下的"观众表演"。这种偶像与观众的互动和交流，不仅影响着偶像的角色扮演和艺术创作，而且也在模塑着现实生活中的社会戏剧。李宇春这类的中性偶像是大众通过数字媒体选出的第一代偶像，性别表演从个人叙事层面转换到了社会戏剧的集体仪式层面。李宇春的性别倾向和着装打扮成了比艺术本身更为重要的关注点，她是否穿裙子都能成为新闻事件。

如果说越来越多中性偶像的出现是初步试探了权力的底线的话，那么当一张张"网红脸"出现时，数字媒体与现实的关系就变得吊诡起来。也就是说，和电影、电视等传统媒体对东方女性形象的传唤类似，"网红脸"的呈现和建构深受数字媒体的影响，但是这次性别生成的过程更为复杂，"网红脸"其实是戏仿了性别的运作机制，当很多"网红脸"整容整得比原版更原版时，我们就发现性别用于模塑自身的原始身份其实本身就是一个没有原件的仿品，所谓"女性性别"是一个流动的概念，"意味某种可以重新意指以及语境重置的开放性"，它质疑了所谓自然化的或是本质主义的性别身份。②

---

① 谭旭东：《童年再现与儿童文学重构——电子媒介时代的童年与儿童文学》，黑龙江少年儿童出版社，2009，第38页。
② 〔美〕朱迪斯·巴特勒：《性别麻烦：女性主义与身份的颠覆》，宋素凤译，第181页。

原本我们只是观看数字技术所书写的现实生活中无法企及的虚拟肉体——一个存在于网络世界的性别原型。然而在数字影像的反复许诺与主体传唤下,很多个体通过身体整容和数字技术的帮助,将虚拟肉身与现实肉身合二为一,甚至舍弃了现实生活,只剩下虚拟肉身的"数字表演"(digital performance),这就是一个"先性别,后身份"的生成过程。

这种巴特勒所说的颠覆性重复策略是否置换了有关性别的那些规范?在此,性别规范是一种生产力,它具有生产它所控制的身体的力量,也就是性别的表演性。网红直播成为新社交媒体的主力军,但是网红的审美标准不是日常也不是艺术,而是网络"二次元"时代美少女美少男的形象,与前面所说的中性偶像的兴起有着相同的性别原型——双性同体。

双性同体的希腊词根为 Hermaphroditus,就是上半身为女性、下半身为男性的双性人,荣格用"阿尼玛"(anima)和"阿尼姆斯"(animus)这两个概念来表示男性的女性心象和女性的男性心象,也就是灵魂象,它们作为最重要的原型存在于集体无意识之中,就像男性和女性的灵魂作为同一个灵魂的两半存在于柏拉图所说的灵魂之中一样。①

数字影像超越了纯粹审美范畴,成了社会关系的中介。"网红脸"的性别身份生成过程告诉我们:性别是被强行物质化了的理想结构,它不是身体的简单事实或静态状况,而是一个过程,通过对规范的反复引用和重现,规范实现了对身体和性别的物质化。数字的表演性就应该被理解为一个不断规范和约束的过程。②

虽说"网红脸"性别原型来自社会对完美身体的想象,但是在网络空间超常频率的引用和重复中,"网红脸"超过了想象,失去了控制:脸越来越尖,皮肤越来越白,眼睛越来越大,鼻子越来越高,越来越不像一张人脸,以致最终消解了这一性别原型。特别是当整容等外部手段已经不能满足想象时,很多网红选择用数字技术来完善表演,其代价就是只允许技术肉身存在,而在现实生活中隐去他们的真实面容。

我们当然可以说"网红脸"是一种极端社会现象,并不是每个人都为了成为网红而去整容,或是用技术肉身代替现实肉身,但是当作为观众的我们打开手机拍照后,会下意识地按下一键美化或美图类应用程序,在数

---

① 〔瑞士〕荣格:《心理学与文学》,冯川、苏克译,三联书店,1987,第 7 页。
② Judith Butler, *Bodies That Matter: On the Discursive Limits of Sex*, p. X.

字化世界中生成的其实还是那张"网红脸"。特别需要指出的是，中国品牌手机制造商正是手机拍照美颜功能的行业领先者。性别是一种建构的身份、一个表演得来的成果，现实社会的观众，包括演员本身，都对性别身份的表象深信不疑，并且以信仰的模式表演它。

因此，性别表演所生产的"网红脸"，不同于角色"扮演者"（cosplayer）通过扮装来选择社会性别身份，表演完成后再卸下这个社会性别身份，而是有关性别身份的隐喻，它其实并不存在于先于文化铭刻的自然化身体中，它的生理性别也不是解剖学意义上的生物特征，而是一种社会性别话语的建构。性别话语并非纯粹客观地、中性地描绘物质性的身体，而是产生和规范了这种物质性身体的可理解性。"网红脸"的性别生成让我们看到了数字表演的另外一种趋势：电子屏幕的界面已经被打破，技术肉身化、情欲化正在向我们走来，虚拟现实的时代正在到来。

结　语

约书亚·梅罗维茨认为，数字媒体通过改变社会的情境影响了人们的行为方式，外在体现为男女性别的融合、成人与儿童的模糊界限，以及政治人物形象的祛魅等。而数字媒体影响社会行为的机制是将角色表演的社会舞台进行了重新组合，带给人们对"恰当行为"观念的改变。[1] 虽然在梅罗维茨所做的关于媒体情境变化与行为后果的个案分析中，他认为新媒体正在逐渐消除空间的界限，无论在社会关系、权力关系还是在性别关系方面，但其实我们所面对的空间并没有走向世界大同，而是变得更加支离破碎；"新的媒介样式虽消除了空间的边界，但并未由此而形成空间的融合和同一，而是催生出更为复杂多样的空间形态。现实和虚拟的空间交织，即时的、碎片化的空间体验无处不在"。[2]

本文在影像叙事层面，通过对迪士尼公主团不同时期公主形象的表演性进行研究，揭示了女性性别身份的建构性和历史性。这一女性性别表演

---

[1] 〔美〕约书亚·梅罗维茨:《消失的地域：电子媒介对社会行为的影响》，肖志军译，清华大学出版社，2002，第216页。

[2] 〔美〕约书亚·梅罗维茨:《消失的地域：电子媒介对社会行为的影响》，肖志军译，第86页。

在《花木兰》的不同改编版本中，建构了不同时代和不同媒体情境之下被传唤的东方女性形象。伴随着迪士尼动画等传统媒体长大，现在又沉浸在数字媒体中的中国当代女性，在现实生活中，她们的观众表演则彰显了一个比影像层面更为复杂的境况。在数字媒体时代，媒体和观众一方面一起合谋建构了中性偶像，另一方面又创建了数字化生存的性别形象，但与此同时的西方社会对东方女性的印象，却常常还停留在花木兰时代。因此，从不同媒体对东方女性形象的传唤，再到数字媒体时代下"网红脸"和中性偶像的出现，就是从影像到沉浸的转变，这既是依赖数字表演的当代媒体的重要特征，也是数字媒体社会和数字技术发展的必然趋势，纯粹的肉身在场已被媒介化肉身所替代。

同样是由网络媒体所推动的社会事件，近两年从西方娱乐圈兴起的MeToo运动在中国得到积极响应，我们在其中看到的其实是更为复杂的权力关系和媒体空间。这个事件告诉我们：一是数字化的性别表演在文化翻译和改编的重复中有挪用与延异现象；二是数字化的性别表演也可以再现男/女性别气质、社会阶级和生活品位等诸多价值观念和意识形态；三是数字化的性别表演通过参与建构表演文化，影响并形构观众的物质生活。我们可以把数字媒体视域下的性别表演现象作为当代社会的症候来看待，并推动此类问题的在地化探讨。

"阴柔文化" 流行的影响因素探析

何　苑　王晗啸[*]

摘要　近年来，影视文化中的"阴柔文化"流行愈发受到关注，并发酵成了一种具有争议性的社会文化现象。"阴柔文化"的兴起是否一种网络时代的"女性向"产物？这种流行趋势又折射出怎样的审美心理和社会变化因素？其中的非主流表现形式是否与性别角色观念的发展有关？本文拟从文化维度理论和进化心理学的角度对以上问题进行研究探讨，发现女性在对"阴柔"男性相貌进行审美的过程中确实存在特殊的评判机制，但这种偏好并不能简单地归因于网络媒介和女权主义的崛起，还应当考虑到新技术条件下产生的社会结构变化以及由此牵动的文化价值观念转变。

关键词　阴柔文化　性别角色　网络流行文化　女性向

Abstract　As the prevalence "feminized" youth subculture gained extensive attention of Chinese audiences, it has also become a controversial socio-cultural phenomenon. Is it reasonable to resolve such "feminized" aesthetic wave into a fruit of female oriented net culture? What kinds of social changes and psychological factors can be revealed from this cultural trend? Can we associate its alternative patterns of manifestation with young people's change of gender ideology? From the perspective of culture dimensions theory and evolutionary psychology theory, this study aims to explore

---

[*] 何苑，北京师范大学艺术与传媒学院博士后，研究方向为网络流行文化与媒介效果测量；王晗啸，南京师范大学新闻与传播学院博士生，研究方向为网络舆情分析。

the influence factors of the prevalence of such "feminized" youth subculture. Research result suggests that despite of females' preference for male facial femininity, such type of idol preference has more to do with technology-driven social structural changes and ideological changes rather than with Internet media exposure and the rise of feminism.

Keywords　feminized subculture; gender role; net pop culture; female oriented

一　研究背景与问题提出

近年来,"阴柔文化"愈发受到关注,从一个简单的流行现象演变成了具有社会争议性的话题。

"阴柔文化"指涉的是当下在青年群体,尤其是"网生代"青年群体中流行的,以明星形象为代表的一种青年男性长相柔美化、外在装扮精致化和性格人设萌化的文化现象。在2018年之前,"阴柔文化"在人们心目中尚未形成统一的界定范畴,而是在网络文化发展史中呈现一个个散乱的印记,如"伪娘""花美男""小鲜肉""娘炮"等。直到2018年9月,在一场关于偶像明星、青少年和男性气质危机的网络争议中,这些不同年代的形象符号之间才正式产生了交集。在这场争论中,普通网民、名人、网络意见领袖甚至主流媒体之间进行了长达二十多天的网络对话。[①] 在质疑和批判声中,零散的片段被逐渐聚拢到一起,形成了一个边界模糊但充满反叛性的特殊身份。部分舆论还对"阴柔"的男性形象、装扮和言语行为模式等进行了刻板印象式的刻画,并将其视为一种性别错乱、低俗和反智的现象来加以批判。

在中国青少年研究中心青年研究所所长邓希泉看来,"阴柔文化"属于青年亚文化的范畴,是当下青年试图将自身与前文化加以区别的一种尝试,从中体现的是现代社会对性别角色的新塑造与新要求。[②] 青年亚文化

---

① 《舆论场热议"娘炮",中国妇女报评论:尊重多元审美》,澎湃,2018年9月9日,https://www.thepaper.cn/newsDetail_forward_2420835,最后访问时间:2018年12月1日。

② 彭训文整理《"阴柔之风"盛行是喜是忧? 社会需要啥样的性别气质》,《人民日报》(海外版)2018年8月13日,第5版。

的独特性是相对主流文化而言的,① 在此,"阴柔"的说法对应的是我国传统文化中固有的性别角色观念,即要求"男性阳刚,女性阴柔"。然而,"阴柔"这个比"娘炮"更礼貌的分类,似乎也未能消除普通受众的疑虑和平息主流文化的尖锐批评。在互联网快速普及、社会结构经历转型和外来文化不断渗入的背景下,新的青年文化形式日益涌现,挑战着传统的文化规约与观念。面对男性"阴柔化"的议题,有学者提出,个体"社会性别反心理性别的行为"是电子媒介助推同质性内容泛滥的结果,② 有人将这股由明星引领的"阴柔之风"看作资本市场为迎合女性受众、刺激消费而刻意营造出的虚假性别身份;③ 也有人认为,女性在应用网络技术和消费信息产品时缺乏主体意识,④ 很容易因陷入"感性冲动"而一味求快的浅层感官满足,⑤ 因而会在媒介的裹挟下成为窥视男性肉体欲望的消费主体。虽然也有乐观者认为,这种流行是赛博空间里兴起的一场以女性主义为中心的性别权力革命,从中体现的是当下女性正拥有着越来越高的经济自主权和对传统审美标准进行解构、重建的话语权。⑥ 与此同时,更不乏批判的声音,他们将对该现象的解读扩大到了跨性别、男性女性化、性征模糊、性格弱化等层面。⑦

在褒贬不一的声音中,青年男性"阴柔化"的现象被定性为网络时代的一种"女性向"产物,其中交织着人们在生理性别、性别角色、行为模式以及文化价值观念等方面存在的模糊认知和含混理解。对此,单纯从网络媒介助推和女性受众追捧的角度出发,是否能对"阴柔文化"的兴起做出充分的解释,是我们应该考虑的问题。为什么"阴柔小生"会取代"阳刚硬汉",成为当下流行的明星形象?"阴柔文化"中折射出的是怎样

---

① 崔家新、池忠军:《青年亚文化的概念解析——基于青年亚文化历史流变的发展性考察》,《学习与实践》2018年第11期。
② 潘兰:《以场景交叉理论分析"伪娘"的社会身份》,《新闻世界》2010年第12期。
③ 详见兰岚《"小鲜肉 懵懂上市"》,《电视指南》2015年第1期,第18~19页。
④ 吴华眉:《网络社会的赛博格女性主义批判》,《当代国外马克思主义评论》2016年第3期。
⑤ 袁道武:《当国民信仰遭遇外来文化的解构——"哈韩"的社会转型期思考》,《东南传播》2015年第1期。
⑥ 李景艳:《"小鲜肉"的流行使用及其社会文化心理》,《安顺学院学报》2015年第5期。
⑦ 石冰心:《"娘炮"成时尚,如何终结男孩的"娘娘腔"噩梦?》,人民网,2013年8月27日,http://opinion.people.com.cn/n/2013/0827/c1036-22707319.html,最后访问时间:2018年9月30日;刘乃歌:《面朝"她"时代:影视艺术中的"女性向"现象与文化透析》,《现代传播(中国传媒大学学报)》2018年第12期。

的受众心理需求以及社会发展因素?其中产生的审美风向转变与性别角色观念是否有关?对此,笔者将尝试从文化维度理论以及进化心理学的角度来探讨与辨析。

二 "阴柔文化"的产生与发展

文化并不是静止的,而是处于永恒的变化发展之中,它不断根据人类社会的发展节奏来改变自己的外延与内涵:在一种螺旋式前进的结构中,新的文化层面不断被建构,旧的层面则逐渐被覆盖或修改。① 作为一种青年亚文化形式,"阴柔文化"的流行并非一蹴而就的,而是伴随着社会发展进程中的矛盾冲突和文化代际更替,如网络技术的发展、经济和产业结构的转型、境外青年亚文化的输入,以及主流文化对独特风格文化现象的商业化与通俗化收编。② 正是在这个过程中,"阴柔文化"实现了从"二次元向三次元空间的延伸"和从"青少年向成年人世界"泛化。

(一)从"萌娘"到"伪娘":"二次元"文化的延伸

"阴柔文化"深受日本的"二次元"文化的影响。早在 20 世纪 80 年代至 90 年代初,随着中日两国贸易关系的发展,大量的日本 ACG [动画(animation)、漫画(comic)和游戏(game)这三个英文单词的首字母]文化作品流入中国,成了深受青少年群体喜爱的青年亚文化形式之一。随后,基于 ACG 人物原型的"同人志"作品创作和 Cosplay(角色扮演)等形式,也在"迷群体"中迅速发展起来。热衷于动漫、游戏和科幻作品的青年御宅族们,出于对父辈和主流文化秩序的反叛,自发地对 ACG 作品中的人物角色进行改造,创作出了一系列有别于原著形象的"萌"系女性人物。在这个过程中,原本倡导顺从、自立、端庄和自我牺牲的传统女性品质与形象被解构,取而代之的是灵动、可爱和低幼化的充满"萌"要素的新型女性角色。③ 随后,部分深受"萌"系形象吸引的男性,将自身对

---

① Arditi, C., "Michel Leiris devant le colonialisme," *Journal des anthropologues*, *Quelle formations à l' anthropologie*, 42 (1990): 95 - 99.
② 《舆论场热议"娘炮",中国妇女报评论:尊重多元审美》,澎湃,2018 年 9 月 9 日, https://www.thepaper.cn/newsDetail_forward_2420835,最后访问时间:2018 年 12 月 1 日。
③ 谢莒莎:《浅析 Cosplay 文化》,《中国青年研究》2005 年第 10 期。

角色的迷恋与对理想化自我的建构和视觉展示相结合，以跨性别扮演的方式化身为了"伪娘"形象。① 在 ACG 文化的影响下，"娘""萌""宅""燃"等非主流价值观被青年亚文化群体广泛接纳，成了他们对主流文化进行抵御、解构和重建的理念内核。

在"二次元"世界中，青年亚文化群体对虚拟偶像的向往，以及对理想化自我的探索和形象建构，是跨越时间、空间、身份和性别界限的。这既符合了青年对新奇、夸张和超现实内容的追求，也满足了他们对平等、唯美、纯粹和极致理想世界的想象。② 随着 ACG 文化对其粉丝的号召力和经济价值观的影响力日见强大，其发展也日趋产业化和娱乐化，影响着大众娱乐文化的走向。③ 但是，并非所有的"二次元"理念都被聚拢而纳入了主流文化的体系中，例如，"伪娘"的概念就在被商业炒作和滥用的过程中变成了一个被"污名化"的异类称呼。"伪娘"是日语向现代汉语反向借用的词语，本来指"二次元"文化中扮演可爱女性角色的年轻男子。④ 这一称谓随后在大众娱乐文化的借用中产生了意涵上的异变。2005 年，《超级女声》开启了我国文化产业向受众概念化售卖"性别颠覆性"影视文化产品的模式。⑤ 随后，2010 年的《快乐男声》又因出现了众多男扮女装的选手而声名大噪。自《快乐男声》的"伪娘"刘著在网络上走红后，大众视野中不断涌现出各式各样的"伪娘"，如网络综艺节目和古装网络剧中的"伪娘"小灿，漫展和商演活动一线的大学生 Cosplay 团体"爱丽丝伪娘团"，台湾综艺节目中现场"变身"的日常"伪娘"，等等。在商业运作和媒体炒作的双重助推之下，"伪娘"所代表的形象也脱离了其原生的"二次元"文化语境，裂变成粉丝眼中勇于挑战传统的反叛青年

---

① 费勇、辛暨梅:《日本动漫作品中的女性"萌"系形象》，《华南师范大学学报》（社会科学版）2013 年第 3 期。
② 周赟、刘泽源:《认同机制构建视角下青年亚文化现象解读——以 Cosplay 亚文化为例》，《当代青年研究》2018 年第 2 期。
③ 何威:《二次元亚文化的"去政治化"与"再政治化"》，《现代传播（中国传媒大学学报）》2018 年第 10 期；许晓蕾:《漫展背后的 IP 经济学》，《南方都市报》2018 年 10 月 11 日，第 GA04 版。
④ 吴春相、尹露:《当代青少年使用的日源流行语调查分析》，《当代修辞学》2011 年第 6 期；杨竹:《日源回流词的中日比较研究》，硕士学位论文，大连理工大学，2013，第 32 页。
⑤ 肖琪杰、王树生:《大众文化产品：形式与意义间的游移——对"伪娘"刘著选秀的音乐表征与性别颠覆的个案分析》，《新闻界》2013 年第 11 期。

代表和社会舆论中"哗众取宠"的异装表演者。① 到了 2013 年《快乐男声》海选时,"伪娘"已在媒体报道中成为带有贬义的炒作噱头和被众人围观的"奇葩"现象。② 同年,"X 娘""XX 娘"正式成为现代汉语中用来形容"具有女性要素、感觉的男性或事物"③ 的流行词。

(二) 从"花美男""小鲜肉"到"娘炮":审美观念从青少年向成年人的泛化

从"花美男""小鲜肉"到"娘炮"的演变,折射出的则是观赏者(观众)在社会环境的发展变化中对理想性别角色的期待与扭曲。韩国"花美男"是"二次元"美学在向三维现实世界扩散的过程中意外获得成功的一个衍生性文化符号。④ 受 ACG 文化的影响,平面化、符号化和卡通化的二维"超扁平艺术"(superflat art)审美从动漫、游戏作品中流向了大众流行文化和商业领域。⑤ 这种风格中蕴含的"外表脆弱实则坚固"的理念也深入人心,影响着三维现实世界的人们。⑥

2009 年,改编自日本同名少女漫画的韩剧《花样男子》,在收视率上取得空前的成功。以李敏镐为首的青年男演员对剧中四名颜值出众、富可敌国、气质优雅并且至情至性的校园风云人物"Flower 4"进行了成功的演绎,使原著中虚构的"男神"成了观众眼前具象化的实体。彼时,刚刚经受过经济危机重创的韩国社会正呈现一片萧条之势,韩版《花样男子》却在整体低迷的社会氛围中取得了意外的成功:剧中描绘的阶级跨越神话和上层社会生活仿佛一剂强心针,不但给士气低落的民众提供了一幅可供

---

① 刘昕婷:《被"伪"的"娘"与被误读的巴特勒》,《中国图书评论》2010 年第 12 期。
② Knews 综合报道《湖南卫视 2013〈快乐男声〉神级"伪娘"奇葩》,看看新闻,2013 年 5 月 22 日,http://www.kankanews.com/a/2013-05-22/0012967164_3.shtml,最后访问时间:2018 年 12 月 1 日;新浪娱乐报道《"快男"首次进京选拔 伪娘奇葩抓眼球》,新浪娱乐,2013 年 5 月 23 日,http://ent.sina.com.cn/y/2013-05-23/23213927900.shtml,最后访问时间:2018 年 12 月 1 日。
③ 杨竹:《日源回流词的中日比较研究》,硕士学位论文,大连理工大学,2013,第 35 页。
④ 何威:《从御宅到二次元:关于一种青少年亚文化的学术图景和知识考古》,《新闻与传播研究》2018 年第 10 期。
⑤ 邓晓庆:《当艺术遭遇流行文化——超扁平艺术研究》,硕士学位论文,北京服装学院,2015,第 18 页。
⑥ Steinberg, M., "Otaku Consumption, Superflat Art and the Return to Edo," *Japan Forum*, 16 (2004), 3: 449-471.

想象的美好生活图景，还突破了原著对"花样男子"的高中生身份设定，将"花美男"打造成了一种国民偶像身份和具有韩国特色的文化符号。自此，一股在低迷现状中仍然崇尚"精致物质主义"（material refinement）和"颜值"（beautiful countenance）的风潮也流行开来。① 同时，在跨媒介融合的影像文化中长大的新生代年轻人们，早已在现实三维世界中认可和接受了符合"二次元"美学的"低幼、萌化、中性和柔弱化人物形象风格"。② "韩流"的成功，吸引着越来越多的中国青年赴韩接受偶像练习生培养，其造星模式也成为中国本土娱乐文化产业借鉴的范本。在由选秀节目、网络 IP 改编、真人秀节目、粉丝应援文化等多重元素组成的明星养成矩阵中，一众"年龄小、外貌出众、形象清新、气质腼腆"的男性艺人迅速走红，成为网络时代的"流量小生"。③ 值得一提的是，虽然在粉丝心目中，自家"爱豆"（英文 idol 的音译）是独一无二的存在，但是在普通大众、媒体和"饭圈"以外的旁观者眼中，这些从外表装扮、性格人设到成功路径都不同于以往的新生代明星们，却共同构成了一个"小鲜肉"群体，他们是网络时代中"颜值经济"的引领者。④

2013 年至 2018 年是"花美男"文化在我国落地并进化为本土"小鲜肉"的黄金时段。韩国的粉丝应援文化随"归国四子"（吴亦凡、鹿晗、张艺兴和黄子韬）一同进入国门，带动本土造星运动的发展。一时间，"小鲜肉"骤然成为网络热词，专门用于形容温柔俊美、少年感十足并且腼腆讨人喜爱的年轻男性。"小鲜肉"明星、流量和 IP（Intellectual Property）为影视作品背书，其影响力也迅速从网络和小屏幕入侵到电影大银幕中来。⑤ 截至 2016 年底，"小鲜肉"电影在年度票房前 20 的中国影片中已逾半数。但是，崛起的"小鲜肉"们也开始引起主流群体的不适，被作为一种不符合传统男性形象、气质和言行规范的病态形象

---

① Kim Suk-Young, "For the Eyes of North Koreans? Politics of Money and Class in Boys Over Flowers," in *The Korean Wave: Korean Media Go Global*, ed. Kim Youna（London and New York: Routledge, 2013）, pp. 93 – 105.
② 张默然：《二次元与电影的跨媒介叙事及其审美新变》，《当代电影》2016 年第 8 期。
③ 苏蠡：《网络流行语"流量"探析》，《兰州教育学院学报》2018 年第 8 期。
④ 陈诗露：《解读粉丝："小鲜肉"明星流行现象研究》，硕士学位论文，南京师范大学，2017，第 31 页。
⑤ 余刚：《中国电影市场"小鲜肉"效应研究——基于电影市场票房影响因素的统计分析》，《价值工程》2018 年第 30 期。

加以批判。①"以肉喻人"的称谓本来意在体现年轻艺人们拥有的美好年华和出众颜值,侹在围观者和"饭圈"外受众的过度解读中,难免被影射到"肉欲""色情""男色消费"等。② 同一时期,中国影视剧创作中也兴起一股通过刻意强调反差来塑造反传统男性角色的风潮。③ 在将独立女性与"娘炮"男形象打包售卖的二元对立假象中,"阴柔化"的男明星逐渐与影视作品中的"娘炮"男形象等同起来。与曾经的"伪娘"一样,"小鲜肉"在引起了社会轰动效应后迅速地被异化成了一道"媒介视觉奇观"。④

三 对"阴柔文化"流行的因素探析

在"阴柔文化"流行的议题上,主流的批判观点往往指向青年男性外表阳刚之气不足、生理性征模糊、行为模式女性化和缺乏责任担当等方面,⑤ 并且将这些"症状"归因于网络媒介助推、女权主义崛起、媒介炒作和资本逐利等因素。⑥ 缺乏对受众审美心理及其背后的社会结构变化和价值观念转向等因素的科学分析和深入思考。

---

① 《为啥大家都在批评"小鲜肉"》,凤凰网,2016 年 11 月 23 日,http://news.ifeng.com/a/20161123/50301438_0.shtml,最后访问时间:2018 年 12 月 30 日。
② 《小鲜肉被斥赚钱多不敬业却遭疯抢?看大佬怎么说》,新浪娱乐,2016 年 6 月 28 日,http://ent.sina.com.cn/v/m/2017 - 06 - 28/doc-ifyhmtcf3007763.shtml,最后访问时间:2018 年 12 月 30 日。
③ 李琦、卞寒月:《"剩女"与"暖男":两类新性别形象的建构与互动》,《现代传播(中国传媒大学学报)》2017 年第 10 期。
④ 张阳:《"鲜肉身体"——消费语境下城市电影类型化创作的一种视觉奇观》,《当代电影》2017 年第 8 期。
⑤ 李道新、蒲剑、孙家山、刘佚论:《时代的焦虑——"小鲜肉"及其文化症候解读》,《当代电影》2017 年第 8 期;石冰心:《"娘炮"成时尚,如何终结男孩的"娘娘腔"噩梦?》,人民网,2013 年 8 月 27 日,http://opinion.people.com.cn/n/2013/0827/c1036 - 22707319.html,最后访问时间:2018 年 9 月 30 日;辛平平:《"娘炮"之风当休矣》,新华网,2018 年 9 月 6 日,http://www.xinhuanet.com/politics/2018 - 09/06/c_1123391309.htm,最后访问时间 2018 年 9 月 30 日。
⑥ 傅钰涵:《基于身体政治和性别权力的"小鲜肉"现象探究》,《新闻研究导刊》2018 年第 9 期,第 99 页;兰岚:《"小鲜肉 憳懂上市"》,《电视指南》2015 年第 1 期,第 18 ~ 19 页;潘桦、李亚:《"小鲜肉"现象研究:基于性别权力的视角》,《现代传播(中国传媒大学学报)》2017 年第 9 期,第 80 ~ 84 页;孙佳山:《从"奶油小生"到"娘炮"的审美变迁》,《环球时报》2018 年 9 月 23 日,第 15 版。

（一）"阴柔"审美背后的性别角色观念转向与两性关系愿景

单纯从审美的角度来看，"阴柔"的男性外貌和"二次元向"的人设，对青年群体来说无疑是更具亲切感和感染力的：外表秀气纤细、线条柔和、性格腼腆青涩的男性形象，比棱角分明的硬汉形象更加贴近"二次元"美学中的人物形象；少年感和柔弱化的外貌特征，也与青春题材和情感类作品中的角色设定更加契合。但是，"阴柔文化"的流行也被看作一场由女性受众主导的"男色消费"热潮，男明星的颜值及其表现的非支配性性别气质，往往被视为受到女权主义压制的后果。① 这种将女性崛起与"男性气质危机"进行强行捆绑的批判论调，在过度渲染两性差异的同时，也将二者之间的关系简化成了"非黑即白"的二元对立关系。② 对此需要追问的是：独立女性的崛起真的是否"阴柔文化"流行和所谓"男性气质危机"的原因？

其一，外表是人在对他人魅力做出评价时的重要感官依据之一，而人类往往倾向通过直接的感官经验来对世间万物进行概念化认知。③ 他们会参照自身的感官体验来对抽象概念进行理解与描述。在对生理或性别角色的认识上，由于成年男性体格通常比女性高大，因此强壮、有力被习惯性地划分为"阳刚"（masculine，也译作"男性化"）的特质；而纤细、柔弱等则被纳入"阴柔"（feminine，也译作"女性化"）特质的范畴。这是个体建立在共性感官经验基础上的，对性别角色的"具身性认知"（embodied cognition）。④ 过去的性别角色理论研究中，一直存在"生物决定论"和"社会决定论"两种不同的视角：前者认为，人类的性别角色从一开始就受到生理因素的决定性影响，随后才在生存环境变化和社会发展进步的过程中被赋予新的内涵；后者则认为性别角色的内涵并不受生理因

---

① 潘桦、李亚：《"小鲜肉"现象研究：基于性别权力的视角》，《现代传播（中国传媒大学学报）》2017年第9期；陈琰娇：《从"女扮男装"的革命叙事到"霸气总攻"的性别期待——跨媒体叙事中的新中性形象》，《北京电影学院学报》2017年第2期。

② 陈琰娇：《从"女扮男装"的革命叙事到"霸气总攻"的性别期待——跨媒体叙事中的新中性形象》，《北京电影学院学报》2017年第2期。

③ Gallagher, S., "Phenomenology and Embodied Cognition," in *The Routledge Handbook of Embodied Cognition*, Shapiro, L. ed. (Routledge: Taylor & Francis Group, 2014), pp. 9 – 18.

④ 易仲怡、杨文登、叶浩生：《具身认知视角下软硬触觉经验对性别角色认知的影响》，《心理学报》2018年第7期。

素约束，并强调社会文化对两性性别角色规范的制定和教化作用，即向个体灌输"与生理性别相符合的性格、情感、态度、价值观和行为"。① 随着社会的进步和人际交往情景的变化，这两种视角间不再存在泾渭分明的界限，而是开始互为参照。② 例如，巴特勒就认为，社会性别是在生理性别上分化了的身体所承担的意义，是被身体"具现"（embodied）了的生物、语言以及文化差异的标记。③

其二，从进化心理学的角度来看，个体对他人"相貌"（facial attractiveness）进行的看似主观的评判，其实会受到面部"性别二态性"（sexual dimorphism，即相貌看起来更加阳刚或阴柔）分布的影响。④ 人类识别、感知和处理他人面部性别二态性的能力并非生来具有的，而是在从孩童成长至青春期的过程中，随荷尔蒙水平的发展变化而逐渐表现出来的。儿童在 6 岁左右开始像成人一样有意识地对他人长相进行评判；到了 11 岁左右时开始表现对性别二态性特征的感知能力。这种偏好会在"成年早期"（early adulthood，即 17 岁左右）时产生性别差异：女孩会对阴柔的相貌（无论对方是男还是女）表现明显的好恶，而同龄的男孩却不表现这种倾向。⑤ 这就从生物学角度上解释了为什么"阴柔"风格的"二次元"作品、影视剧和明星在青少年和年轻女性群体中更受欢迎。

---

① 孙明哲：《西方性别理论变迁及其对性别定义的影响——当代性别理论的两极：两性平等与性别建构》，《学习与实践》2018 年第 6 期；Eagly, A. H., & Wood, W., "The Nature-Nurture Debates 25 Years of Challenges in Understanding the Psychology of Gender," *Perspectives on Psychological Science*, 8 (2013): 340 – 357。
② 龙安邦、黄甫全：《"男生危机"的别样解读——性别气质角度》，《教育发展研究》2016 年第 22 期。
③ 〔美〕朱迪斯·巴特勒：《性别麻烦：女性主义与身份的颠覆》，宋素凤译，上海三联书店，2009，第 13 页。
④ Perrett, D. I., et al., "Effects of Sexual Dimorphism on Facial Attractiveness," *Nature*, 394 (1998): 884 – 887.
⑤ Scott, L. S., & Nelson, C. A., "Featural and Configural Face processing in Adults and Infants: A Behavioral and Electrophysiological Investigation," *Perception*, 8 (2006), 35: 1107; Kissler, J., & Bauml, K. H., "Effects of the Beholder's Age on the Perception of Facial Attractiveness," *Acta Psychologica*, 104 (2000): 145 – 166; Saxton, T. K., et al., "A Longitudinal Study of Adolescents' Judgements of the Attractiveness of Facial Symmetry, Averageness and Sexual Dimorphism," *Journal of Evolutionary Psychology*, 9 (2011): 43 – 55; Saxton, T. K., et al., "A Longitudinal Study of Adolescents' Judgements of the Attractiveness of Facial symmetry, Averageness and Sexual Dimorphism," *Journal of Evolutionary Psychology*, 9 (2011): 43 – 55.

个体对性别二态性的感知和评判受到生理与环境因素的影响，这是一种作为人类生存策略而演化出的本能的应激机制。例如，一般情况下，两性在交往过程中会本能地偏好更具异性魅力的伴侣，即男性偏好丰满、性感的女性，而女性青睐阳刚有力量的男性：从生物优胜竞争的角度来看，这些特质代表着能在繁衍后代时获得更健康和更优质的基因。但是，当感受到外界环境中的生存压力变大且不确定因素增加时，两性都会放宽对异性生理魅力的要求来寻求可以提供更多社会"支持"（support）和"亲值投资"（high parental investment）的潜在伴侣。① 在这种情况下，两性间的交往不再是基于原始的生理需求和欲望，而是更像在寻求一种"结盟"式的相互依存关系。此外，阳刚—成熟的相貌虽然给人以"强壮"（physical strength）、健康、"主导型"（dominant）性格的积极感知，但也会令人产生强势和霸道的负面感觉；相比之下，阴柔—娃娃脸的相貌则更容易让人联想到年轻、"虔诚"（faithfulness）、"温柔可靠"（emotionally warm and trustworthy）以及更具"关爱性"（tending）和"亲社会性"（pro-social）等积极特质。② 女性对阳刚—阴柔相貌的"审美评价"（aesthetic judgments）更容易在生理因素（荷尔蒙水平变化、生育周期等）和社会因素（社会地位比较、主观压力感知、自我魅力感知和期待的理想交往关系类型等）的影响下产生波动：当女性对于异性的社会支持、情感支持和亲值投资需求大于生理需求时，更容易对"阴柔"男性相貌产生好感，因为这种特征更能令人感受到可靠、稳定、有耐心和好相处等亲社会性特质。③

---

① Mace, R., "Evolutionary Ecology of Human Life History," *Animal Behaviour*, 59 (2000): 1 – 10; Geary, D. C., Vigil, J., & Byrd-Craven, J., "Evolution of Human Mate Choice," *The Journal of Sex Research*, 41 (2004): 27 – 42.

② Ditzen, B., et al., "Effects of Stress on Women's Preference for Male Facial Masculinity and Their Endocrine Correlates," *Psychoneuroendocrinology*, 82 (2017): 67 – 74; Perrett, D. I., et al., "Effects of Sexual Dimorphism on Facial Attractiveness," *Nature*, 394 (1998): 884 – 887; Quist, M. C., et al., "Integrating Social Knowledge and Physical Cues When Judging the Attractiveness of Potential Mates," *Journal of Experimental Social Psychology*, 3 (2012), 48: 770 – 773.

③ Jones, B. C., DeBruine, L. M., Perrett, D. I., Little, A. C., "Feinberg, D. R., & Law Smith, M. J. Effects of Menstrual Cycle Phase on Face Preferences," *Archives of Sexual Behavior*, 37 (2008): 78 – 84; Little, A. C., et al., "Partnership Status and the Temporal Context of Relationships Influence Human Female Preferences for Sexual Dimorphism in Male Face Shape," *Proceedings of the Royal Society of London B-Biological Sciences*, 269 (2002): 1095 – 1100.

因此，当女性在环境中觉得安全和放松时，对阳刚男性的相貌评价更高，但当她们感觉到环境中的竞争、威胁和压力值增加时，却会对"阴柔"的男性相貌表现更多的好感。由此看来，女性对"阴柔"男性相貌确实存在偏好和特殊的评判机制，但在"阴柔文化"流行的语境下，这种偏好产生的原因却并不像人们批判和猜测的那般：既不是一场为了浅层感官欲望满足而进行的"性魅力"消费狂欢，也不是在寻求对男性肉体和气质的操纵和驾驭。恰恰相反，这种对"阴柔"男性的观看更像是一种无关肉欲的对异性"理想性别角色"的期待和对两性平等合作愿景的描绘。

（二）新技术条件下的社会结构性变化与价值观念转向

人类进入网络赛博时代后，技术一度被视为反转传统性别权力秩序和践行"性别解放"运动的新契机。梅罗维茨也曾在《消失的地域：电子媒介对社会行为的影响》中预示过电子媒介影响下男性气质和女性气质产生融合的趋势：社会交互场景多样化和共同经验的增加，改变着人们对性别角色的"常态"认知。① 不可否认的是，互联网确实为海量内容的流通提供了更加开放和便捷的平台，也为新兴观念的崭露头角提供了技术助力。但是，文化的产生无法脱离社会环境的大框架，网络本身并不能被视为一种新兴文化形式的创造者：早在人类步入网络社会之前，身体发肤和穿着打扮就已成为青年群体向传统制度和成人世界发起挑战的道具。② 亚文化的产生和表现形式，反映着特定群体对当下社会现状、矛盾关系和变化风向的感知与解读。因此，若要究其根源，我们更应关注新技术环境下的社会结构变化，而不是流于对表面现象的批判。

20 世纪 80 年代起，霍夫斯泰德曾基于跨文化比较研究的结果，提出了"阴柔气质—阳刚气质"这一文化维度，并指出中国处于更倾向认同"阳刚气质"的一端。③ "阳刚—阴柔"文化价值观体现的是特定社会中人

---

① 〔美〕曼纽尔·卡斯特：《网络社会的崛起》，夏铸九、王志弘等译，社会科学文献出版社，2001，第 446 页；〔美〕约书亚·梅罗维茨：《消失的地域：电子媒介对社会行为的影响》，肖志军译，清华大学出版社，2002，第 177~215 页。
② 胡疆：《代际冲突：我们为何"哈韩"》，《中国青年研究》2004 年第 1 期；〔美〕玛格丽特·米德：《代沟》，曾胡译，光明日报出版社，1988，第 114 页。
③ 〔荷〕吉尔特·霍夫斯泰德、格特·扬·霍夫斯泰德：《文化与组织：心理软件的力量》，李原、孙健敏译，中国人民大学出版社，2010，第 216 页。

们看待性别差异的态度和评判依据,这也是一个在不同国家始终存在系统性差异的文化维度。在崇尚"阳刚"价值观的文化社会中,人们普遍重视两性的性别角色差异,男性被认为应当重视挑战、收入、他人认可、竞争和地位晋升等个体性目标,而女性则应当重视人际关系等社会性因素;男性应在社会生活中占据主导性地位,性格果断、勇敢、坚韧、有责任心并且雄心勃勃;女性则更适合扮演辅佐性角色,应该温柔、细心、感性并注重人际关系。但霍氏随后也指出,一个文化社会在"阳刚—阴柔"气质维度上所处的位置并非固定不变的,而是可能在劳动生产关系、家庭角色分工、人口年龄结构、经济产业结构等因素的变化下,逐渐向代表"阴柔"价值观那端移动的。①

中国传统文化素来强调男女有别,两性的角色差异和家庭、社会分工被看作体现道德、价值观念和社会风气的重要指标。然而,中国也经历了互联网飞速发展和经济结构转型的十年。互联网行业从无到有,规模日趋扩大并逐步替代传统"硬工业",成为国家的支柱性产业。② 这种发展带动的不仅仅是媒介形态的变革,而且是整个社会生产中劳动分配关系的变化。信息化产业中的雇主对"数字劳动力"(digital labor)的需求,已从单一的技术型人才转向了具备多样化、碎片化综合能力的人才,如有更多的在线时间、更强的服务意识、更强的协调合作能力和社交能力等。同时,网络社会中草根团体的存在,弱化了精英群体的传统代理人身份。传统工业时代强调的"装备""技术竞争""阶层差异"等概念,正逐渐为"注意力""情感""合作关系"等新概念所取代。劳动分工是特定社会环境中文化性别结构的体现,③ 因此,网络信息社会中崛起的"合作性个人主义范式"(cooperative individualism paradigm)也淡化了过去强调"男性重视竞争,女性重视关系"的性别角色差异——社会文化倡导中的价值观念正朝着"阴柔"气质的一端移动,即认可男性和女性一样既可以果断坚

---

① 〔荷〕吉尔特·霍夫斯泰德、格特·扬·霍夫斯泰德:《文化与组织:心理软件的力量》,李原、孙健敏译,第152、166~168页。
② 《第42次〈中国互联网络发展状况统计报告〉》CNNIC,http://www.cnnic.net.cn/hlwfzyj/hlwxzbg/hlwtjbg/201808/P020180820630889299840.pdf,最后访问时间:2019年3月1日。
③ 〔美〕罗丽莎:《另类的现代性:改革开放时代中国性别化的渴望》,黄新译,江苏人民出版社,2006,第57页。

强、有雄心抱负、有责任担当,也可以拥有细心、感性、谦逊、温柔等特质;社会个体(无论男女)都变得更加重视环境性因素和人际合作关系,而非一味寻求快速、竞争、优胜和取代他人。①

当前我国已进入人口老龄化社会,工业化、城镇化的进程削弱了传统观念对"核心家庭"的影响力,改变着传统家庭中的两性角色分工与话语权。网络社会中存在的技术壁垒也在一定程度上削弱着父辈经验的权威性以及传统观念对年轻人的约束力。传统思想和文化的传递经历了某种意义上的断层。以上这些都是可能导致"阴柔"的文化价值观在我国当下社会环境中崛起的根本性社会因素。② 在"阴柔文化"的流行中,亚文化群体"性别反叛"式的个性风格,只是向主流文化发起的对话形式,其背后发生的社会环境变化因素才是这一对话的实质。

四 "阴柔文化"流行的启示

文化意义上的虚构,往往是对社会现实中真实焦虑的书写。新兴文化的产生和特定偏好的形成并非偶然,流行的形式实则是被"前景化"(foregrounding)的选择性意义分配和文化符码建构。在后工业化时代,当对阶级、种族、性别等结构性因素的区分逐渐随社会的发展被消解时,个体与社会群体之间的关系也就变得更加碎片化、短暂化和具有流动性。在技术驱动产生的社会结构变动与劳动关系变革中,"阴柔"的文化价值观和合作性的个人主义范式已成为趋势。在这种观念的发展中,③ 文化作品中的女性形象早已实现了从"去(女)性别化"到具双性化气质的"新中性形象"转变。④ 而在男性形象探索与定义上,虽然传统观念的期待仍占据主导地位,但也体现出了青年亚文化群体对社会环境变化的敏锐感知和对文化价值观念转向的先遣性实践。新女性主义的话语理论已不再着力于寻求对男性性别身份的征讨和否定,而是尝试与之建立一种"携手并

---

① 〔荷〕吉尔特·霍夫斯泰德、格特·扬·霍夫斯泰德:《文化与组织:心理软件的力量》,李原、孙健敏译,第216页。
② 刘迎迎:《城市空间场域下青年亚文化视觉形象》,《中国青年研究》2019年第2期。
③ 杨慧:《新女性主义和男性新镜像——论苏珊娜·比尔五部影片中的性别美学》,《当代电影》2013年第3期。
④ 陈琰娇:《想象一个中性社会》,《中国图书评论》2013年第12期。

肩"的合作伙伴关系,①"阴柔文化"中粉丝对明星的态度,也不再是传统的单向崇拜模式,即在倡导合作主义范式的新技术社会环境中,明星已经不再是高高在上的优胜者,而是在调用一切优势与粉丝建立一种平等而相互成就的"盟友"式亲密关系。

"阴柔文化"经历了从舶来文化到本土化文化的发展,实现了从二维"超扁平"世界向三维现实世界的延伸。在这个过程中,尽管"阴柔文化"与主流文化之间潜在对抗关系,但它并不是孤立存在的,而是在与主流文化相互依存、共同发展。一方面,作为一种青年亚文化形态,它在反抗的过程中不断变化表现形式来彰显风格的独特性;另一方面,主流文化在批判亚文化形式的同时,也对其进行选择性收编来争取影响更多的年轻人。例如,在2017年《建军大业》中全面启用新生代明星来扮演大银幕上的革命英雄人物的尝试,2018年起国产叫座影片中初代"小鲜肉"明星外形的糙化趋势,2019年B站推出的马克思主义题材的国产动漫《领风者》,以及官方机构和媒体官微的话语风格的"萌"向化发展,等等。

在"阴柔文化"的形成与发展中,青年群体不断尝试用浮夸和充满对抗性的方式来挑战传统的象征性符号体系,但网络并非这种亚文化形式的创造者:它只是在为青年的想象力、创造力提供展示空间时,放大了其与主流文化之间的差异。女性不应被武断地归结为"阴柔文化"流行的根源:在这里,男性外表和性别气质虽然被当作了表达反叛诉求符码,但这种"形式—意义"的关联背后所隐藏的是当前的社会经济结构、劳动生产关系的变化,以及由之牵动的价值观念转向等深层因素。但是,尽管当前女性在生活和工作中已经可以进入许多曾经专属于男性的空间,但她们也面临着新压力与新挑战。"阴柔"的审美偏好体现的正是身处压力中的"应激反应"以及对具备亲社会性特质的"盟友"和精神伙伴的向往。据此,可以说"阴柔文化"萌生于部分"女性向"作品对这种独特审美机制的准确把握中,但是从这种"性别僭越式假想"当中体现的并不是现代女性的解放,而是其悬而未决的真实焦虑。因此,过去将"阴柔文化"流行归结于女权主义崛起的观点,实则是本末倒置的。

---

① 杨慧:《新女性主义和男性新镜像——论苏珊娜·比尔五部影片中的性别美学》,《当代电影》2013年第3期。

女性参与、情动理论与作为社会症候的偶像文化

王雨童*

摘要 娱乐偶像文化源于20世纪70年代的日本，粉丝对兼具才艺展示和人格形象经营的偶像的迷恋，是其重要组成部分。国产娱乐偶像文化由互联网媒介塑造，在粉丝、作为劳工的偶像和资本方共同协作下形成的偶像文化，不仅使得女性的多样态的积极主动的文化参与得以浮现，而且凸显了以"情动"这一德勒兹确立的概念解释当代文化症候的有效性，偶像文化的实质是受众诸种情感的生产和流变。围绕着偶像引发的性别争议成为女性粉丝进行情动生产的重要自我建构，两种不同风格的文化之争的实质是阶层文化分层。

关键词 偶像文化　女性参与　情动理论　圈层文化

Abstract Idol culture in entertainment industry had it origin in Japan in the 1970s. It is fans' infatuations for talented and charming idol that form an important part of idol culture. In China, idol culture is deeply interfered with the internet media and shaped by cooperation between fans, idol labors and capital owners. Idol culture not only allows for the emergence of women's diverse and active cultural participation, but also hightlights the validity of Affect Theory (Deleuze) explaining contemporary social symptoms. The essence of idol culture is production and variation of multiple e-motions. Gender disputes caused by idol culture gradually became a kind of

---

* 王雨童，北京大学中文系博士研究生，研究方向为流行文化及文化理论。

affective labor, by which female fans achieve their self-construction. At last, I conclude that two different styles of circle culture belong to layered class culture.

Keywords　idol culture; female participation; Affect Theory; circle culture

2018 年被新媒体称为"偶像（idol）元年"，由于两个娱乐偶像选秀网络综艺节目《偶像练习生》《创造 101》获得全社会的关注，继 2005 年《超级女声》之后，娱乐偶像、选秀在中国社会再次获得普遍关注。与彼时不同的是，草根明星被专业偶像取代，粉丝的自发热情也遭遇到互联网平台的资本收编，而当偶像文化越来越普及，成为大众文化中最具活力的一部分时，娱乐偶像的社会符号功能也随之被凸显。偶像文化所引发的冲突和争议，不仅是娱乐的喧哗，还可以被看作各圈层自我表达的社会症候。

一　互联网时代的国产娱乐偶像生成机制

偶像文化是 20 世纪 70 年代发源于日本娱乐工业中的一种文化类型，作为媒介形象的偶像，不仅具有较高的形象素质和唱歌、跳舞、表演等才艺能力，还要求人的生活和经历元素具有吸引力，这是偶像同演员、歌手等演艺人员的区别所在，偶像需要主动暴露完整的人格品质。偶像文化诞生于 20 世纪 60 年代的消费社会和大众文化全球普及的历史环境中，因彩色电视机在日本中产阶级家庭的普及，"团块世代"的青少年拥有可观的可支配的零花钱等因素，山口百惠等初代的娱乐偶像开始在电视荧屏上唱歌和演剧。其后，日本的偶像文化多次变换，形成了传统偶像、声优偶像、电音偶像、养成系偶像、虚拟偶像①等细分群体。20 世纪 90 年代，以日本偶像工业为基础，韩国娱乐产业打造了以 K-POP 流行文化为主要

---

① 传统偶像，指在电视节目、歌唱比赛、线下演唱会等传统娱乐场所进行活动的偶像；声优偶像，指由具有高人气的动画配音演员担任的偶像；电音偶像，指专注于电子风格音乐的偶像，多只活动于线上；养成系偶像，指起初毫无专业基础、由粉丝决定成长、以养成为卖点的偶像；虚拟偶像，指没有真人担任的数码偶像。

风格的偶像体系，构成在世界范围内产生影响力的"韩流"文化的两大支柱之一。比起种类细分的日本偶像文化，韩国偶像文化形成了面向国际市场的高度模式化的培养方式和严密的粉丝运行体系的工业化制造模式，偶像团体三至五年一迭代，可复制性强。中国的偶像文化可以追溯至20世纪八九十年代港台流行文化热中对"四大天王""小虎队"等流行歌手的追捧，以及21世纪初"韩流热"中的追星行为。《超级女声》（2005）等声乐选秀节目将草根明星和粉丝行为推至台前，投票胜出的机制培育了最早的粉丝经济，然而草根明星并不等同于受过工业模式严格训练、悉心包装和有意规训的偶像。尽管最早的原创偶像可以追溯至2007年（BOBO组合于2007年推出，"至上励合"组合于2008年产生），但获得商业成功的国产偶像文化显影于2013年前后被称为"归国四子"的偶像成员。高投入、高产出营利模式的偶像文化是工业化的产物，虽然它以打造幻梦为己任，但实际上与商业、社会乃至国际政治局势的现实关联可谓相当紧密。在2006年前后，韩国娱乐业的日本市场深受"独岛"（由韩国实际控制，日称"竹岛"）争端影响，不得已将目光转向尚未开发的中国市场，开始有意识地培养以普通话为母语的娱乐业练习生，并在中国互联网文化中建立粉丝组织。鹿晗、吴亦凡、张艺兴等初代娱乐偶像均在这一时间被韩国公司培养，2012年韩国最大的偶像公司更是首次推出了针对普通话市场的EXO-M组合，在中国受到欢迎，两年后回国发展的该组合成员一跃成为粉丝数量千万的偶像。

国产娱乐偶像文化的诞生以全球流行文化为背景，因被互联网平台资本纳入扩张格局而快速成长。中国的互联网经济在2013年前后遇到国际资本热潮，2015年中国提出"互联网＋"计划，互联网经济被明确作为中国经济的增长点。在这一时期，百度、阿里巴巴、腾讯三大互联网巨头通过收购、自建的方式创立了爱奇艺、优酷网、腾讯视频，它们成为国内最主要的互联网视频平台，涵盖了综艺节目、演唱会、网剧、网络大电影、游戏、直播、社区等全方位的娱乐形式。在各大巨头囊括了从网络文学到音乐，再到视频的娱乐矩阵中，推出新鲜的、只属于自己的吸引力符号至关重要，这成为2018年偶像选秀节目《偶像练习生》《创造101》被制造为公众话题的背景。由于我国娱乐经纪公司的资源独立获取能力较弱，平台方不仅是传播方，同时也成为内容制作方和管理方，往往对自己培养出的偶像拥有合约期内的独家经纪权，偶像文化同互联网平台的管理密不可分。此外，基于互联网社交网络的流量经济和趣缘社群，作为原创偶像文化的基本组成内容，将偶像文化整合进互联网经济的生产模式中。流量经济本指互联网革命后出现的、依托信息技术而产生的资源、信息、金融、商品以全球为范围的快速流通的经济形式；在娱乐工业中，流量经济表现为：以各网络平台的大数据为主要依据，对文化产品的接受度、偶像的商业价值、受众的消费行为进行判定，算法与数值成为唯一评价体系。以新浪微博为例，这个月活跃用户 4.62 亿的全媒体社交平台上聚集了总计 167 亿人次的娱乐明星粉丝（不同明星的同一账号粉丝重复计算）[1]，明星的各项数据（粉丝数、阅读量等）成为他的商业成功度的指征。2015 年新浪微博推出"明星势力榜"，将"体现明星发布内容传播范围的阅读数、体现明星微博社交数据的互动数、体现明星在微博上热度的社会影响力、体现粉丝对明星喜爱程度的爱慕值"按相应权重纳入算法范围，得出的百分制数值"全面反映明星热度"[2]，2017 年的改版更是加入"正能量值"权重，"数据追星"正式被结构化。偶像从"练习生"进入"新星榜"，再进入"明星榜"依循着升级模式，每一步都需要粉丝大量的金钱投入和时间投入。从购买数据维护服务（刷流量）、购买虚拟花朵增加爱慕值，到为偶像活动集资，再到全微博"控评"（控制评论），流量经济成为偶像文化最主要的营利形式，也成为偶像提升知名度的快捷途径，如 2014 年鹿晗的粉丝以在他的微博下转发评论数打破吉尼斯纪录的方式，为事业转型期的偶像做了"免费"宣传，短时间内鹿晗的商业价值大涨。

国内受众便是在这样的媒介和经济环境下参与到偶像文化中去的，一方面"创造明星的决定性力量是观众，即消费者——而不是媒体文本的制造者"[3]，是受众的高度参与为基础弱、强度高、周期短的国产偶像文化提供了热情支持；另一方面粉丝的行为和情感也被既定的偶像经济模式所组织和塑造。由于娱乐经纪制度尚不成熟，热情高涨的粉丝承担了部分本属于经纪公司的管理和运营职能，以 2018 年偶像选秀节目《偶像练习生》

---

[1] 《2018 微博用户发展报告》，新浪微博数据中心，http://www.199it.com/archives/847890.html，最后访问日期：2019 年 8 月 12 日。

[2] 《微博明星势力榜榜单规则》，新浪微博，https://chart.weibo.com/chart/introv2?rank_type=5&version=v1，最后访问日期：2019 年 8 月 12 日。

[3] 〔英〕理查德·戴尔：《明星》，严敏译，北京大学出版社，2010，第 26 页。

为例,粉丝为使偶像出道投入的集资款项总和超过千万元,远超过经纪公司的培养投入。① 在金钱之外,粉丝的时间投入和情感投入更是无法计量,甚至为维护偶像不时要与其他粉丝、媒体和经纪方发生激烈的冲突,这种冲突成了参与偶像文化的意义之一:通过向管理者、制作方提出维护权益的诉求,粉丝会感受到对爱之物更为强烈的拥有感,并与其他粉丝共享这种所有权。② 经纪公司或工作室也默许这种粉丝自我增强黏性的行为,甚至会让渡一部分权利给他们认可的粉丝团体,让粉丝参与到形塑偶像的过程中来。偶像本就以迎合目标受众的喜爱为职业,在强势而主动的粉丝团队面前,他们穿粉丝所赠送的服装,为粉丝写歌以示感谢,点赞粉丝的微博,在镜头前一遍遍地感谢粉丝,主动合作成为偶像和粉丝建立关系的基础。然而,与粉丝痴狂的、强烈的、倾其所有的迷恋同时发生的是,迷恋的高度流动性,这与互联网时代虚拟身份的多重性、注意力的短暂性、数据库的消费性等文化特征相关。粉丝以高度的媒介自觉将偶像称为"纸片人",指认偶像为各种视觉形象、社交账号和网络信息组成的"人设"③而非真人,将对偶像的迷恋放置在介于真实空间和虚拟空间之间的位置,一方面用"真情实感你就输了"来自我规训,另一方面又为偶像不经意间的举手投足所流露出的真实品质高呼"这(某品质)是真的"。每切换一个追星的社交账号,粉丝都可以切换不同的迷恋对象,并在主流的单一迷恋外,还随意选择迷恋多人、迷恋CP④、迷恋组合等多种形式。这种迷恋尽管可以全天候,但周期相对短暂,以已成熟迭代的日韩偶像文化为例,除了以成熟年长男性为卖点的"杰尼斯"系男性偶像外,属于青春文化的偶像活动时间长则可达7年,短则为5年甚至3年。一旦偶像同粉丝的情感契约遭到破坏(偶像不再有吸引力,或偶像恋爱破坏粉丝幻想等),粉丝会相当快速地抛弃偶像,转而寻找下一个迷恋对象。

---

① 《卧底〈偶像练习生〉饭圈,结果发现送偶像出道居然要花2000万》,娱乐资本论,https://www.huxiu.com/article/238977.html,最后访问日期:2019年8月12日。
② Sharon Marie Ross, *Beyond The Box: Television and the Internet*, Oxford: Blackwell, 2008, p. 231.
③ "人设"是"人物设定"的缩写,本用于日本ACG(动画、漫画、游戏)文化中的角色设定,偶像粉丝用它来概括偶像整体形象,包括外表、性格、才能等,具有虚拟性和表演性。
④ CP是Coupling(配对)的缩写,指受众将文学艺术作品中的两个人物建立起想象性关系的行为,这是一种超越原文本意图的自主创作。

在资本方和粉丝的共同参与下，偶像也在发生迭代。不同于以演唱会上的唱跳表演为主要营利模式的偶像，高度依赖互联网的新型偶像的职能已然发生转变：才艺技能只是偶像综合能力的一部分，偶像作为文化符号的传播价值被社交媒体放大，互联网迷因（meme）成为娱乐偶像获得高知名度的关键，这改变了娱乐明星传统的角色定位。在早期电影中，明星曾是英雄、男女神的具象表现，是行为的理想方式的化身，后来才成为大众化的人，以其平凡身份和易相处来提供亲切感，而在互联网文化的当下，明星的形象和行为成为快速复制并大量传播的迷因，流行并不携带意义。下文将要讨论的围绕偶像产生的社会争议，便是偶像在普通人的拟象和迷因之间的角色冲突。

二 情感参与：多样态迷恋行为的共同内核

偶像文化来势汹汹，短时间内通过粉丝高涨的热情占领了大众的注意力空间，无论广告代言还是网剧综艺，偶像的青春面庞比比皆是。如果说大众是在相对被动和不知情的情况下被卷入偶像文化的话，那么构成偶像文化积极参与群体即受众的则是哪部分人呢？根据国内专业娱乐产业分析机构艺恩对偶像文化受众的多次调查报告[①]可知，年轻单身女性是偶像文化的主流积极参与者。无关偶像本人的性别，其受众多是三线以上城市、有一定经济能力的女性，一半以上的粉丝年龄在18~22岁。偶像文化曾经属于受众广泛播散于各年龄段、各阶层的"国民文化"（如在山口百惠和吉永小百合时代），随着产业发展逐渐成为针对某一趣缘群体的圈层文化，与其说年轻都市女性作为一个文化群体浮现，不如说她们作为一个消费群体被资本所注意到。随着女性自主消费能力的增强，注重时尚、娱乐和社交的"她经济"或"女性经济"被商家捕捉到并加以引导，针对"女性消费价值参与化明显""女性社群在消费中扮演越来越积极的角色"[②]等

---

① 《我愿为影，护你为王：粉丝经济研究报告》，艺恩，http://www.entgroup.cn/report/f/2018152.shtml；《中国偶像产业迭代研究报告》，http://www.entgroup.cn/report/f/1918190.shtml；《粉圈新洞察与粉丝运营进阶全攻略》，http://www.entgroup.cn/report/f/1918221.shtml；上述三篇文章的最后访问日期均为2019年8月31日。
② 京东BD研究院：《女性消费报告——2017京东女子图鉴》，http://www.bigdata21jd.com/Home/Baogao/detail/id/98/catid/2.html，最后访问日期：2019年8月12日。

特征制定营销策略。偶像作为品牌代言人、形象大使的商业价值，被时尚产业所需要，娱乐偶像因此根据年轻女性的喜好进行形塑，如时刻维持精致的妆容和时尚穿搭，把时尚作为生活方式传递给潜在的消费者。偶像文化流行的经济动因，同消费紧缩经济环境下的"口红效应"相似。无论为偶像投票、购买视频平台会员资格，还是购买演唱会入场券，都属于花费不高但长尾效应显著的消费行为。与新闻中频频出现的"疯狂追星族"不同，粉丝对偶像的经济投入也呈现金字塔结构，大部分粉丝处于低花销、高参与的状态。这一现象也得到了日本偶像观察者的认可，每次日本偶像文化的兴起都同经济紧缩步调保持一致，依托网络或电视进行的偶像文化，耗资较少却能提供长期的意义和愉悦感，对消费观趋于保守的年轻人产生较大吸引力。① 此外，移动互联网终端的普及使得每个终端持有者都可以零距离地碎片化地享受偶像文化，这符合都市年轻女性的快节奏的日常行为特征，整段的肥皂剧时间已经被工作或学习切分为间歇性的短暂的碎片化时段。偶像也是由诸多碎片堆砌而成的，不同的生活碎片之间没有紧密的关联性，比如，不同的装扮都只是表演风格的一部分，并不需要深入地理解背景，相比于需要连贯性时间的娱乐行为如追剧、看小说等，欣赏一段 5 分钟的偶像舞台精剪片段就能以更少的精力投入获得更大的满足感。

在消费习惯等因素外，娱乐偶像的诸多话题、图像和故事也满足了女性粉丝对心智消费的情感需求。偶像的吸引力多种多样，每个粉丝的心动瞬间都是关于人格魅力的复杂性描叙和情感得到满足的叙述，根据岳晓东与张宙桥的研究，偶像崇拜可分为以人物为本型的偶像崇拜与以特质为本型的偶像崇拜，前者将偶像视作真实存在的人，具有不被本质定义的特征，后者则依循着钦慕或欲望的品质去寻找、建构偶像的形象。② 从得到粉丝圈广泛认可的"始于颜值，陷于才华，忠于人品"叙述可看出，颜值、才华和人品被看作偶像的魅力所在。其中，具有视觉冲击力的外形是最容易理解的部分，对偶像的审美也从侧面反映年轻女性群体的审美变

---

① 〔日〕田中秀臣：《AKB48 的格子裙经济学》，江裕真译，人民邮电出版社，2014，第 56～57 页。
② Xiaodong Yue, Chau-kiu Cheung, *Idol Worship in Chinese Society: A Psychological Approach*, London: Routledge, 2018, p. 15.

迁。无论"归国四子"、蔡徐坤等新生代偶像，还是年纪更小的TFBoys组合，都有着相似的特征：相貌清秀、身形纤细、打扮精致。这些形象要素远非传统价值中对男性的阳刚、雄健的审美，偶像的吸引力部分来自被掌控、被保护乃至被养成的被动对象。而人品和才华在粉丝语境中则比颜值更加复杂，它们更多的是由粉丝主动建构，并不能以寻常标准来理解。以TFBoys组合为例，比起同一时间外形精致、技艺成熟的日韩竞争者，13岁出道的他们没有经过完整的训练，翻唱的MV和网络自制剧在制作形式上相当粗糙，无论才华还是人品，都未经充分展示。然而，正是经由这些粗糙的视频展示和频繁更新的社交账号，年轻的女性互联网用户发现了他们作为"阳光、纯净又情感深厚的正能量少年"的吸引力，并注视着偶像由稚龄逐渐成年，参加中考和高考，拿下一个个榜单的第一，将他们的成熟乃至成功建构成"热血年轻人对抗险恶世界"的神话故事，在陪伴他们成长的情感付出中投射了有关自我成功的成就感。需要注意的是，故事消费的驱动力多样，女性在偶像身上找到的满足并不仅是性吸引力或事业成就感。岳晓东等人归纳了4大类26项粉丝迷恋的内容：身份模仿（独特的，自我满足的）、浪漫联结关系（亲密关系，自恋）、理想化神秘想象（完美无缺偶像）、消费认同（偶像拜物化）[1]——而实际情况可能更复杂。粉丝自我命名的身份的多种多样性足以证明，"恋爱粉""女友粉"更关注与偶像建立虚拟恋爱的亲密关系，而"妈妈粉""姐姐粉"则渴望照顾、关怀、引导偶像，占主流的"事业粉"更像是寻找有关"梦想"的个人奋斗神话，"颜粉"认为颜值比其他因素都更加重要，"黑粉"则在仇恨和嘲讽中获得了别样的爱欲。即使是以浪漫联结关系为主要迷恋目的的粉丝，其期待着的亲密关系也并非只能被想象成个体、私密和非社会的关系，如"CP粉"以围观而非介入的方式享受与偶像的情感互动，这超出异性恋对偶婚规定的二元关系，但这种"我们在阅读BL"[2]的姿态，显然又同直接参与恋爱关系不同，女性粉丝与偶像建立亲密情感并不需要处于亲密关系之中。值得注意的种类是"逆苏粉"，"逆苏粉"以逆转情

---

[1] Xiaodong Yue, Chau-kiu Cheung, *Idol Worship in Chinese Society: A Psychological Approach*, p. 27.
[2] 〔日〕西条昇、木内英太、植田康孝『アイドルが生息する「現実空間」と「仮想空間」の二重構造「キャラクター」と「偶像」の合致と乖離』,『江戸川大学紀要』26（2016），207頁。

欲主被动关系和脱离偶像人物原型的自由想象方式制造快感，它同身份错认和自恋的关联比其他类型似乎要更紧密。

不同的迷恋方式对应着不同的主体认知，纵然主体认知千差万别甚至截然相反（如"事业粉"和"逆苏粉"），也奇妙地在情感强度上获得了共鸣，情感是千姿百态的偶像和偶像迷恋的共通点，也是体认和解释偶像迷恋的最有效途径。在此，笔者借用情动这一理论框架对偶像迷恋进行分析。情动始于对身心二元论的质疑：情感是否隶属于心灵或理性而产生和被控制，它与长期被抑制的身体有怎样的关联？斯宾诺莎在《伦理学》中将情感解释为"身体的感触，这些感触使身体活动的力量增进或减退，顺畅或阻碍，而这些情感或感触的观念同时亦随之增进或减退，顺畅或阻碍"①，情感同心灵和身体都有关联，但并不受到二者的直接控制，重要的是，情感成为引发行动的强力表现。情感无法用语言来完全捕捉，而在大部分文化工业中，恰恰不是语言而是经过媒介化的形象对眼睛的直接刺激让受众产生身体反应，直接调动情感而非理性的思维。将情感从语言的困境中解放出来的是德勒兹对情动和生成的理解，他认为情感（affect）与情状（affection）、感情（emotion）或感觉（feeling）等词的区别就在于：前者有着变化和行动的趋向，而后者只是静止的、呈现的情感状态，是消极的被动状态。他重新阐释"小汉斯与马"这个弗洛伊德经典案例："只有生成和集团，儿童集团，女性集团，动物性集团，当下生成的集团，而没有什么纪念、想象或象征。欲望既不是比喻的也不是象征的，既不是能指也不是所指：它由相互跨越、表达和阻碍的不同路线所构成，而这些路线又构成了内在性平面上的一个特殊组装。"② 弗洛伊德式的对欲望的分析，建立在结构项和所指的框架内（如把小汉斯怕马这一恐惧解释为阉割恐惧）；而德勒兹认为欲望就是欲望，"只能在组装或装配成机器时才存在"，他从"小汉斯与马"是机器装配中的相关分子角度，解释两个不可能沟通的主体互相之间的情感复合，情感成为生成-动物的动力和契机。在此我们并不是要否认精神分析对迷恋的解释，而是从德勒兹对情感的理解中获得启示：情感是在不可化约之项之间发生碰撞、相互接触，是行动

---

① 〔荷兰〕斯宾诺莎：《伦理学》，贺麟译，商务印书馆，1998，第98页。
② 〔法〕吉尔·德勒兹：《精神分析学与欲望》，汪民安主编《生产（第5辑）·德勒兹机器》，广西师范大学出版社，2008，第68页。

能力从减弱到增强的变动,是对主体这一屡遭批判理论所质疑的概念的有力询问。无论我们如何给偶像文化的受众以精准的主体定位,都无法解释年轻的都市女性为何会产生对偶像的迷恋,也无法捕捉她们经受偶像文化冲击所发生的剧烈生成。只有将情感的本质理解为非主体的外在力量的连绵不绝的冲击,并由情动不断形成新的组成/机器装配时,我们才能理解粉丝在与偶像共同实现梦想时的共振,才能理解"真情实感你就输了"在非本质性关系意义上的成立。或许我们可以更新偶像文化的定义:偶像文化的实质不在于文艺形式或是艺人个体,而在于一系列组成该文化的内容对受众身体的持续撞击与穿越,在于这一过程中增长、转向、变异、繁衍的种种情感流动。

三 圈层建构的情动实践:性别或阶层

粉丝强大的情动能力并不只限定在个体对梦幻世界的追寻方面,它在被资本体系捕获后,还迅速变成价值生产的一部分。哲学家哈特和奈格里提出"情感劳动"(affective labor)的概念,它是指不同于传统的物质性劳作,而从事人与人的感情的生产和交换活动并产生经济效益的劳动。这种劳动逐渐成为未来劳动的主要类型,并有相当明显的女性化特征,感受、情绪和公关等由传统女性负责的职能的重要性在加强,然而女性受到的剥削不减反增。粉丝对所爱之物(无论人还是本书或节目)所投注的时间和情感足够成为情感劳动的一部分,并且在文化工业中的结构位置让她们的行动总会被收编,"情感劳动并不售买商品或服务,而是被售卖的商品或服务。如果我们考虑到'粉都'(fandom)在整个资本主义体系中的位置,它可以被视为一种商品或服务"[1]。情感劳动是计算机网络时代对信息、通信的延伸,上文已述,粉丝无偿承担了运营、推广等部分经纪公司的工作,并自发成为互联网经济下的数字劳工。在对粉丝的访谈中笔者获悉,为参与微博流量竞争的偶像刷榜,粉丝每日需要刷榜一两个小时,而当偶像争夺出道名额、发行音乐专辑或"微博搬家"(指从一个流量榜单上升至更高级的榜单)等关键时刻,粉丝需要投入八小时甚至更多的劳

---

[1] Jennifer Spence, "Labours of Love: Affect, Fan Labour, And The Monetization of Fandom," 2014, *Electronic Thesis and Dissertation Repository*, 2203, p. 28.

动时间,更勿论为使偶像获得更多产品代言机会而花费大量金钱购买产品的消费行为了。大量的投入换来了微博年度报告中的"粉丝转发评论占比明显升高"和经济效益。然而由于是自发的情感之爱,粉丝并不会认为这样的行为是剥削,生产的客体欣然成为生产的主体。情感劳动并非只有被收编成为加固资本体系的砖瓦这一种可能,事实上,在劳动历史中长期存在情感劳动,它服务于有价值的关系网络、社群组织和流通方式。无论情感劳动还是智力劳动,虚拟性的产品都依赖于劳动者密切合作才能生成,在围绕娱乐偶像的生产与再生产中,粉丝不仅需要与偶像建立亲密的合作关系,还需要同其他粉丝共享该偶像并彼此间协商、合作。由于中国的粉丝少有经纪公司官方组织形式,社群就成为女性粉丝自建偶像文化的重要渠道,建立和维护圈层文化也因此成为偶像文化的重要内容。粉丝内部组织多按金字塔结构排列,即粉头(粉丝首领)或大粉、粉丝管理层、普通粉丝,数量由少到多,尽管存在自上而下的管理关系,但粉丝总体高度认可后援会管理的意义,甚至会与大粉产生亲密、信赖关系。

虽然偶像文化具有圈层文化的种种特性(如设有成员准入门槛,使用约定俗成、高度风格化的符号和语言进行交流),但它正随着互联网平台对娱乐格局的全方位占有而享有大量的注意力空间,除了粉丝外,每个偶像都拥有大量并不被其吸引但也被动卷入偶像文化中的大众"路人",他们通过被动接受推送信息而了解偶像。不可避免的是,跨出魅力圈的偶像文化面临着同其他圈层文化及主流文化的摩擦,粉丝需要承担大量维护本圈层文化价值的工作。偶像因负面报道被显影于大众视域内的并非个例,这正是两种承载着不同价值和诉求的文化冲撞的必然结果。2018年,担任《中国新说唱》网络综艺节目嘉宾的偶像吴亦凡,被虎扑论坛网友质疑说唱能力,吴亦凡强硬的表态使得粉丝大规模参与到与虎扑网友的论战中;偶像蔡徐坤因担任NBA篮球推广大使,遭体育类百度贴吧、虎扑和哔哩哔哩(B站)动画网鬼畜①区网友的激烈反对,其粉丝的奋力反击又变成网友二次嘲笑的内容……在这一过程中,以各种具体形式表现的性别羞辱,成为围绕偶像多次产生的争论焦点,偶像成为性别冲突的议题聚焦

---

① "鬼畜"(きちく)是一种二次元亚文化视频类型。它利用二次剪辑,追求背景音乐、声音素材与视频画面的同步,并常伴有高频重复的特征,以此打乱原作的叙事节奏,达到对内容的解构与反讽。

点。无论说唱还是篮球,都明显携带着传统男性社群、工薪阶层、传统兄弟情谊等文化特征,以取悦女性为要务的男性偶像对这些领域的入侵,是对传统男性的外貌特征、社会角色乃至道德品质的全面侵犯。在两军对峙格局中,虎扑、体育类百度贴吧、B 站动画网鬼畜区的网友中,男性占绝大多数,用"鲜肉""娘炮""没个男人样"等词攻击娱乐偶像,而粉丝群体则体现了鲜明的女性特征,如用"姐妹们"相互联合,并以"直男""X 丝"等词反唇相讥。围绕着偶像产生的冲突不再以 20 世纪 90 年代"港星热""哈韩族"时期的年龄差异为鸿沟,似乎性别成为割裂文化共识的新代沟,但仔细考量双方的交锋我们会发现,借助性别言说表达的是更复杂的冲突,双方冲突的根源不在于审美,而在于差异性社会地位支撑下的圈层文化中的话语权争夺。男性对娱乐偶像的否定集中在基于娱乐偶像的影像和唱跳作品进行的二次创作上,包括表情包、鬼畜视频、网络段子等,他们选取偶像表演中的失误、镜头下的丑照为素材,配以嘲讽性的粗体文字或音乐,并多次重复,这种行为并非新创,它在互联网文化语境中有自己的缘起——百度贴吧里的"X 丝"文化。起源于百度贴吧中"李毅吧"的"X 丝"文化,以恶搞为核心策略,创造出一批自我指认和想象集体的隐喻式符号,以"自我矮化"的方式抒发对现实处境的低阶层和跃升困难的调侃,常见的叙事是"X 丝搬砖""白富美只和高富帅做朋友""X 丝逆袭"。对于短时间就可以取得成功且不符合他们审美预期的明星,他们往往以"内涵""高级黑"嘲讽和恶搞的方式获得"反粉都"快感,被"内涵"的明星有 2005 年中性打扮的"超女"李宇春、奥运会献唱的童星林妙可、发不当言论的台湾女明星、知名韩流组合 Super Junior、"归国四子"和蔡徐坤等——由于争议而获得大量关注的他们,与"屌丝逆袭"的新自由主义奋斗神话截然相反,因此成为"X 丝"攻击的对象。另外,使"帝吧"("李毅吧"被吧友称为"帝吧")扬名的"反粉都"行为是"爆吧",即恶意内容或无实质内容的帖子大量刷屏,严重扰乱其他贴吧的秩序。网友曾总结"李毅吧"史上著名的"爆吧"事件,其中大部分同卷入民族主义情绪事件的明星、偶像有关,吧友用"爆吧"的方式惩戒言行失范的艺人及支持他的群体,并宣称"脑残不死,圣战不止",将对方粉丝作为主要攻击对象。上文所述,在网络时代,娱乐偶像不再是艺术家、仰视对象或社会大众的理想成功者,而是流行机制中很难被充分解释的互联网迷因,正如吴亦凡在《中国新说唱》里创造的无意义语气词"skr"突然流行一样，偶像成功的不可解释性，成为女粉丝和男网友对立的根源。

男网友对成功标准不可辨认的焦虑，同女粉丝投入金钱、精力获得成功的成就感发生碰撞，由此，这些围绕偶像的争夺战不仅成为维护本圈文化的忠诚之战，还成为维护自身所属阶层的价值之战。"X丝"文化受众自我描述为"农民工，城市小手工业者，产业工人，不满现状的企业雇员，流氓无产者，困厄的三本狗，专科狗"①，相同的阶层而非性别成为该群集成文化的核心，正如"矮穷丑"是在同"高富帅"的对比中成立的，他们同作为粉丝主流的都市年轻女性并不共享阶层共识。偶像文化的精致、时尚、华丽与鬼畜文化、"内涵"文化的粗糙、强复制性、反潮流形成的风格对立，并不是纯粹性的审美对立，而是不同阶层的表达差异。在《亚文化：风格的意义》中，赫伯迪格在彼时被认为是于广阔语境外的有机体的朋克亚文化中，发现了奇异音乐和奇装异服下的阶级和性别，并透过风格的表面挖掘到亚文化潜在的社会意义。"X丝"以犬儒式的调侃，对成功标准进行质疑，而娱乐偶像的粉丝们则在捍卫偶像的行动中体认自我投射的价值感，两种情动实践凸显了阶层文化的分化。

结　语

由于有以偶像作为迷因的传播属性，偶像文化介于亚文化和大众文化之间，其间的讨论、冲突、收编、占有和形塑具有社会症候意义，这也是偶像文化不能被简单定义为迷群文化的原因。偶像文化的强商业属性凸显了互联网大平台对娱乐方式整体的改变，也从侧面召唤出具有强大消费力和情动力的女性粉丝群体。情感和身体不仅是消费产品竞相追逐的战场，还成为新型生产工具的培养器，如何在情感流动的新样态文化中实现真正的"积极的情动"或将成为值得深思的问题。

---

① 《屌丝：庶民的文化胜利》，https://view.news.qq.com/zt2012/diaosi/index.html，腾讯评论，最后访问日期：2019年8月12日。

20世纪90年代以来中国广告中女性形象呈现的性别关系研究

卢佳华 郭 嘉[*]

摘要 本文梳理了中国20世纪90年代以来广告中所呈现的女性角色的变迁，发现消费社会隐藏着过剩的产品生产迎合人类无休止欲望的逻辑，成了广告中女性形象多元化呈现的严重阻碍，是导致广告中性别权力关系发生扭曲的重要原因。在此分析的基础之上，笔者试图从性别差异、公共生活、经济权利和社会规训四个角度，为未来广告中女性形象的平等呈现寻找合理化路径。

关键词 消费主义 性别关系 女性形象 女性主义

Abstract This paper reviews the changes of women's roles in advertisements since the 1990s in China, and finds that the consumer society has hidden the logic of excessive product production catering to the endless desire of human beings, which has been a serious obstacle to the diversification of female images in advertisements and an important reason for the distortion of gender rights relations in advertisements. On the basis of this analysis, the paper tries to find a reasonable way for the equal representation of female images in future advertisements from the perspectives of gender difference, public life, economic rights and social discipline.

Keywords consumerism; gender relations; female image; feminism

---

[*] 卢佳华，首都师范大学文学院传播学系2016级硕士研究生，研究方向为亚文化传播、广告文化。郭嘉，首都师范大学文学院文化产业系副教授，研究方向为文化产业、广告学。

对广告中女性形象的认知在中国始于 20 世纪 90 年代初期，女性的自我意识在性别权力关系的变迁中得到强化，女性开始在这种变迁中进一步思考和肯定自我价值。论述广告中女性形象问题离不开"女性主义"这一文化概念。它来源于 feminism 一词，最初的译法一直围绕"女权主义"和"女性主义"引起争执。结合中国的文化语境，笔者沿用"女性主义"，旨在弱化其激进色彩和言下的政治性含义，侧重强调女性在其中的性别觉醒及作为文化主体对自我的反思意识。女性主义缘起于 19 世纪下半叶的西方社会，是伴随着工业革命的深化和与之相应的解放思潮、改革运动而产生的。

1995 年后，中国学术界对其做出如下定义："女性主义"，作为一种理论与实践，包括男女平等的信念以及一种社会变革的意识形态，旨在消除对妇女及其他受压迫社会群体在经济、社会及政治上的歧视。尽管当今女性仍然是在男性话语霸权体系下寻求独立，但是广告中女性形象的改善所引起的这种性别权力关系的变迁，将作为一个积极的因素，促进社会对女性身份、地位的认可，女性为社会发展贡献了新鲜的能量，这也在一定程度上促进了性别平权化运动的历史化进程。①

一 广告中女性形象变迁的两次转折

本文选取了 20 世纪 90 年代至今这一时间段的广告进行研究，在共性中寻找其发展过程中的差异因素，这些差异是反映时代变化的重要依据。笔者发现近 30 年我国广告呈现的女性形象经历了三个阶段，在这三个阶段中出现了两次明显的转折。

（1）20 世纪 90 年代的广告中，女性形象大多为符合中国传统审美的优雅美丽的女性形象，以当时的国产化妆品广告为例，化妆品的平面广告代言人选择杨钰莹等优雅美丽的形象，并且广告文案只有简单的几个字——"东方淑女"；很明显，当时社会对于女性的审美倾向于优雅贤淑的家庭角色。进入 21 世纪以来，随着社会经济的发展、开放进程的加快和西方文化观念不断地渗透，中国女性的主体意识在这一阶段逐渐萌芽。广告中的女性形象也有了明显的转变。例如，2000 年赵薇在"关信通"电话平面

---

① 曹春：《女性主义广告的叙事策略研究》，硕士学位论文，暨南大学，2017，第 15 页。

广告中就以短发形象出现，衣着帅气的黑色皮质大衣，颇具中性色彩。再如，一直以淑女形象示人的高圆圆，当时也是以一组学生气质的短发照引发了轩然大波。另外，当时广告界的宠儿 coco（李玟），也一直以野性洒脱的形象博得眼球。千禧年之初，广告中的女性形象特征打破了传统中国社会对女性的认知和审美，去性别化的趋势也在此阶段初现。21世纪前十年，这种趋势更为明显，随着2005年《超级女声》之后李宇春、周笔畅等人在娱乐界的迅速走红，以她们为代表的中性风也迅速风靡各地，无论广告界还是其他领域。这期间女性的自我意识不断被强化，女性通过个性解放的方式进行着自我表达，可以说这一阶段是女性主义在中国发展的高峰，被视为女性主义发展的黄金时期。

（2）2010年后，"独立女性式"广告仍然具有广泛的接受度。许多产品的广告以独立自主的女性为代言人，或者在广告中强化女性独立自主的品行。例如，汤唯成为 John Cooper Works 系列车在"大中华区"的形象大使，并出演其微电影广告。在广告中，汤唯以帅气的形象与男性飙车，其女性的独特魅力在广告中彰显尽致。互联网行业的迅猛发展，使流行文化深深影响着广告的形式和内容，广告中的性别审美不再遵循以往的规律，比较明显的现象是"性别逆向代言"逐渐增多。"性别逆向代言"指的是广告中原本男士专属的商品由女性代言，而女士专属的商品由男性来代言的一种新形式广告。[①] 以往产品代言人形象较为固化，例如，珠宝首饰广告就是由优雅大气的女人来代言的，汽车广告就是采用英姿飒爽的商业精英来代言的。而在这一阶段，男性产品的广告中则不断出现女性的身影；女性产品广告中越来越多地出现男性代言人。我们探究这两类广告背后的逻辑后不难发现，前者更多的还停留在男性对于女性的观审，而后者则更多的在于女性在寻求自身主体价值时获得了社会的肯定。当下，商品市场竞争日趋激烈，相对于传统代言广告，"性别逆向代言"广告具有明显的优势，它可以打破受众的常规认知，使其产生新鲜感和陌生感；同时，这种逆向的性别形象还可以使受众产生更多的角色期待和满足。

（3）正当广告中女性形象得到多元化表达之时，伴随着网络文化的流行，"小鲜肉""暖男""大叔"等男性形象霸占了商业广告的市场，广告

[①] 李于织：《"性别逆向代言广告"的功用与启示》，硕士学位论文，辽宁大学，2011，第5页。

界纷纷将这些人气高的偶像搬上广告。"性别逆向代言"的意义也在此发生了转变：它不仅仅在吸引异性的注意，而且还在广告叙事中扮演角色，这种扮演是在非真实的虚拟状态下，使受众在观看广告的过程中产生浸入式的角色感。也就是说，"性别逆向代言"不仅是为了满足异性的观审和凝视，还在更深的意义层面暗含女性在现实社会压力面前难以找到令自身满足的寄托。女性受众对男明星的追捧导致了广告主越来越迎合其喜好，而广告主的目的则在于以此吸引女性受众更多的注意力，从而将这种注意力转化为产品的购买力，提升其产品销售额或增强品牌知名度。女性化妆品广告采用以"小鲜肉""大叔""暖男"等为标签的名人形象，就会使女性将自身投入角色扮演之中，即使用广告中的产品就会博得自己所喜爱的男性的认可。如果说前一阶段的广告很好地把握了女性独立的诉求点的话，那么此阶段的广告就硬生地将女性权利的发展方向引向了消费主义的轨道，其背后的逻辑似乎演变为购买了广告中的产品才能成为独立女性。

从以上三个阶段中可以明显看出20世纪90年代以来中国广告所呈现的女性形象发生了两次转折：一是广告中的独立个性形象颠覆了传统社会对于女性的审美，更新了社会对女性角色的认知；二是网络文化语境下，所谓表达女性主义的广告又回落到对男性的崇拜，这便偏离了女性主义最根本的精神内涵，使女性从寻求独立自由的道路上掉头，重新回归于依附男性。

二 转折所呈现的权力关系隐喻及动因

以较有代表性的彭于晏代言的 KATE 凯朵口红为例，[①] 具体分析当下宣扬的所谓"女性主义"的广告背后的消费逻辑。自 2018 年 11 月 1 日起，来自日本的彩妆品牌 KATE 凯朵正式启用彭于晏作为其品牌代言人。该品牌创立于 1997 年，一直以来都将消费群体确定为 18～29 岁的年轻女性，"NO MORE RULES；妆，无所畏"是其品牌的核心文化，始终致力于引领彩妆潮流，我们从该广告的叙事方式和叙事视角来分析其背后的性别权力关系。

---

① 广告案例来源于 KATE 凯朵品牌官网，https://www.kate-kanebo.net/news/index.html? n = kate20181101&ver = new#，最后访问日期：2019 年 8 月 31 日。

（1）这类广告采用男性代言人直接将叙事主体转换为男性视角，无论广告文案和诉求点怎样强调女性意识，都无法掩盖男性叙事对女性话语权的剥夺。这些背后的消费逻辑从网络中铺天盖地的噱头标题上便可清晰见出——"涂上这支口红就能和彭于晏……""怎能没有彭于晏最爱的大红唇？""彭于晏最想送女朋友的礼物竟然是唇膏""彭于晏太直男了！送我的七夕口红我都不好意思用"等。由此可见，所有的叙事都是从男性的视角展开的，男性在该类广告中掌握绝对优先的话语权。

（2）从诸类广告所使用的男性身体语言来看，与女性逆向代言男性商品不同。女性作为广告形象出现时，更多的是展现其某个身体部位，手、脸、胸、臀等身体部位在广告中成了一种吸引眼球的符号，广告利用女性的身体引起男性注意力；而男性作为广告代言人则弱化了身体语言，而是强调隐性的角色关系，这种关系大多不是广告中直接展现的，而是通过与粉丝消费群体的互动来补足的。在这种关系中，女性消费者多数情况下处于被动方，一直被牵制和引导。

表面来看，KATE 想通过一直以阳光、时尚、自信形象示人的彭于晏传达其品牌价值观——"无论人生还是妆容，都要敢于突破规则，挣脱束缚，勇敢做自己"。而实际上，这种文化诉求在当下社会文化环境中却变质为一场围绕男明星而展开的意淫式消费狂欢，性别平权的蓝图此时全部幻化为一番虚假的想象。卡姿兰携手全新品牌代言人"威神 V 三子"黄旭熙、钱锟、刘扬扬，一叶子、巴黎欧莱雅、韩束、自然乐园皆钟情于鹿晗，美宝莲选择了刘昊然，欧舒丹则与白敬亭合作，等等，诸多化妆品品牌纷纷追随着这场浩浩荡荡的所谓"男色"消费热潮，甚至一些高端的国际品牌也难拒绝男性明星代言人的巨大粉丝效应，这些商家无疑最看重的是明星身上强大的带货能力。以 2018 年 4 月蔡徐坤代言养生堂面膜为例，仅在 25 天之内，其销售额突破 1000 万元。时下流行的微商中女性产品的广告更明显地具有这种痕迹，打开微信朋友圈常见类似的广告语，如"豆蔻伊人，在水一方""我型我潇洒，因他而激动自己""让你装饰别人的梦""转身的标致，你值得拥有"等。另外，从京东商城、唯品会、天猫、网易考拉、亚马逊等平台对相关女性商品的广告宣传来看，"宠粉日，粉丝专享，折上折"这一类的广告语背后同样带有"期望获宠"的心理，虽然这种"获宠"并非真正存在，而只是作为期待、幻想角色，使本来可以塑造女性自我生命的化妆品也成了图谋男性宠爱的工具，社会文化发展期待的一场女性革命俨然成了女性找寻自我价值误入歧途后的一场消费狂欢。

任何一场文化畸变的表象，都渗透着深刻的经济和文化矛盾。因此，本文将当下表达伪女性主义的广告置于社会发展的大框架下，力图探寻这种逻辑演变背后的深层动因。其一，笔者认为，最根本的经济因素是社会生产力发展导致的经济矛盾。产品供过于求的现状只能通过不断调动人的欲望来获得供需平衡。鲍德里亚的《消费社会》从现代社会的人与物的关系入手，用需求理论的视角来界定社会，论述了现代消费社会中人类的消费诉求。当下对人们消费行为的重要影响因素，不再只是物质的具体功能，而是还转化为一种特殊的个别价值需求，进一步讲就是物质的附加意义。其二，笔者将此时中国现阶段的这种现象置于西方女性主义发展脉络中来看，发现它并非一种特殊的现象，而可视为女性主义发展过程中的一次回潮。笔者之所以将中国女性主义发展纳入西方女性主义发展脉络中来做类比分析，是因为女性主义发展始终伴随着科技经济发展的进程，而"女性主义发展"作为一种社会文化概念，因此也始终脱离不开经济基础与上层建筑关系的社会发展定律。

有学者称，本来期待在 21 世纪的头十年里，在中国广告文化中看到一场女性取悦自己的女权革命，却未曾料想看到的是一个消费男性的大卖场。但从西方女性主义发展的历史来看，当前这一阶段，女性并没有完全瓦解女性主义，而是社会经济发展到相对激进的阶段后女性再次对自身角色产生了矛盾和疑虑。因此，与其将当下广告中呈现的女性性别权力的弱化趋势视为消费社会的不堪产物，毋宁说它是社会经济发展不幸跌入了"女性主义回潮"的文化轨道上，由此而产生的文化表征的暂时变形。"女性主义回潮"是指受到诸多因素影响，女性主义理论和实践出现反复和低谷的现象。[①]"女性主义回潮"具有以下两种表现。第一，自女性在获得社会工作权利后，社会角色变得更加多元，然而家庭生活角色却没有减弱；女性面临着工作和家庭的双重压力，这使得很多女性开始回归家庭，回归原有的家庭角色。第二，社会更多地强调"女性主义"的概念，造成部分女性产生强烈的优越感，产生激进的女性主义思想；这些激进的

---

① 乔蕤琳：《女性主义的后现代转向与新型女性文化的建构》，博士学位论文，黑龙江大学，2014，第 49 页。

女性主义人士扭曲了女性主义原有的本质，引发了社会的强烈反感情绪，因此一些女性主动产生了摆脱女性主义的欲望。

从目前中国的经济发展状况和社会现状而言，广告代言的年轻化、偶像化及其背后的逻辑，均与第一种回潮现象相符合。为什么说这一阶段是中国女性主义发展史上的一次回潮，而没有完全否定这一时期正在上演的发展史在女性崛起过程中的意义，是因为在其中仍可以看到女性主体对自身价值的找寻——女性在社会参与中经济能力得以提升，具有了比以往更高的消费能力，这也是一种积极主动的社会参与，起码是一种社会经济参与，能够说明女性除了家庭生活之外，仍在寻求更多形式的社会认同。但是这其中仅有的一点价值如果不被保护，那么这场回潮就难说不会演变为女性主义的彻底跌落，女性在社会中的所谓身份斗争就会成为跳梁小丑般的可笑的自娱自乐。因而笔者认为，此时广告领域中出现的这种回潮现象并非想象的那样不堪，它是中国女性主义发展进入后现代后的阶段性蓄势，随后可能进入后现代女性主义时期，进入真正从本质上定义女性的文化语境中。这种语境并非使女性作为男性化的形象出现在世人面前，而是以争取更多话语权的方式不断提高女性的社会地位。后现代女性主义在20世纪60年代兴起，它是一种存在方式和话语体系，分为本质论和构成论两大派别，但二者之间有着根本的共性，即强调女性个性解放并使其获得个体自由。80年代后，后现代女性主义的影响力不断增强，女性文化思潮进一步发展。以克里斯蒂娃为例，这一时期的女性主义打破了一元论，消解男女性别之间的对抗和冲突，不再强调男女性别权力的绝对对立，而是主张爱、温情、友谊等新的文化政治话语。[1] 因此，可以说后现代女性主义从根本意义上颠覆了男性在社会中的霸主地位，以一种哲学的认知方式来重构女性的独特气质，给予真正的女性主义所倡导的自由平等以更多的可能性。

三 广告中女性形象表达的归路思考

在人性自由解放的当下，"女性主义"的概念混乱不堪，因此有必要澄清和强调女性主义的本质内涵，这是女性主义进程中的根本问题，也是

---

[1] 赵树勤：《女性文化学》，广西师范大学出版社，2006，第8页。

广告中对女性形象呈现的终极探讨。

（一）在尊重差异中寻求性别平权

性别平等的内涵是否包括对差异的承认，这是理解"平权"概念的关键，是现代女性主义争议之焦点。平等权是女性在社会中得到认可的关键，它使女性获得与男性一样的才能，是攻击性别歧视的惯例。女性通过努力进入男人占据的社会公共领域，摆脱固有观念中的性别歧视，就是终极的平等目标。在中国和西方的女性主义发展进程中，从未达到过真正意义上的男女性别权力的平等，社会公共领域的最高权威始终是由男性掌握着。因此，女性主义所强调的性别平等，应该是尊重原始的性别差异，而不应是片面强调与男性对立的绝对权威。性别权力二元论只看到了社会的现有规则下女性出场的缺失，而没有思考这种缺失背后的原因；它只是一味地对占主流地位的男性文化持否定态度，主张通过建立与男性之间的冲突、对立来打破心理上的失衡，以强化差异来获得女性心中的所谓"平等权利"，这样最终将沦为高举概念和口号的激进女性主义，激进的女性主义的最大目的在于抨击并颠覆父权话语体系。而笔者认为，真正的女性主义应破除社会的刻板印象，使女性从家庭角色中解放，而不是在原有的家庭重压之外再给女性加上一枚来自社会角色期待的砝码。而广告作为社会大众文化的一种重要形式，不应只是批量生产女性主义的文化标签，而应在把握其基本内涵的基础之上寻求与商品和品牌的沟通点，这样才能建立起广告的文化根基，也避免为了暂时的购买力而哗众取宠。平等的基础是尊重差异，真正的性别平权是在维持和谐的社会关系中各自寻求自由舒适的性别合作方式，广告中也应表现这种在合理的社会分工下的自由的性别平权。

（二）以公共生活构建自由生命形式

如果说性别平权强调的是理念层面的性别尊重，那么社会参与则着重女性主体的实践，尤其是政治参与。女性主义应该通过社会生活发展强化自身的角色，这也是社会性别平权化的重要依托。人和动物的最大差别就是人天生是有政治性和公共性的。因此，亚里士多德在《政治学》中给出了解释，人先组成家庭，家庭是满足生活必需的基本组织；多个家庭组成村落；多个村落为了满足生活的更多需要和美好愿景，达到足以自主和自足的时候,城邦就诞生了。这是一个共同体递进和扩充的过程,即个人不断社会化进程中所经历的"家庭—村落—城邦"的过程,因此城邦才是人的最终目标。"人类天生是趋向于过城邦生活的动物,人天生是一种政治生活的动物,人天生就注入了政治本能。"① 公共生活、城邦生活、政治生活在上述意义层面是相等的,它们都区别于家庭生活和私人生活。尽管亚里士多德得出的这些结论有为城邦辩护的可能性,但是在某种程度上也合理地给予了政治参与对于人主体性建构的意义。人只有在公共生活中才能获得具有风格的生命形式,才能追求自由的生命方式和生命质量。因此,女性若想在文化历史中为自身赢得肯定,就必须积极地参与公共生活,积极地找寻恰当的社会角色并尽力去扮演之,而非举着"大女子主义"的旗帜故弄玄虚。从广告层面来讲,要想体现女性主义,就应该着重表现女性在公共生活中的场景,表现男女个体在社会生活中的和谐场景,强调一种自由平等关系中的女性主义。

(三) 在经济权利中建立存在根基

在当下的商品经济社会中,人要想在社会中获得平等的权利,经济能力至关重要。这一观点洛克早已表述,他认为人和动物的差别不在于是否过家庭生活还是集体生活,而在于保证自己的生存需求,基本的生存需求就是人的权利。那么人是如何来获取维持自身需要的东西的:人不是被动地靠大自然的恩赐来养活自己,人是要靠劳动来创造自己。劳动使对象发生改变,使对象脱离自然状态,人因此具有了财产权,财产权便是人的基本权利。这是人和动物的最大差别。洛克也认同人需要达成政治社会来保障人的财产权,即人需要进入公共生活,组成群体,但进入群体的最重要的目的是保护自身的财产,让公共领域保证人的财产不被侵害。② 马克思也认为,人只分为两大阶层:有产阶级和无产阶级。只要是没有生产工具的人就要受雇于有生产资料和生产工具的人,当人不占资本时,即使有政治权利,也会回到动物的生命状态。在当下的商品经济中,女性若想获得完整的生命,就应在丰富的经济生活中建立自身存在的基本框架,避免资本运作的残酷社会使自身"人的状态"完全

---

① 亚里士多德:《政治学》,吴寿彭译,商务印书馆,1965,第37页。
② 〔英〕洛克:《政府论》,瞿菊农、叶启芳译,商务印书馆,1964,第56页。

丧失，从而回归赤裸生命，因为经济权利始终是经济社会中保证人得以存在的根基。

（四）尊重适度的欲望释放以接纳社会规训

谈及广告中的性别权力关系，无法回避的问题便是男女之间最基本的身体关系；进一步讲，是性与权利的关系。笔者认为，关于性的压抑问题本质上并不是实存的体制机制问题，而是一种话语体系问题。该话语体系带有明显的社会公约性质，在某种程度上也可以说是对文化沿袭的禁锢。在中国的文化语境中，性一直是避而不谈的问题，人的内在力比多总要寻找一个出口，但是在人性的自由表达与社会规训之间总有一个难以界定的阈，即我们对性是论是还是论否，对人的欲望是包容还是设禁。这类问题总令我们陷入徘徊和游离中。至此笔者想要强调的是，本文没有对哪一种社会制度进行批判，也并非刻意渲染对人性的压抑，因为压抑假说总会将关于性的讨论置于否定态度的框架下。文明何以出现？它是社会进步与发展的必然产物，如果社会的进步是以人的精神满足为最高目标的话，那么它产生的文明就值得颂扬；相反，如果社会的进步是以牺牲人的本性为代价的话，那么社会进步就最终只能沦为过度欲望的同谋。就如当下的被消费主义裹挟着的宣扬所谓女性主义的广告一样，它让我们清晰地看到性压抑论的虚伪性。其中，人的本性欲望根本没有被社会制度限制，它只是转换了一个更加适合其表达的场域，培植出另外更加多元的形态。在此游戏中，人不去追究自身欲望的罪行，而是大言不惭地指责社会文明制度的扭曲。

结　语

中国历史上，女性在社会中一直处于被支配的地位，其生活方式和生存状态通常不由自己选择，而是由外界的眼光和要求所决定。因此，真正的女性主义应该从心理结构、社会群体结构和历史文化结构三方面来强化女性主体的自觉意识。这样才有利于激发女性找到自身的社会角色定位，在广泛的社会生活中发挥创造性和生命力，从而实现女性的社会主体价值。在更高的意义层面，即对男性依附关系的叛离，构造具有自身完整性的女性经验世界。而广告中所呈现的女性形象则不应屈服于当下的消费主义环境,纵然广告价值观会受到商品经济的影响,但是广告行业仍应当保持自身的文化操守。广告中女性形象呈现的变迁史不应该是女性与男性之间权力较量的斗争史,而应该是女性在对自身生命衡量与定位的基础上形成的一种对生命本质何去何从的去性别化的探讨史。

近代家庭暴力景观的文化言说
——以《醒俗画报》中的女性为研究对象

董雅蒙*

摘要 《醒俗画报》以"唤醒国民、校正陋俗"为宗旨,记录了清末民初社会日常生活中的大量片段图景,而有关暴力的景观所居比例非小。从画报中看暴力现象更有直感的视觉冲击效果,图文并茂的生动性也体现出了报人的价值判断和是非取向。值得注意的是,同样面对家庭相恶事件,报人的态度却不尽相同,这不仅受伦理道德的制约和权力关系的运作,还受地域对不同文化的接受等多重因素影响。本文从家庭这一支点切入,依照长幼顺序"婆媳(母子)—夫妻—父子(母子)"来构架,从文化角度剖析并反思这一现象,最终实现对主体精神的建构。

关键词 《醒俗画报》 暴力 家庭

Abstract *Awakening Popular Pictorial* aims to "awaken the people and correct the vulgar customs" and records a large number of scenes about the daily life of the society in the late Qing Dynasty and early Republic of China. The proportion of landscapes related to violence is not small. From the pictorial view, the phenomenon of violence has a more direct visual impact effect, and the vivid character of the picture also reflects the value judgment and right/wrong orientation of the reporters. It is worth noting that the attitude of the newspaper reporters is not the same in the face of family

---

* 董雅蒙,首都师范大学文学院2016级硕士研究生。

evil events. It is not only due to the restraint of ethics and morality, the operation of power relations, but also to the influence of regional acceptance of different cultures and so on. This paper will use the family point to cut in, according to the long and young order "mother-in-law (mother and son) - husband and son (mother and son)" to structure, analyze and reflect on this phenomenon from a cultural perspective, and finally achieve the construction of the spirit of the subject.

Keywords　*Awakening Popular Pictorial*; violent; family

1907年3月，《醒俗画报》在华洋杂处的天津创刊。以"唤醒国民、校正陋俗"[①]为宗旨的报人，用图文交互的形式，报道并点评了清末民初社会日常生活中的大量片段图景，其中有关暴力的所居比例非小。

以往的中国近代史书籍，记录的大多是社会政治领域中的大历史事件，关于暴力的展现，也大都是以革命武装斗争的形式出现，鲜有个体之间的暴力，缺乏对人个体的发现与再现。《醒俗画报》所提供的丰富的社会内容恰是史书所缺乏的。这份天津最早创办并出版六年之久的画报，展现了丰富的民间生活，勇于发现并揭露夫妻吵架或婆媳斗争等亲属相犯的暴力事件。在《〈醒俗画报〉精选》"家庭"篇中，编著共选取了21篇图文报道文章，其中有9篇与暴力直接相关。在"家丑不可外扬"的传统体制中，家庭内部暴力的直观展现可以说是一种新变，反常中透着创造力。从家庭角度来探讨、剖析暴力现象，一方面是因为画报本身侧重中国家庭的生活实态；另一方面是因为家国同构，从家中即可窥见整个社会的现状。在一般意义上，家庭是指婚姻关系、血缘关系或收养关系基础上产生的，是亲属共同构成的社会生活单位，是人类最基本、最重要的一种制度形式和群体形式。家庭关系基本上是由长幼顺序关系构架成的：婆媳（母子）—夫妻—父子（母子）。从画报中看暴力现象，更有直感的视觉冲击效果，图文并茂的生动性也体现了报人的价值判断和是非取向。值得注意的是，在暴力问题面前，报人采取的态度并不一致，根据不同的关系有所偏重。

---

① 侯杰、王昆江编著《〈醒俗画报〉精选》，天津人民出版社，2005，第4页。

一 家庭暴力的构成关系

(一) 婆媳(母子)之间

清末民初,中国传统家庭伦理结构还是纵向连接式的,正如费孝通所言,中国的家是"绵续性的事业社群,它的主轴是在父子之间,在婆媳之间,是纵的,不是横的"①。其中,婆媳关系最为特殊,是古往今来解不开的情结。她们之间既没有夫妻般的姻缘联结,又没有母女般的血缘纽带,存在一种宿命的纠缠,所以二者之间极易产生矛盾,由此引发的家庭悲剧也屡见不鲜。《醒俗画报》中有大量关于婆媳紧张关系的记载,如婆婆虐待儿媳、儿媳打骂婆婆的事件均有所体现,为我们提供了珍贵的家庭实景画面。如《虐待儿媳》一则(见图1)。

图1 《虐待儿媳》

有个李黑手,在西头双庙街开果子铺。他夫妇的性情,最是凶狠,街邻没有不知道的,本馆访事员有一天走到那里,听见一家院内里有哭喊打骂的声音,一问,敢情就是李黑手夫妇打骂儿媳妇,听说还是不止一次。要照这样虐待法,恐怕要闹出人命来罢。(《虐待

---

① 费孝通:《乡土中国》,生活·读书·新知三联书店,1985,第40页。

儿媳》)①

画面正中,一凶恶老妇一手将棒高高举,一手揪着一个半跪半趴女子的长发,做虐打状。老妇的旁边,站着一个同样面带凶相的老翁,手持一根更长的木棍直指跪倒在地的女子。图画右下方则是翻倒的板凳和摔破的饭碗,场面的暴力与残忍可见一斑。虽然图画作者只展示了长发女子的背影,但正巧与老妇形成一反一正、一低一高的直观对比,给读者以视觉冲击,女子的痛苦就不言自明了。

再看《逆妇宜惩》一则(见图2)。

鼓楼东仓门口有高某者,其妻刘氏年四十余,异常凶悍,其姑年八十六岁,素日以虐待为事。兹于初八日不知何故,又与其姑争吵,初尚詈骂,继则毒打,居邻劝解不开,无不为之切齿。闻已将悍妇送至审判厅惩办矣。(《逆妇宜惩》)②

图2 《逆妇宜惩》

画报图文并置,如两幅图所示,配文虽只占据画面上端的小部分空间,但对人物、时间、地点、事件等新闻信息的记载,都是由文字来完成

---

① 侯杰、王昆江编著《〈醒俗画报〉精选》,第264页。
② 侯杰、王昆江编著《〈醒俗画报〉精选》,第265页。

的，如"双庙街"（全称双忠庙大街，现称芥园道）、"鼓楼东仓门口"等地点，都具体、明确。报人认真搜集相关背景资料，以求最大限度地接近新闻事件；特别是发生环境的真实性，不仅使读者方便了解事件的始末，而且对研究天津近代社会历史有着重要的参考价值。虽然图画所蕴含的内容远不及配文，但从形式上来看，图画超越了文字而居于主导地位，并集中情节加以渲染，阅读的可视性增强了读者的观感体验。画面选取了最激烈的斗争场景：一位中年女子高举扫炕笤帚，对仰坐的婆婆做殴打状，旁边还有两位女子前来相劝，而没有展现出"将悍妇送至审判庭惩办"的结局。按语中，作者无不悲愤地评论道："虐待其姑，已大不孝，况敢毒打乎！若不严惩以昭炯戒，恐世之为姑者难矣。世风日下，曷胜痛息。"①"图像与文字间由于媒介表现手段不同而本就存在的张力得以强化，凸显各自主观立场。"② 文字主要侧重交代事情的来龙去脉，图画则侧重表现最具代表性和激烈性的场景，图文交互给画报阅读增添了丰富性，二者共同构成了图像新闻的叙事系统。

　　几千年的传统家法制度，以及"男主外，女主内"的性别角色定位，使婆婆作为家长具有无上的权威性，她不仅全权处理家内事物，还可以对家庭成员的人身做出处置。"自《唐律》以来，妻妾殴詈夫之父母者，其罪较夫殴父母为重，而舅姑殴男妇者，亦较夫殴妻妾为轻。"③ 这里显然不是说公婆地位相等，而是说"男女有别"服从于"尊卑有等"，"姑"实际上扮演着男性家族中的尊长角色，这种家庭阴性制度和男权社会相勾连，共同起到压制妇女的作用。"身为女性，从生到死，一辈子只能处在服从的、附庸的地位，变成为父、为夫、为子的附属品，沦为丧失了独立社会地位与独立人格的家的囚徒。"④ 女子嫁入夫家后，身为外来人，会被新的权威话语所管教。除了"服于家事"、繁衍后代外，再无其他可言。所以，妻子对公婆从令顺命、不分曲直，甚至比对丈夫更加服从，这也是一种无奈的生存法则。

---

① 侯杰、王昆江编著《〈醒俗画报〉精选》，第265页。
② 郑建丽：《晚清画报的图像新闻学研究（1884—1912）：以〈点石斋画报〉为中心》，广西师范大学出版社，2015，第92页。
③ 赵凤喈：《中国妇女在法律上的地位》，台北，稻乡出版社，1993，第70页。
④ 张琛、袁熙旸：《篱外的春天：中国女性与近代文明的演进》，上海译文出版社，2005，第4页。

此外，婆媳关系的紧张状态在很大程度上还归因于传统文化习俗中所强调的"孝道"，由此把婆媳问题简单化，从单一的伦理角度看待二者关系，强调儿媳对婆婆的顺从、敬重。当婆媳发生矛盾冲突时，婆婆对儿媳的教训就变成理所应当的事。儿媳也秉持"多年媳妇熬成婆"的心态，只希图权力关系的转换，却没想彻底改变这种病态的现状。就连报人对儿媳的同情也只限于"恐怕要闹出人命"的担忧，却并未过多地指责公婆的暴力。与此相似的还有《虐待养媳》，婆婆毒殴并强迫童养媳缠足，导致童养媳遍体鳞伤，报人建议当局者设法劝禁缠足；① 《是否停妻再娶》中，儿媳赵氏因不能忍受翁姑的每日虐待，而归宁两年。不料翁姑又为儿子另定亲事，赵氏听说后已经上诉。② 虽没有交代结局如何，也没有惩戒翁姑对儿媳的野蛮，但可以看出儿媳已显露基本的人权维护意识。而当儿媳虐待婆婆时，因违背了传统权威话语体系，就会被认为丧尽天良，势必严惩。报人们揭露并批判这种暴力现象，并认识到了民智不开则国家不强的道理，所以试图呼吁解放占社会一半的妇女，并把解放妇女当作强大国家的重要途径，继而把这种暴力现象诊断为"皆未受教育之故"（《最无可道》）③，而开出的药方则是劝禁缠足陋俗、提倡兴女学。

（二）夫妻之间

《易经·序卦传》载"有夫妇然后有父子"④，夫妻关系是整个家庭的基本组成部分，其他关系如血缘、亲缘等都由此派生。存在数千年的中国封建家庭制度中最基本的等级差别即"男尊女卑"，这种社会观念在夫妻关系中则表现为"夫尊妻卑""夫为妻纲"。家庭关系的首要原则就是确立男性的家长权威，这是建立在对女性从属地位的认定之上的。当夫妻出现冲突时，"在很大程度上，暴力仅仅体现在男性的行为中，因为只有男人才在心理上和技术上具有施暴的潜能"⑤。

以《以砖击妇》为例（见图3）。

---

① 侯杰、王昆江编著《〈醒俗画报〉精选》，第263页。
② 侯杰、王昆江编著《〈醒俗画报〉精选》，第46页。
③ 侯杰、王昆江编著《〈醒俗画报〉精选》，第266页。
④ 何恩仁：《〈周易〉八卦生成数理》》，中国书籍出版社，2016，第131页。
⑤ 〔美〕凯特·米利特：《性的政治》，钟良明译，社会科学文献出版社，1999，第66页。

城内乡祠前，某甲不知何许人也，曾娶某氏女为妻，夫妇素甚和睦。前日不知因何细故，致用砖将其妻痛殴，殴毕而遁，其妇哭诉于邻妪，一时围观者甚众，咸谓其良人或有疯疾，不然何下此凶狠手段耶？为人妇者，亦可惨矣。(《以砖击妇》)①

图3 《以砖击妇》

文字淡化了暴力场面，百字论述中只有十几个字阐释男子殴打妇女的情景，转而重笔落在殴打事件前"夫妇素甚和睦"的背景和事件后"其妇哭诉于邻妪"的结局上。而图画则恰好相反，它没有展现妇女向邻居哭诉的场景，更没有展观围观者说"良人或有疯疾"的论断，而选取了最激烈的殴打场面，正如德国美学家莱辛所言："艺术由于材料的限制，只能把它的全部摹仿局限于某一顷刻。"② 图画中，"顷刻"的矛盾集中点在炕上，一黑衣男子压坐在一妇女身上，一手抓住女子的头，一手持砖，而女子握住男子手腕，做拦截状。旁边一孩童揉眼大哭。墙上挂的"梅兰竹菊"轴画和门上贴的"一统太平春"字幅，与此刻的暴力景观呈现鲜明反衬，这种不和谐的矛盾更直击人心。"图文之间本就构成一种对话关系，其间的缝隙，不完全是使用媒介不同造成的，更包括制作者视角及立场的

---

① 侯杰、王昆江编著《〈醒俗画报〉精选》，第272页。
② 〔德〕莱辛：《拉奥孔》，朱光潜译，人民文学出版社，2015，第19页。

差异。"① 文字和图片因是不同的人主笔，所以二者之间产生的细缝使得画报更具有张力，显露出当时社会的多元与共性，从中也更能看出报人的价值取向。

值得注意的是，《醒俗画报》里除了传统意义上的男性家暴外，还有少数女性对丈夫的施暴。如《河东狮吼》（见图4）一则中：

> 青县人孙复祥侨居津邑南马路，开设饭铺为生。因于本年五月间，经邻妇王氏等作伐，聘定再醮妇张氏为妻。过门未久，琴瑟失调，伉俪之间，几成仇敌。闻昨复因细故，误触其怒，竟用饭碗将其夫手腕砸伤，鲜血淋漓，孙某当即喊同岗警，扭送四局二区，未悉若何办理。（《河东狮吼》）②

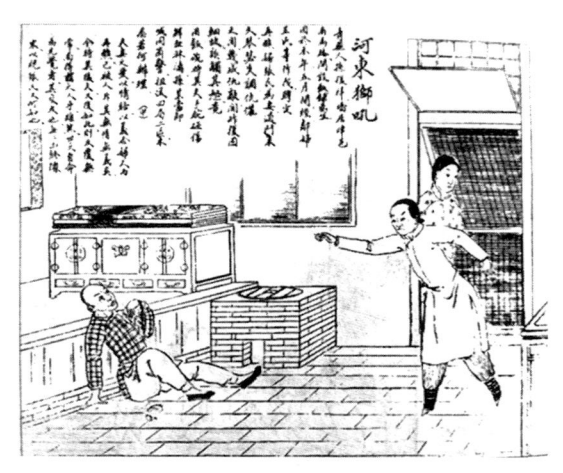

图4 《河东狮吼》

画面中男子转为弱者形象，坐在靠着炕沿的地上，右手撑地，左手鲜血淋漓；罪魁祸首是站立在一旁的女子，以及摔得粉碎的饭碗。能惊动旁人掀帘一探究竟，可见场面的激烈。再看报人的评论："夫妻之爱以情结，以义合，妇人而再醮，已被人斥其无情无义矣。今待其后夫，又复如此，则反复无常，尚得谓之人乎。虽然世之自命为先觉者，其交友也每每凶终

---

① 陈平原、夏晓红编注《图像晚清：〈点石斋画报〉》，东方出版社，2014，第4页。
② 侯杰、王昆江编著《〈醒俗画报〉精选》，第274页。

隙末，以视张氏又何如也。"①

随着西方民主思潮的涌进以及封建统治制度的逐步瓦解，近代中国历经禁缠足、兴女学等一系列变革，女性的家庭社会地位在一定程度上得以提高。但受当时的生产力水平低下、文化发展不平衡以及社会制度不健全等方面的制约，女性的处境总体而言并不容乐观。报人们关注社会底层现状，从普通小市民生活中发现并揭露这些不和谐因素，如报道暴夫虐妇和悍妇打夫的现象，就从侧面暴露了"男女平等"的假象，打破了传统社会"男女大防""男尊女卑"的旧的话语制度。但实际上，妇女还是规避不了男权话语的规范。在几千年的传统文明制度下，男子身为一家之长，在家庭中掌握绝对的经济权力，对家属享有支配权，他们干涉和侵害妻子的行为也具有合法性。清代法律明确规定了夫妻相犯的条文："凡妻殴夫者，但殴即坐。杖一百……至折伤以上，各验其伤之轻重，加凡斗伤三等。"②"其夫殴妻，非折伤勿论；至折伤以上，减凡人二等。"③ 这种男女极不平等的同罪异罚的社会状态，在画报中也可见一斑。

两幅图都设置了旁观者的姿态。《以砖击妇》中，一方面，受害女子向邻妪哭诉，亲邻虽然对此事关注，但在处理男子时，并不像对待《河东狮吼》施暴女子一样被送到警察局负法律责任。有些围观者甚至怀疑男子患有"疯疾"，不然不会如此凶狠。这是为他寻找借口，扣上患病的帽子后，可以使男子开脱伤人的罪名。另一方面，报人身为更清醒的旁观者，也止于"为人妇者，亦可惨矣"的同情，而无更深刻的洞察和评价。《河东狮吼》中，虽文字未说明邻人的劝阻，但图画中出现了事件的旁观者：图右一女子掀帘而至，半身已踏入门中，显然是被吵闹和饭碗摔地声所惊，闻声赶来。配文也交代了结局，即岗警将张氏扭送到警察局听候处分。此外，报人在叙述整个夫妻相犯事件中的措辞也可考究，"闻昨复因细故，误触其怒，竟用饭碗将其夫手腕砸伤"中，"复""细故""误""竟""砸"等词表面上在阐释事件事实，实则带有报人的情感取向，渲染了张氏暴力行为的不可理喻，塑造了一个蛮不讲理、嚣张跋扈的再醮妇形象，使读者转移视线并将同情情感投射在受伤男子身上。而报人也直接

---

① 侯杰、王昆江编著《〈醒俗画报〉精选》，第 274 页。
② 张荣铮等点校《大清律例》，天津古籍出版社，1993，第 488 页。
③ 张荣铮等点校《大清律例》，第 489 页。

评论张氏身为再醮妇的"反复无常"、不应为人。进而可以看出,虽然对待夫妻双方极端暴力问题——不论男子家暴妇女,还是妇女施暴男人——报人都秉承不满与批评的态度,但终归还是维护传统男权社会,鼓励妇德、提倡贞节。正如《女诫》中明文规定"夫有再娶之义,妇无二适之文"①,报人认为女子再醮属于"无情无义",有极强的女子节烈观。同时,报人把女子再醮和她的暴力行为相对接,通过强调女子的不守妇德而制造消极舆论,从客观上使部分男子不敢娶再醮妇,进而达到维护传统制度的目的。在报人看来,缠脚是陋俗,节烈是美德,所以社会一直对女性有双重标准:一方面强调启蒙、放足、新式教育;另一方面强调遵守贞节、节烈、愚孝。女性始终服务于男性社会,一直处于被压抑和被规范的状态,女性施暴因挑战了男权体制而广受斥责。尽管人们一再为改变男尊女卑的性别不平等制度而努力做出局部的调整,但两性间不平等的基本格局并未从根本上革除。

(三)父子(母子)之间

虽说夫妻关系是婚姻家庭的基础,但其结合的目的却是"合二姓之好,上以事宗庙,而下以继后世也"②。传宗接代成为夫妻的任务与本分。我国传统家庭遵循血亲主位、男性专权的家长制,家庭是以父亲为主的权威式血缘结构。《说文解字》中有"父,矩也,家长率教者"③,父亲即掌握规矩和标准的人,子女不能违背父母意愿,在家长对孩子的规范和管制中,暴力成为一项不可或缺的手段,且通常是单方面进行的。直至今天,父母对子女的惩戒和施暴的陋习还一直延续着。

《请看吸烟之害处》中,父亲每次烟瘾发作就殴打十五岁的女儿,导致女儿忍受不住而暗行潜逃。④ 报人没有指责殴打女儿事件的残忍,而是将矛盾焦点集中在吸烟上,以达到劝人们戒烟的目的。《教子新闻》中,妇女将骂人脏话教与怀中三四岁的小儿,小儿"即如其言而骂",旁观者一边大笑,一边称赞小儿机灵敏捷,使该妇扬扬得意。报人认为,"家庭

---

① (南朝宋)范晔:《后汉书》,太白文艺出版社,2006,第643页。
② (汉)戴圣纂辑《礼记》,蓝天出版社,2008,第357页。
③ (汉)许慎撰《注音版说文解字》,徐铉校订,愚若注音,中华书局,2015,第58页。
④ 侯杰、王昆江编著《〈醒俗画报〉精选》,第135页。

教育，母教为先"①，以孩子语出秽语为乐，不利于其今后成长和对孝道的遵守，从而主张重视家庭教育之法。《弃孩于路》中，父母溺死初生小女，并弃诸道旁，引得围观者甚众，后经地方巡警移至郊外掩埋。② 报人认为私生子女也是人命，有现代人权意识。父母应该将其寄放在婴膳堂，并建议当局者在人多处设立育婴堂分堂。《杀子报》中，妇女因五岁儿子窥见其奸情，于是杀人灭口，因没人告发而未受法律制裁，后忽患奇疾，终日见神见鬼，痛苦万分。③ 人们都说这是杀子恶报，报人虽然对因果之说未深信，但认为天道好还，该妇是自食恶果。

此外还有一种情况，即画报中涉及的非血亲父母对儿女的施暴。如《狠心辣手》中，再醮妇虐待、毒打丈夫前妻的孩子，以致闭气许久才苏醒，惹得邻居怜悯落泪。按语："天下人心之毒尚有毒于后娘者乎？较之暗无天日之恶赃官，殆尤过之。然则当以何法治之乎？曰：发济良所，永远为奴。"④《是禽兽也》中，丈夫曹某对再醮妇的女儿起淫念并进而强迫，该女竭力反抗，逃到清真寺街边哭边数落继父的罪状，最后被邻居劝解回家。报人认为，维新世界应盛讲家庭教育，而这样的事情逆伦悖理，有伤风化，于是将新闻登上，"以正人伦而维风化"⑤。《孽海醋波》中，妓女荣喜的母亲因姘夫张五屡次调戏荣喜而被气死，导致荣喜不得不为张五所为。当她与别的男子亲近时，张五吃醋进而拳殴荣喜。报人同情荣喜的遭遇，"既沉孽海，又中淫魔，尚有生人乐趣乎？"⑥ 提出的解决办法则是劝她去济良所。

在儒家伦理规范中，血缘亲情一直被作为确立宗法制度的内在依据。《孝经》说："父子之道，天性也。"⑦ 儿女命之所由系，身之所由生，这为他们遵从父母之命、报答其赋命养身之恩提供了自然依据。换个角度说，儿女为父母所有，父母具有规范和制约儿女的权力，甚至对孩子掌有生杀大权。如画报评论所示，有血亲关系的父母对儿女的打骂被普遍认为

---

① 侯杰、王昆江编著《〈醒俗画报〉精选》，第 278 页。
② 侯杰、王昆江编著《〈醒俗画报〉精选》，第 251 页。
③ 侯杰、王昆江编著《〈醒俗画报〉精选》，第 279 页。
④ 侯杰、王昆江编著《〈醒俗画报〉精选》，第 280 页。
⑤ 侯杰、王昆江编著《〈醒俗画报〉精选》，第 182 页。
⑥ 侯杰、王昆江编著《〈醒俗画报〉精选》，第 150 页。
⑦ （清）纪昀主编，王嵩编《家藏四库全书精华版》，中国华侨出版社，2015，第 96 页。

是正常的,并不会加以谴责和管束,而将重点放在吸烟、家教、育婴堂、天道好还等外界因素上。但父母与继子女由于缺乏天然的血缘联系,在对待继子女问题上就更加敏感,加上很大程度上受伦理道德的限制,他们一旦出手打骂或侵犯继子女,就会受到社会舆论的谴责甚至法律判决。

即使同为后继者,两性的处境也有差异,社会时刻维护男性的中心权益,而女性的地位低下,所以对同是施暴者的继父母的态度就不尽相同了。从报人按语"天下人心之毒尚有毒于后娘者乎?"中可以看出,被污名化的继母群体形象在人们心中根深蒂固,邪恶、毒辣的刻板印象使大众先入为主地拒斥继母,这是一种社会建构的结果。再醮妇打骂继女自然受到批判,但《是禽兽也》中,曹某对继女产生淫念并强迫服从,而报人"惟有恳乞将此新闻登之于报,以正人伦而维风化"。性暴力体现出来的不仅是男性生理的欲望,也是权力的象征。无论新闻中的邻人还是评论者,虽然都对女孩报以同情态度,但并没有解决实质问题的办法,将女儿送回家的后果是被强权压迫进而屈服,将事情记录下来登上新闻也无力挽救小女的命运,至此,女性在受虐后只能选择沉默和隐忍。《孽海醋波》同样如此,张五殴打继女荣喜后,"强用洋车拉之而去",等待荣喜的则是更加残酷的命运,报人虽然怜悯她的处境,但为她"不自投入济良所"而表示疑问,使焦点转到荣喜没有正确选择自己的人生道路问题上,规避了继父张五的罪责。不过值得欣慰的是,报人把女性当成"人"而非"物"来看待,关注其厄运与不幸,同情其遭遇并试图提出力所能及的解决办法,这或许为女性地位提升增加了一层台阶吧。

二 暴力背后的文化审视

(一) 比较视野中看地域对文化的接受

报人对家庭相恶的不同态度背后,所蕴含的是中国传统文化和西方现代文化价值取向的差异问题,这和地域性特征有分不开的关联。早期以启蒙民智为主要宗旨来描写日常生活的画报,除了天津《醒俗画报》外,还有上海的《点石斋画报》和北京的《醒世画报》《日新画报》等。南北甚至京津报人因为地域不同,因而对传统本土文化与外来西方文化的接受有所不同,进而形成的道德观念也不尽相同。这一点在几种画报中,无论在图画技法还是文字表述上,都有所体现。

画图技术上,《点石斋画报》主笔吴友如将传统民间艺术与新的石印技术结合,吸取了西画的焦点透视、人物解剖、光影变化等写实的现代技巧,力求做到求真求实的审美效果。《醒俗画报》画师陆文郁擅长花卉,兼学山水、人物,人称"生物学画派",后提倡在继承写意花鸟画的基础上渗入西洋画法;刘奎龄长于工笔,也将西画的一些表现方法融入中国画的创作中。《醒世画报》绘画"由京剧脸谱绘画和插图名家李菊侪、宣笔制作名家胡竹溪主笔"①,具有表现力强但思想较为传统的特点。

在对传统与现代的价值判断问题上,配文的差异体现得更为明显。《点石斋画报》的出刊地上海,是最早通商的五口城市之一,移民背景使得上海对外来文化更易接受,所以相对其他地区的报刊而言,《点石斋画报》中的传统思想与外来思潮的碰撞更具典型性。其一,以婆媳关系为例,画报中体现了中国几千年来"孝"观念的深入人心。当儿媳殴詈姑婆时,画报不惜牺牲新闻报刊的真实性、客观性理念,而常借由神明鬼怪、因果报应事件来惩罚儿媳,以达到劝诫世人遵循孝道的目的,如《虐姑示罚》②《逆妇变龟》③《雷埋逆妇》④等。但由此亦可看出,西方思潮对中国固有的传统秩序的冲击,使得报人必须借助荒诞结局来解决婆媳相恶的问题。其二,该画报也体现对人权的直接维护。《还治其人》中鄂某甲夫妇因童养孙媳窃食少许粥,"怒而断其两指,又以线缝其口",最后被法律制裁,"立将此老枷责,并饬缝老妪之口左右各一筑,更赏给钱文伴(帮)受害者为医资费,谕以若再凌虐绝不宽待"⑤。此则报道表明了原本紧固的家庭结构呈现逐渐瓦解的趋势。其三,《点石斋画报》同样宣扬节烈观,秉承劝惩教化的理念迎合时人的文化心理,如《节孝可风》⑥《烈妇殉夫》⑦等,都体现报人对贞节烈女的赞扬。其四,该画报还表现现代思潮对人们婚姻生活的影响。画报中涉及男女自由恋爱、婚姻自主,如

---

① 罗文华:《七十二沽花共水》,南京师范大学出版社,2007,第133页。
② (清)吴友如:《〈点石斋画报〉辰集》,广东人民出版社,1983,第253页。
③ (清)吴友如:《〈点石斋画报〉御集》,第16页。
④ (清)吴友如:《〈点石斋画报〉贞集》,第150页。
⑤ (清)吴友如:《〈点石斋画报〉丁集》,第39页。
⑥ (清)吴友如:《〈点石斋画报〉木集》,第290页。
⑦ (清)吴友如:《〈点石斋画报〉丁集》,第39页。

《开窗选婿》①《争娶笑谈》②《泉下夫妻》③等，表现了西方自由的婚姻制度。报道红杏出墙的新闻多达一百多则，如《甘作乌龟》④《妇弃其夫》⑤等，如果这些有外遇的妇女受到暴力威胁，该画报还是抱以同情态度的。寡妇再醮的报道也不少，《白头艳福》中的寡妇"自言新寡文君，只待相如下嫁"，并非乏人问津，而且男子"皆鲜衣华服纷纷自荐"⑥，希望得到她的青睐。由此可以看出，虽然晚清时期社会对妇女的贞节观大加赞扬，但对恋爱自由、婚姻外遇、寡妇再醮等情形已不再抱有强烈的谴责态度了，在西方思潮涌动的大都会上海，传统的贞节道德观已经开始松动。

相较于开放的经济中心上海，北京作为政治中心，对传统文化的尊崇远大于对现代思想的接受。画报的教化作用不仅体现在政见表达上，还落实在相关伦理话题上。创刊于1907年《醒世画报》中的《鱼目混珠》，批判两个妓女打扮得像女学生，以及"中国服制杂乱无章"⑦。同年创刊的《日新画报》里，报人发表《女界现象》，批评"十七八岁的大姑娘，拿着风筝来回奔跑，实在不好看。但分人家有点规矩，绝不能让姑娘在满街上疯跑"⑧。1908年《北京日日画报》上有《学部限制女学生》图，交代了六个"不"，如"男女学生不得交友""不准创自由结婚之说"，以及"女学堂以三从四德为根本"⑨等。1909年《新铭画报》上的《姑娘御车》中，报人则质问女学生驾车事件，称"这就是自由吗？（有点过火吧？）"⑩报人自觉担起伦理与社会公德教育的职责，大到学堂，小到着装，谴责的焦点都在于人们对传统道德的违背上，足以见其思想观念的保守。

近代天津对中西文化的接受程度夹在上海与北京之间。一方面，它是政治、外交、军事的核心城市，"是'洋务'设施的基地和清王朝推行

---

① （清）吴友如：《〈点石斋画报〉书集》，第185页。
② （清）吴友如：《〈点石斋画报〉革集》，第114页。
③ （清）吴友如：《〈点石斋画报〉戊集》，第138页。
④ （清）吴友如：《〈点石斋画报〉金集》，第129页。
⑤ （清）吴友如：《〈点石斋画报〉乙集》，第164页。
⑥ （清）吴友如：《〈点石斋画报〉利集》，第10页。
⑦ 杨炳延主编《旧京醒世画报：晚清市井百态》，中国文联出版社，2003，第153页。
⑧ 陈平原、夏晓红编注《图像晚清：〈点石斋画报〉》，第197页。
⑨ 罗春荣、魏锡山编著《"普育"文化的传承与发展》，天津人民出版社，2009，第46页。
⑩ 陈平原：《左图右史与西学东渐——晚清画报研究》，生活·读书·新知三联书店，2018，第331页。

'新政'的模范,也是后来共和与专制两种力量交汇的地方"①,在对外交流和国家防务方面意义重大,这就使天津相对经济大都市上海具有更加保守的城市性格;另一方面,天津又处在中国北方开放城市的最前沿,学习、引进西方的先进技术和制度,加上各国租界在此设立并繁荣发展,如修建铁路、引进东洋车等,许多方面都在中国领一时风气之先,因此相较政治气息浓郁的北京又更加开放。所以天津的画报一边遵循传统,一边宣扬进步就不足为奇了。面对家庭内部关系,报人恪守伦理道德秩序,发挥画报的劝诫教化作用,但同时又知道暴力可憎,在对传统儒家文化尊崇的条件下,维护人权平等,同情弱势妇女、儿童,对施暴者提出批评和谴责,并试图找到相对易行的解决办法。

(二) 对暴力的文化反思

《醒俗画报》报人对暴力问题的审视,都是在不违背传统礼教的前提下进行的,这在当时的时代背景中无可厚非,但毕竟观念是狭隘的,对我们当今反思婚姻家庭的暴力问题有所警示。男权社会中,男性按照文化赋予的权力对女人实施支配,是一种内部殖民,将女性对他们的冒犯视为对传统文化和社会规则的冒犯,所以必须坚持让女性尊重他们的权威和权力,否则男子气概受到挑战,声誉将岌岌可危。"对于人类生活而言,最关键的当然莫过于选择与推理的责任。与此相反,暴力往往孕育于这样的一种认知,即我们不可避免地属于某种所谓唯一的——并且往往是好斗的——身份。"② 由于身处家庭环境中,每个人的身份都不可避免地成为唯一性并对立起来,例如,婆媳、夫妻、母子等,同样面对暴力,因为施暴者身份不同,评论者和世人的态度就不相同,而不管施暴本身的恶劣性与伤害程度。"如果确实存在着选择,但却假定它们不存在,那么推理就会被毫无批判的服从行为所取代,而不管这种行为本身何等荒谬。在通常情况下,这种顺从行为具有一种保守主义倾向,它往往起到维护旧习俗与旧传统的作用,而不遵从理智审查后的结论。"③在国人的价值观念和道德

---

① 罗文华:《七十二沽花共水》,第10页。
② 〔印〕阿马蒂亚·森:《身份与暴力——命运的幻象》,李风华等译,中国人民大学出版社,2014,引文第3页。
③ 〔印〕阿马蒂亚·森:《身份与暴力——命运的幻象》,李风华等译,第7页。

理念中，儒家思想一直占据统治地位，其"君君、臣臣、父父、子子"的严格等级关系的构建，通常成为民众在现实世界中的行为准则。遵循它被认为是正常的生活状态，背反它则意味着对常规伦理的打破，会受到众人的指责。像严别内外、对儿女惩戒、不公正甚至使用暴力对待妇女等，这些传统意义上的不平等之所以得以延续，往往应归咎于人们放弃选择，对传统信念的不加反思的容纳和接受。

女性在社会中被要求温柔贤良，总是处于被侵犯、被欺辱的劣势地位。画报的配文也都是从男性占据的主导地位进行话语言说的，女性的声音被淹没，通常被束缚在第二顺位来接受被书写和被改造的命运。女性施暴的行为，因其身上所附加的社会意义和性别意义等，而成为一种特殊的存在。"除非以残忍的暴力确立自己的地位，否则她不可能确立自己的存在。"① 但这也导致了另一种偏执，女性的反抗最终是失败的。

暴力从来不是单纯的问题，而是熔社会、心理、伦理、观念等于一炉的多种因素混杂的问题，它揭示了人类生存中的诸如暴虐、冷漠等荒原化的状态。暴力的形成，虽有先天因素，但又是一种文化现象，它经过社会文化的塑造并得到强化，所以是可以被引导的。面对全球化的文化氛围，中国由闭塞到开放，男女关系日渐平等，但思想的解放任重道远。时至今日，家庭成员相恶仍然是古今中外家庭中普泛式的现象。因此如何正确看待身份、权力与暴力之间的关系，是值得我们思考的问题。我们不应局限于传统道德或者现代潮流的单一视域中，而应突破二者的界限，各择其优，以辩证的眼光审视暴力问题，将传统儒家仁、善理念与现代西方平等、自由文化观念相结合，走一条中西古今相融合之路。《醒俗画报》的生活实录不仅让我们看清暴力实质，而且还从侧面提供了规避家庭暴力与家人相恶的方法：报人面对婆媳相恶、父子相恶现象提出的重视家庭教育、社会教育，提示我们应发展教育事业，提高自身素养；《清代律法》中的同罪异罚的不平等规定，提示我们消除不平等规定，重视社会性别，完善法律体制；画报中的邻妪、路人等对暴力现象的关注、制止以及对受暴者施以援手等提示我们应摒弃"各扫门前雪"的漠然态度，建构相应的社会文化氛围和进步的价值观念；等等。这些提示都是在关注人的精神层

---

① 〔美〕罗洛·梅：《权力与无知：寻求暴力的根源》，郭本禹、方红译，中国人民大学出版社，2013，第72页。

面，是建立和谐平等的现代社会必不可少的因素。

画报因有图文并存的表达方式、求真求实的风格追求等多重特征，使得日常生活中的暴力景观更能凸显并展现出鲜明的本质。报人对事件的报道是介于小说与新闻之间的，比前者多一些实事记录，比后者多一些感情倾向。他们采取介入写作方式，再现暴力时往往凝结了其身份认同，但他们对暴力往往又持批判态度，对施暴者进行灵魂拷问，引领读者对暴力问题进行审视和思考。同时这也是一种欲望表达，报人在报道时带有矛盾心理和文化感受，努力提出解决暴力问题的方法，表现了一种知识分子的时代焦虑感和深厚的悲悯情怀，体现了他们对游离于现实的终极关怀的无力。最重要的是，这还是一种对暴力的责任承担与精神反抗，一种对主体精神的建构。生命是善与恶的混合、温柔与暴烈的交融，世界上没有纯粹的善。"人生不是脱离恶，才能成就善，而是尽管有恶，依然为善。"① 画报中的暴力景观，不仅是近代社会的情态，还与现代人的生存境遇紧密相关。我们应该确保心灵不被某种单一的视界所撕裂，做到知觉当下，珍视本心，正视生命，最终实现主体精神的确立，在与恶共存中选择一种向善的生活。

---

① 〔美〕罗洛·梅：《权力与无知：寻求暴力的根源》，郭本禹、方红译，第237页。

栏目五

书评与访谈

有内力又有温度的历史书写
——读汪一洋的长篇新作《国脉：谁寄锦书来》

白 烨

女作家汪一洋的长篇小说新作《国脉：谁寄锦书来》（人民文学出版社、贵州人民出版社，2019；以下简称《国脉》），因题材独特，分量厚重，在2019年的长篇小说创作中颇为引人瞩目，也堪称她本人在小说创作历程上的一个重要收获。

汪一洋曾以"汪洋"的署名，先后出版过长篇小说《在疼痛中奔跑》《暗香》《洋嫁》等长篇小说。这些作品大都以爱情婚恋题材为主，写出了当代青年女性在社会变动中的青春成长与人生拼搏，读来令人感受强烈，印象深刻。因此，汪一洋之前的汪洋，在爱情题材创作领域，是声名远播、颇具影响的。

由汪洋改回汪一洋之后，她似乎也在调整着自己的创作，改变着自己的文风。新近创作的长篇新作《国脉》，就给人们透显了这样一种显著的迹象。

《国脉》选取的是小说领域里较少涉及的邮政题材。作品由一个人写了一个行业，又由一个行业写了一段国史；概要地说，就是由邮政工人秦鸿瑞投身工会与工运的起起伏伏和坎坎坷坷，写出了邮政行业在近代以来的艰难发展，以及穿插其中的近代到现代的一系列重要的社会政治事件。在走过险象环生的艰难道路后，秦鸿瑞获得了个人的新生，同时也迎来了共和国的黎明。

《国脉》的主要素材，是近代以来以邮政工人为代表的上海工运的艰难发展历程；《国脉》主要人物秦鸿瑞的原型，是我国著名的工会与工运领袖朱学范。这样的一个题材选择与人物设定,显然内含了作者旨在为邮政行业的历史描形、造影,以及为中国的工运领袖树碑立传的初衷。但就作品的阅读感觉来看,作者由于立足于历史又超越了事件纪实,忠实于原型又着意塑造典型形象,使得作品在"真实地再现典型环境中典型人物"方面,取得了较大的成功,从而使作品不仅具有较高的艺术品质,而且满含充沛的现实主义精神。

如何在历史素材的运用上,既立足事实,又超越纪实;如何在历史人物的把握上,既切合原貌,又生动形象;如何使得历史的故事保有小说特点,又使得叙事具有卓有的艺术魅力,作者确实是有着自己的一些独特的文学运思,运用了自己的一些独特的艺术手法的。具体从作品的叙事角度来看,有两个方面的特点比较突出,这也可以看作这部作品在艺术创作上取得较大成功的秘诀所在。

其一,着意表现志向对于命运的内在主导。

《国脉》在塑造人物性格,描画人物关系时,特别注重个人的志向在其中所起的作用,以及个人志向与人物命运的密切关联。同为邮政职工的秦鸿瑞、方执一、郑开先,因在邮政事业上志向相投,彼此也志趣相近,成为了结拜兄弟,人称"铁三角"。但细究起来,三个人在志向的内里又各有不同,互有差异。贫苦出身的秦鸿瑞,只认自己所置身的工人群体;出身富家的方执一,明显倾向于所谓正统的国民党;而寄人篱下的郑开先,则天然地心仪为穷人谋幸福的共产党。因这种志向上的区别与差异,到了"五卅运动"等斗争中,尤其经历了"四一二"惨案之后,三个人走向的不同就日渐明显,左、中、右的政治分野,使"铁三角"实际上已名存实亡。

有意味的是,作者在对秦鸿瑞的聚焦式描写中,始终把志向作为一个隐性的要素深切观察,细致地写出了秦鸿瑞在政治风向上的观望与摇摆,在政党认同上的倾斜与靠近的具体经过,细致入微地写出了这一工运领袖从人生到政治的成长过程。秦鸿瑞只想以工会的组织形式为工人群众争利维权,不想卷入各种各样的政治纷争与党派争斗。但在阶级斗争与民族矛盾交织而来的现代中国社会,这种"不粘锅"的选择,不仅并不现实,而且也绝无可能。事实也正是这样,真心为工人阶级谋利益的共产党人,在重大事件中和关键时候,都始终明确而坚定地站在广大工人阶级一边,成为他们最可信赖的依靠。这种铁的事实逐渐让秦鸿瑞看清了社会现实,明晓了真理所在，遂在上海工运、中国工运的实际斗争中，坚定地站在工人阶级也即共产党人一边，甚至起到了一个身份公开的共产党员所起不到的维护统一战线的重要而独特的作用。

正确的志向选择，使郑开先、秦鸿瑞在工运中成长，在斗争中成熟，由此谱写了人生的辉煌篇章；而错误的志向选择，也使方执一在"反共"的道路上越走越远，在国民党倒台之后，自己的人生也走向暗淡，甚至随之陪葬。这种聚焦于不同志向的人生书写，使得笔下的人物，超越了一般的政治化描写，从而具有了人性的复杂性与人生的丰盈性。

其二，着力凸显情义对人生的深刻影响。

人是社会关系的总合，人际关系构成了人生活的基本环境氛围。因此，人与人的交道，往往也是情与义的交往。在《国脉》的故事营构与叙述中，情义是人物与人物之间最为基本的内在线索。这里有秦鸿瑞、方执一、郑开先的兄弟之情，有"铁三角"与青帮老大申亭山的师徒之情，有秦鸿瑞与王云三的师生之情，有黎黛珊与秦鸿瑞的暗恋之情，等等。其中，描写得最为充分也令置身其中的人最为纠结的，是兄弟之情、师徒之情。在刚刚入职邮政行业，一同襄举工会与组织工运之时，秦鸿瑞、方执一、郑开先因同为青春勃发的热血青年，同进退、共生死的兄弟之情，既是"铁三角"的内在纽带，也是他们每个人人生打拼的重要支撑。但当政治上的分野与分歧日益严重之后，这种在过去是助力和动力的东西，反倒成为了他们按照自己意愿为人行事的障碍和束缚。秦鸿瑞在很长时间里的犹豫与暧昧，应该都跟他不愿与方执一公开决裂不无关系。"铁三角"在起事之初投靠上海滩青帮老大申亭山，确实为工人和工会做了许多有益和有利的事情，但随着政治意向上的分歧不断显现，原本模糊的青帮显露其真实的面目，秦鸿瑞又陷入深深的痛苦之中。朋友变成了敌手，师徒成为了对头，情义既在成全着秦鸿瑞，同时也在捆绑着秦鸿瑞，并且一次次的分野、一个个的对弈，既考验着秦鸿瑞，也警醒着秦鸿瑞，使他从"情义"的困惑中不断清醒，从"江湖"的泥潭中不断走出，最终成为中国工人阶级的优秀代表、中国工运的杰出领袖。

可以说，《国脉》在创作中，对于"情义"的元素的高度关注与充分利用，既使秦鸿瑞的成长环境更显复杂，人生进步更为难能，也揭示了中国工运领袖成长和工人运动发展中的混合的文化蕴含与复杂的历史演变，这更符合原型人物实有的经历，也写出了主人公的独特个性。这其实也是中国工人运动从混沌状态走向清明格局的真实揭示，甚至是中国特色工运文化的具体呈现。

以曾有的历史为题材和以实有的人物为原型的小说写作，无异于"带着镣铐跳舞"。但汪一洋的《国脉》，既忠于历史本有的事实，又富有小说艺术特有的魅力，可谓取得了令人欣喜的成功。我以为，这份成功在很大程度上来源于作者在创作中秉持的以人物为中心的创作理念，运用了以人物为重心的艺术手段，把历史浓缩于主人公的成长过程和人生奋斗中，由人的志向选择、人的命运转承，去讲述自己所经历乃至所创造的历史。这种寓史于人或人史合一的小说写作，使得作品人物个性突出，形象生动，历史也因人的主体性高扬与主动参与而别具人情的温润、人性的温度和人文的厚重。

我曾在《国脉》封底的推荐语中这样说道："小说勾勒了中国社会发展演变的历史进程，揭示了历史前进的方向，同时也以情见长，以情取胜，写出了爱的坚贞无悔，显示出作者驾驭大题材的强劲腕力和讲述大故事的不凡功力。"我以为，这种来自作者的艺术功力的明显长进，意味着作者在小说创作上将会有更大的可能，而这才是最让人为之惊喜和欣幸的。

2020 年 5 月 15 日晚于北京朝内

中国当代文学特异性、意语译介及文体研究策略
——意大利女汉学家朱西学术访谈

朱 西 马 婧*

被访者学术简介 朱西，最早译介和研究中国当代文学的意大利学者之一，她先后翻译出版了 Mang Ke： Il tempo senza tempo（《芒克：没有时间的时间》，Libri Scheiwiller, Milano, 1992），Duo Duo： Canto（《歌声》，Libri Scheiwiller, Milano, 1998），Genzi： Marzo e la fine. Baiyandian（《根子：〈三月与末日〉〈白洋淀〉》，多多从1972年到1996年的部分诗歌译作合集，Libri Scheiwiller, Milano, 2001）等意语译作。2017年，在意大利米兰 Aracne 出版社出版短篇小说选译集 Antologia di racconti postmaoisti, 1977–1981①，收录了朱西于1983年前后翻译的中国作家于1977~1981年发表的12篇短篇小说。2018年罗马 Aracne 出版社出版了中文名为《中国现当代诗歌的西方视野》一书，该书辑录了朱西关于中国新诗研究的多篇中文论文，内容涉及她对翻译与文学批评方法的述评，以及对多多、芒

---

* 朱西，本名 Giuseppa Tamburello，意大利巴勒莫人，现为巴勒莫大学语言系研究员，主要研究领域是1960~1980年代中国诗歌和短篇小说。马婧，首都师范大学文学院博士生，太原学院中文系讲师，研究方向为中国当代文学。本文部分访谈内容由笔者马婧翻译、整理、修订。

① 笔者将之翻译为《1977~1981年中国短篇小说选译》，该书收录朱西翻译小说有刘心武《班主任》、卢新华《伤痕》、王亚平《神圣的使命》、张弦《记忆》、孔捷生《在小河那边》、蒋子龙《乔厂长上任记》、高晓声《陈奂生上城》、王蒙《春之声》、何士光《乡场上》、赵本夫《卖驴》、陈建功《飘逝的花头巾》、箭嘉《女炊事班长》12篇短篇小说作品，译者作序言。下文涉及本书意语译本与朱西研究员学术简介中提及的其他译作均出于此书，不再赘述。

克、根子等朦胧诗人诗作的研究。

访谈背景 2018年6月,在巴勒莫寓所,笔者与朱西研究员就中国现当代文学独特性和她的意语译介工作等问题发起谈话。首先,朱西介绍了中国现当代文学尤其是诗歌在意大利的译介和影响情况,以及她从事翻译研究工作的兴趣缘起和实际遇到的困难。具体谈及诗歌研究时,她强调朦胧诗的源流和美学追求,与陈敬容译介波德莱尔诗歌、唐代诗人孟浩然诗歌有密切关系。在谈到中国作家近年来屡摘得国际文学大奖,以及莫言文学作品在意大利收获的认可和赞誉时,她评价莫言是一个从传统中走来又面向当代的后现代主义的作家,中国作家的普遍责任感正是中国当代文学的魅力所在。面对作家及其文学作品的商业化问题,她以意大利文学的商业化趋势为例,充分肯定那些与商业成功结合的案例,认为文学商业化是未来文学的必然走向。此外,朱西还从自己高中时期主办女权主义刊物的过程谈及第二次女权主义浪潮对意大利社会的实际影响,并介绍了她的文体研究策略。

马婧:从马可波罗时代以来,在中国古代史上最为知名的两位意大利人可能就是利玛窦和郎世宁了,尽管他们都带着传教的使命而来,但最终他们却以传播西学和宫廷绘画的成就而获得朝廷青睐。这也可以说明在某种程度上,西方对古老中国的兴趣是比较浓厚的。据我并非全面的了解,近现代以来意大利对中国的研究似乎主要集中在政治和制度方面,那么具体到文学领域,您可以简单介绍一下中国现当代文学在意大利的译介和影响情况吗?

朱西:从马可波罗时代以来,意大利对中国的兴趣是不断增加的。1960年代以来,意大利知识分子对中国的兴趣确实主要放在政治研究方面。当时的意大利共产党知识分子和左派人士认为,必须直接了解中国共产党以及中国革命对世界的历史贡献,所以他们不但远赴中国进行访问,而且还积极学习汉语,因为他们认为研究中国就必须首先掌握汉语。通过翻译工作,他们为在意大利宣传中国的当代政治思想起了相当大的作用,尤其是 Edoarda Masi(玛西,1927~2011)和 Filippo Coccia(高察,1934~1997)两位左派知识分子所作的贡献。但是由于受"文革"影响,欧洲知识分子很难找到能直接从汉语翻译成意大利语的文学作品,1960年代米兰的 Edizioni Oriente(东方出版社)出版了 *Vento dell'Est*(《东风》)杂志,该杂志主要发表译介的中国政治文件,其中包括毛泽东的很多文章。最近 30 年的中国文学作品被翻译成意大利语的主要有阿城、莫言等作家的小说。除了对中意文学、文化交流做出杰出贡献的肖天佑、袁华清、吕同六等为专业翻译家外，大多数中国文学作品的意语译者并不以翻译工作为职业，而是在自己的学术研究工作之外顺手翻译自己感兴趣的作品，且主要集中在小说上，对中国当代诗歌的关注较少。意大利都灵的 Einaudi 出版社分别于 1953 年、1966 年出版了 Giorgia Valensin 女士翻译的《中国古典诗歌选集》和 Claudia Pozzana 女士与 Alessandro Russo 先生合译的《中国新诗集》。我本人的诗歌翻译集由米兰的 Libri Scheiwiller 出版社出版，分别是 1992 年的 *Mang Ke：Il tempo senza tempo*，1998 年的 *Duo Duo：Canto* 和 2001 年的 *Genzi：Marzo e la fine. Baiyangdian*；Aracne 出版社于 2017 年出版了我的短篇小说翻译选集 *Antologia di racconti postmaoisti*，1977 - 1981。

马婧：您在翻译诗歌和短篇小说的工作中遇到的问题是什么？

朱西：总体上看，中国现当代文学在意大利的译介是片段式的。在具体的翻译过程中，我遇到的难题也很多。第一是中国人的名字相当特殊，有的代表一个时代，有的代表大自然的变化，有的代表精神状态，这就导致在翻译中会丢失很多汉语特有的多重意旨。第二是汉语副词和意语名词的阴阳性区分。第三是汉语的时间表达很丰富，意语动词会因变位而显示时态，在翻译时态的时候，会遇到具体的障碍。我认为，翻译家的工作就是将某个具体的文化环境从一种语言系统顺利切换到另一种语言系统中，而翻译家对世界文化交流的贡献则是自己获得成就感的最大来源。

马婧：您是在改革开放后最早来中国学习的留学生之一，您对中国现当代文学研究和翻译的兴趣是从什么时候开始的呢？

朱西：1976 ~ 1980 年，我在意大利那不勒斯东方大学上大学，学习汉语和中国文学、历史、哲学等一切与中国有关的知识；1980 ~ 1983 年，我先后在南京大学和北京大学的中文系学习。其实，我一开始学习中文的目的是研究梅兰芳和中国古典戏剧，因为 1950 年代梅兰芳先生到西方访问的时候引起了大家的广泛关注，那时我在那不勒斯东方大学的中国文学导师同意我做关于梅兰芳先生对德国戏剧理论家贝尔托·布莱希特（Bertolt Brecht）的影响研究。在南京大学学习时，我的兴趣转移到中国当代小说的研究上，但是还没有想到日后会从事翻译工作。当时，我对 1980 年代的中国文学期刊非常关注，最早接触的就是"伤痕文学"，而我翻译的第一篇小说就是刘心武的《班主任》。在那不勒斯读大学的时候，我们一直学习和阅读的其实都是中国现代文学，如鲁迅、郁达夫、茅盾等作家的作品。

马婧：提到《班主任》，您在翻译意语本的过程中，有没有具体的困难？1980年代的中国文学为什么会吸引您？最令您感兴趣的部分是什么？

朱西：最大的困难可能就是由于教育体制和政治语义引发的差异，怎么才能把"班主任"这一身份的内在含义进行准确理解、翻译是相当困难的。1977~1981年中国小说的政治色彩仍然相当浓厚，作家们正在书写"文革"的影响和对"改革开放"的认同与期待；而我作为刚到中国学习当代文学的外国学生，确实很难进入深层文本中。例如，蒋子龙的《乔厂长上任记》展现了"改革"的困难和复杂，它给一个年轻的外国学生带来的初步认知是中国的当代小说代表了整个中国社会发展的现实，所以我决心要把当时有代表性的短篇小说译介到意大利去。2017年罗马Aracne出版社出版的 Antologia di racconti postmaoisti, 1977-1981，就是我在1984年就已经完成的小说选译及评论合集。

马婧：那么您对自己翻译的小说怎么评价？我注意到您主要的译介和研究对象是1980年代的中国短篇小说，您对此后以及当下的中国小说有所关注吗？

朱西：中国当代文学语言的变化最早是从朦胧诗开始的，而小说语言的变化是从1970年代后期才开始的。中国小说最吸引我的部分在于，每一部作品都在介绍中国社会的某一部分，作家对社会现实的描述是全面、立体的，例如，农村、工厂、学校和青年等，这些内容都是中国作家对社会现实的具体反映，而此前的小说很难让我们了解中国社会的方方面面。比如说，《班主任》中人们的穿着、职业和家庭的生活状况；《乔厂长上任记》中所描述的普通中国人的工作和娱乐生活；《在小河那边》所叙述的热带风光和小商品贸易的细节；《春之声》对火车上乘客如何占座以及在每一个站点的售货车上购买什么食物等细节的描写；等等。这些内容都是对在不同地域、不同生活状态下的中国人民生活的再现。

马婧：您说的这种小说内容的表现风格是不是有点像《清明上河图》中所描绘的百姓日常生活图景？

朱西：确实，在我看来，中国当代作家就是在共同描绘了一幅内容相当丰富的画作，可以说，是对当代中国人生活面貌的百科全书式的书写。尽管中国作家的本意可能并不在这些细节描写上，但是这些生动的描述对于西方读者来说非常具有吸引力。令我感动的是，中国人即使在最困难的历史时期，也能用独特的幽默和智慧来缓解复杂的政治与生活带来的压力。1980年代中期以后，中国文学受到西方哲学、文学的影响很大。首先是小说内容、结构和技巧越来越多元、复杂。其次，格非、余华、陈村与残雪等的小说语言都有很明显的受翻译语言影响的痕迹。这两个因素都进一步增加了翻译难度。众所周知，1980年代中期之后，中国小说语言、结构、内容上的复杂性和多义性，都与外部影响有直接关系，但问题在于，为什么恰恰是1980年代中后期及以后才发生这样的巨变？我的理解是，要描写改革开放十年来引发的中国社会巨变，作家就需要用与之相匹配的多义性语言、多元性结构，因为只有如此，才能表达社会转型期中国人的复杂感情。1990年代的商业化浪潮给中国文学带来了机遇，很多中国作家开始与商业结合，比如王朔、苏童等作家，他们的作品有很多都经改编拍摄成影视作品。关于作家以及文学的商业化问题，一般来说学术界多持有负面评价，但我觉得不应该对文学的商业化做过多的单一性批判，因为与商业结合成功的范例也有很多。以苏童小说《妻妾成群》的影视商业化改编为例，电影《大红灯笼高高挂》将中国人的传统生活以影视方式艺术化地再现于观众面前，西方观众在观影中可以捕捉到那些正在弥散中的传统生活及价值观念的剪影，我认为这是从另一侧面了解古老中国的渠道。中国作家都想更深刻地书写自己的文化，方式也多种多样，从这个意义上说，苏童小说实际上是"寻根文学"的一个变体。近20年来的中国小说尤其幻想文学（科幻小说）在意大利青年读者中很受欢迎，如刘慈欣的小说《三体》。我想说的是，不论作家写什么，其实都是在写自己的时代，那么为什么这些中国作家选择了科幻文学来表现自己的时代呢？这就表明日益复杂的当代问题，可能更需要作家站在一个与当代拉开很远距离的时空去理解。

马婧：在您所翻译的中国当代短篇小说中，您最喜欢哪一篇？能谈谈您对中国当代小说的总体评价吗？

朱西：我最感兴趣的还是具有幽默意味的乡土小说，尤其是高晓声的《陈奂生上城》。当代中国作家数量庞大，风格都有很多样化，这是我很羡慕的一点。西方人对中国人一直有一种陌生感，完全不知道"中国人怎么想"。例如，1980年代，我在中国学习的时候就发现了一个特别有意思的现象。那时我跟中国学生住在一起，白天的时候大家穿着都很单调，但是在宿舍脱掉外套的时候,就会看到多样化风格的毛衣,不论花色还是款式。这就说明中国人其实是很自然地、内在地寻求个体独特性的,就像中国当代作家一样,每一位作家都是相当独特的。中国非常大,存在的问题也很复杂,为了进一步了解中国和中国人的想法,我认为西方读者应该多看中国作家的作品。另外,对中国文学的研究也需要更为全面的视野。

马婧:莫言在获得诺贝尔文学奖之后,越来越多的西方读者想要了解莫言作品。在意大利有莫言文学作品的意语译本吗?也请您谈谈对莫言作品的评价。

朱西:莫言的小说给我的第一感觉就是篇幅特别长。《丰乳肥臀》在2002年的时候就已经有了意语译本,我阅读的这个译本就是由 Maria Rita Masci 女士翻译、都灵 Einaudi 出版社出版的。《红高粱》《生死疲劳》《酒国》《天堂蒜薹之歌》《蛙》《檀香刑》等大部分长篇小说都已经有意语译本,在莫言 2012 年获得诺贝尔文学奖之前就已经出版了。这就说明在获得诺贝尔文学奖之前,莫言就已经得到了意大利翻译家、文学评论家和读者的认可。我认为,莫言的小说有三大特点:第一是他回到了中国文化最典型的一个来源地——乡村;第二是他的小说世界经常出现超现实的元素;第三是细致的暴力描写,尤其是对人的身体的暴力描写。一方面是因为莫言和中国文化的联系非常密切,这三个特点都内在于中国文化之中,所以莫言作为一个当代作家,仍然内在于传统之中;另一方面是因为1990年代以后中国飞速的城市化发展带来了前所未有的社会变迁,作家无法再以传统的现实主义手法来把握复杂社会现实和表达自己的思考,只能借助超现实的、怪诞的、离奇的元素来展示错综缭乱的多重现象。此外,在这样一个技术、知识疾速扩张的时代,新的暴力总是层出不穷的,暴力书写是必要的,也是有效的。在我看来,暴力情景对读者有很大影响,在震撼(shock)读者的同时,可能会使读者在阅读中停顿与思考、反思和觉悟。这个过程对于读者来说也是有效的。总之,莫言就是一个从传统中走来,又面向当代的后现代主义作家,他的写作不是单纯地回归到中国传统中去。

马婧:据我所知,除了对中国短篇小说的翻译和研究之外,您对中国当代朦胧诗尤其是芒克、多多和根子的诗作也有译介和研究,还翻译了中国现代新诗如戴望舒的很多作品。正是借助您的译作,意大利读者才有机会真正了解中国当代诗歌。我注意到您是在 1980 年代中期之后将翻译、研究的主要对象从短篇小说转向中国新诗的，您能谈谈这一转向的原因或契机吗？

朱西：在当时的意大利，对中国新诗感兴趣的学者和读者并不多。1988 年，芒克受邀赴米兰参加国际诗歌节。我那时正好住在米兰，负责组织国际诗歌节的朋友请我帮忙翻译芒克的几首诗歌，以便在晚上聚会中诵读。在米兰的家中，他们待了一整个下午，具体的情景是这样的：在一个房间中，芒克与大家饮酒畅谈；而我在隔壁的房间匆匆翻译芒克的这几首诗歌。那天晚上的朗诵会非常成功，在场观众的掌声热烈而持久。在阅读和翻译芒克诗歌的过程中，我感觉由汉字组成的中国诗行，就像一幕幕由电影剪辑的画片，逐渐吸引着我走入其中，并融合在诗人创造的画面里。尤其是芒克的诗中有很多矛盾而激烈的情感，这一点对我影响很大。我在荷兰生活和工作的十多年中，多多也正好居住在荷兰，我的工作和毗邻的地域使我们成了朋友。多多认为最美的诗歌应该像男高音歌唱家的旋律，但是诗人要沉醉于男高音歌唱的状态和气息的节奏下而不发出声音，这就使诗歌具有了自己的呼吸和节奏。按照我的理解，这就是诗歌的自然性，所以我以 Canto（歌声）作为多多诗歌意语译本选集的名字。多多的诗歌非常具有哲思，常常将"逻辑的转换"与物理、哲学与宗教的时间概念联系在一起。其实，在中国有很多学者已经注意到了波德莱尔对多多的影响，但是基本上没有人注意到多多是从何处得波德莱尔的诗歌风格的。我的观点是，多多正是在阅读了女诗人陈敬容在 1950 年代翻译、介绍波德莱尔的诗歌九首后，才真正进入波德莱尔的诗歌世界的。《再会》是多多创作的第一首诗歌，它在很大程度上是受到这一影响后而产生的。

马婧：中国现代诗从 20 世纪初开始就已经受到波德莱尔诗歌的影响，但是您强调多多是通过陈敬容的译作才走向波德莱尔的，那么是否可以理解为，您认为中国现代新诗和当代朦胧诗对波德莱尔诗作的理解并不一致？

朱西：波德莱尔诗歌是影响中国新诗的重要传统因素之一。最早借鉴波德莱尔诗歌的中国诗人是周作人，他创作了《小河》；之后的李金发等象征主义诗人都将波德莱尔诗歌视作现代诗的艺术典范。追溯波德莱尔对中国当代诗歌的影响问题，不能忽视陈敬容于 1957 年发表在《译文》7 月号上的波德莱尔诗作《恶之花》九首选译，以及同期刊发的陈敬容译自法国评论家阿拉贡和苏联评论家列维克的两篇评论文章。她对于波德莱尔

《恶之花》的选译，使多多在1970年代的早期朦胧诗创作中受到影响。如果对他们的诗歌词汇、意象的处理方式进行交叉分析，就会发现波德莱尔、陈敬容和多多三人诗作的共同点：在感叹词和"梦、烟、血、光线、心灵、灵魂、颤抖、犯罪、死亡、坟墓"等意象的使用上，以及诗句的结构上，三位诗人都在进行穿越时空的对话。对于多多来说，一方面，波德莱尔的诗使他重新认识了"语言"，从而摆脱了单调词汇的束缚；另一方面，多多又是通过陈敬容的译作来理解波德莱尔的诗，诗中对生活艰辛、苦涩、迷惘的生动描写，帮助多多从中找到了恰当的词语来表达一个青年人在复杂时期的经验和情绪，使多多的诗歌能通过语言揭开人性外表的面纱，让人们重新认识人、个人。在西方现代诗歌对1980年代中国新诗的影响研究方面，目前学界对叶芝、庞德、博尔赫斯、拉巴斯、埃利蒂斯、桑戈尔、艾略特、瓦列里、布列塔尼、阿拉贡、梅洛、沃尔科特、拉金、荷尔德林等人诗作对中国新诗的影响研究，还有拓宽出新的方向的可能。如果将朦胧诗中的"朦胧"作为一种美学风格来溯源的话，那么最早在诗歌批评中使用这个词的是周作人，他为刘半农诗集《扬鞭集》所作的序言之中用到这个词；而如果作为一种创作方法来在诗歌知识谱系的发展变化中溯源的话，我认为或许与陈敬容在1957年译介的波德莱尔诗作《朦胧的黎明》有直接关系。

  马婧：关于中国当代朦胧诗的美学追求和知识谱系，您一直都在强调西方现代诗歌对中国新诗的影响。您认为朦胧诗中是否具有来自中国本土诗歌的传统元素呢？

  朱西：我认为中国当代朦胧诗具有与中国唐代诗人孟浩然的诗作相似的浪漫特质。美国学者J. W. 米勒在其专著《英国浪漫主义和中国的自然诗》中，比较过英国浪漫诗人华兹华斯、柯尔律治的抒情诗和孟浩然的自然诗，并认为不论在诗意的想象力上，还是在语言的自然性上，他们都有相似的浪漫气质；孟浩然诗作所具有的深层隐喻含义使他成了浪漫主义的悲剧英雄，而在西方诗学传统中，浪漫主义都表达了一种改变的意愿。食指、多多、芒克、根子等，在1960年代中期创作的诗歌中就已经显现与这浪漫主义极为相近的元素："我"的主体性重构、变动的时间观念和日常话语的复活等，这不仅是诗歌语言和思想革新的冲动，而且从精神层面上变现为强烈的浪漫主义风格。具体说，朦胧诗表达了如同华兹华斯所说的从"人工语言"到"人类真正语言"的一致性诉求，即在诗歌语言上无限靠近人们的日常语言，试图摆脱政治话语对语言自发性、破坏性的限制，并以语言的革新方式达到对个体意识、真实感情的重新发现和表现。然而朦胧诗显然并不认同华兹华斯关于诗歌"感情的自然流露"这一观念，它表达的感情是"强大"的，与中国古代田园诗歌一样对语言保有强烈控制意识的力量。因此，食指、根子、多多、芒克等诗作中的浪漫精神，不仅与英国浪漫主义诗歌具有某种相通性，也具有其"中国特色"——特定时代的一代青年，再现和复活一代青年的日常语言——这就自然地代表着一种新的精神追求。之后，这种新的诗歌表现方式竟影响了当代中国文化，这一点可能也超过了诗人本身预期的效果。

马婧：根据您的研究和域外背景，您认为中国当代文学的独特性在哪里？

朱西：一个方面是，中国当代文学最为打动我的部分就是中国作家对社会的责任感和使命感，虽然世界文学作家都普遍有这样的责任感，但是在中国作家身上这一点表现得特别突出。另一个方面是，我在阅读中国当代文学作品的时候经常有陌生感，它不仅与西方读者对中国历史和现实中难以把握、描述的内容有关，而且也与西方读者对中国作家所描述的中国人的价值观念、生活方式和风俗习惯等难以理解有关。也许这种陌生感可以解释，除了那些已经获得重要国际奖项的中国作家能引起西方关注外，为什么中国当代作家及作品在总体上难以获得西方读者的普遍关注。

马婧：通过获得重要国际文学奖项引发西方大众的关注，这一点并不只体现在中国当代作家作品上，中国电影也是如此。21世纪以来，1980年代主流文学的"黄金时代"在中国已不复存在，尤其近十年来，铺天盖地的新媒体使新兴的网络文学迅速商品化，根据网文"大 IP"改编的影视作品非常热门，但是主流文学作品的商业化、影视化无论在篇目的数量上，还是在观众点击播放率上，其热度都一时难以与网文"大 IP"改编剧作相抗衡，甚至我在意大利旅居期间也发现，不少大学生观看的也是由中国网络文学作品改编的影视剧，如《甄嬛传》《三生三世十里桃花》等。关于您之前谈及的文学作品商业化问题，您能不能介绍一下意大利作家在这一方面是如何运作的？

朱西：我之前没有特别关注过中国的网络文学以及由此改编的影视剧，你说的这两部剧我一定要去观看一下，以后有机会我们可以就这个问题再来谈。最近几十年来，意大利很多知名作家开设写作培训机构，传授文学爱好者写作技巧。可以说，在教育水平和消费水平已经获得普遍提升的全球化时代，意大利文学作品已经转化为确切的在生产和销售的商品。例如，意大利著名作家埃莱娜·费兰特（Elena Ferrante），他/她的身份/性别成谜，但作品销量很大，翻译语种众多，其中也包括汉语译本。还有侦探小说，它们往往是一个系列的故事，并经改编拍摄成影视作品，这一类型的文学产品已经形成了一个完整的商业链。意大利当代最著名的侦探小说家安德烈亚·卡米莱里（Andrea Camilleri）塑造的西西里岛的"蒙塔巴诺探长"系列小说及衍生影视剧作都可堪称精品。可以说，文学作品商业化已经是当下意大利文学的主流趋势。在这个方面，我认为中国当代作家的多样性非常丰富，每个重要作家都有自己独特的风格，所以我认为很难去定义当下中国文学的主流究竟是什么，因为多样性远比主流更重要。

马婧："蒙塔巴诺探长"确实是西西里岛的一个文化标签，我看到电视台每周都在播放这个系列的剧集，而且实景拍摄地点也在西西里岛。我在读中学的时候就观看过一部著名的意大利电影《西西里岛的美丽传说》，这部电影在我大学时期的电影专题鉴赏课程中是以一种经典而存在的。事实上，这部电影在中国电影和文化研究领域也不断引发关于女性境遇的讨论，它所表达的国家、民族、战争和女性等多重因素的纠葛，也是当代中国文学所书写的主题之一，如莫言的小说《丰乳肥臀》《蛙》等。据我所知，您是一个女权主义者，早年间还办过妇女刊物，这一经历是否对您之后的学术研究道路有所影响呢？

朱西：从个人经验来说，我是一个积极的女权主义者。1970年代，我就投身于意大利女权主义运动，当时与一些志同道合的女性朋友共同编辑、出版过女权主义杂志 *ZCollettivo 8 Marzo*（《"三八"集体》），也正是在办刊过程中，我们阅读了大量女权主义理论和相关书籍。尽管每期杂志只由几页组成，但我们仍坚持在社区广场免费发放给大家，他们似乎并不理解我们在做什么，而且很多人反感我们的作为，让我们快点回家。当时，我们都是十七八岁的高中生，怀揣着澎湃的激情想改变意大利女性的生存处境。我的父亲出生在西西里岛的巴勒莫，母亲来自意大利南部地区普利亚的一个小村庄，我就成长在西西里岛的海风蓝天下。每当夏天来临，我们全家就回到母亲的家乡去度假，所以我自幼和罗莎姨妈——母亲的妹妹之一，一起度过了相当美好的时光。罗莎姨妈是一个社会主义者，她一生没有结婚；在她的介绍下，我认识了很多在当时被主流社会看作

"另类"的叛逆作家和歌手。等上了高中后,政治思想进入了我的视野,罗莎姨妈的社会主义思想也进一步影响了我。在1970年代,女权主义的政治辩论在意大利变得非常激烈,所以我和六七个女性伙伴有了创办女权主义杂志的想法,并且定期组织会议讨论女性问题。当时,意大利女权主义运动是从个人情况出发,然后转向社会领域的。因此,我们讨论的话题都集中在自己与家人的关系上,包括个人与父母、兄姊;后来我们的话题扩展到对自身与异性、爱情与友谊等亲密关系的讨论中。我们非常关注自己的身体以及避孕、婚前性关系、堕胎等现象。总体上说,这是我人生中一次非常重要的经历,因为我们在讨论和办刊过程中学会了如何克服自己的羞怯,分享我们的观点,发现我们中的每一个人的具体感受。

马婧:20世纪60~70年代是西方女权主义第二次浪潮时期,西方女权主义全面转向对社会性别建构论以及对性别权力结构化的分析和批判,并在制度内争取女性权利。这时期"个人的即是政治的"性别政治观念进一步体现在对女性身体、性、避孕和堕胎等问题的全面审视上。您是否可以具体谈谈女权主义第二次浪潮给意大利社会和人们日常生活带来的实际影响?

朱西:意大利女权主义浪潮给我们的日常生活带来了巨大影响。意大利一直是一个非常保守的天主教国家,直到1970年,意大利离婚法案才正式通过,而且是通过民主投票来实现的,这是1960~1970年代意大利女权主义运动的重要成果之一。我认为,那时可能是意大利最为开放的时代,我就在这个时代中成长。甚至可以说,我此后每个阶段的人生选择,都是与西方女权主义运动的影响有关。我认同男女性别的差异,不仅存在于生理性别上,而且还存在于后天的社会因素上,后者造成了两性更为重大的差异,比如说家庭环境、教育背景、社会文化、个体生活期待等,都是重要的影响因素。现在因为持续的金融危机,意大利人的生活和工作都很艰难,伴随这一问题的是,社会对女性的选择性暴力也开始回升。当新闻媒体和民众在谈论女性受害者的时候,也往往显示普遍的歧视态度和男权思想。在我看来,这并不是简单的男权主义的问题,也是经济危机带来的问题。意大利女性经历过1970年代的自觉的女权主义运动,但是意大利男性却没有经历过自我觉醒和自我更新的过程,所以他们在面对危机(失业与社会地位下降)持续加重的生存焦虑时,会本能地通过对女性的传统暴力来弥补身份焦虑所导致的心理创伤。

马婧：您的文学研究与性别身份有关吗？您又怎么理解女性、女权主义与文学之间的关系？我知道您翻译过张洁的部分短篇小说，您对其他中国女作家是否也有关注？

朱西：除了陈敬容，我还做过一些关于残雪、陆敏、李益云、安琪等女作家诗作的研究，也翻译过张洁的部分短篇小说，并在1989年由米兰Feltrinelli出版社结集出版。在意大利，张洁短篇小说的译本受到了学界和普通读者的欢迎，她还在1989年获得意大利的"玛拉帕尔帝"（Malaparte）国际文学奖。总体上讲，我觉得女作家更倾向于描写女性的感情，对女作家来说，描写感情是她们了解社会、世界的工具。中国女作家和西方女作家在这一点上是相通的，但还需要考虑中西文学背景的差异来理解这一点。例如，卫慧《上海宝贝》中的女主人公就是用极端的方式寻找自己的感情。我近期正在关注一些"打工诗人"的作品，例如，郑小琼的诗歌，它们能让读者真正"进入"工厂。我的理解是，由于郑小琼自己当过生产线上的工人，她熟知工厂生产的流程和操作，所以她会描写各种器械运作的声音，读者能从她的诗作中听到机器的轰鸣噪声和工人的真实工作环境。她的作品还书写了工作中可能发生的严重事故及工人的生活质量欠缺必要保障的情况，以及女工可能不得不面对的性骚扰和"潜规则"等情况。如果说郑小琼的诗歌风格是她的中国背景所特有的，但在全球化时代，她的打工主题对以廉价制造业为主要支柱的所有国家的所有读者来说都是普遍存在的。所以在这一点上，我觉得研究工作其实意味着对人的关心和奉献。

我虽然是女性学者，但我的研究并不一定要特别针对女诗人或女作家，而是更关注研究对象具有的特定背景和时代。尽管当代中国诗歌和小说有相当多的与性别身份有关的特殊性，但我相信自己的理论储备和对中国女性的理解程度还没有足够到去讨论这些问题，所以这个话题对于我来说还有待时机，目前还不成熟，也不确定。对我本人来说，我不是很喜欢主动或被动地贴"标签"，如果必须有一个的话，"女权主义者"大概是我能为自己想到的唯一标签。我认为，仅仅因为自己是一个女人，我就自然会成为一个女权主义者，从而质疑自己在所生活的世界中作为一个女人意味着什么。但除此之外，对我来说更重要的是作为人的人类本身。科技和信息技术改变了我们过去使用的东西，使我们正在经历一个过渡时期。那么，在这个数码化的过渡时期，人类的感受是什么？未来最终会走向哪里? 以多种形式存在的文学生产,可以为今天的人们表达对过渡时期的看法和感受。当下,越来越多的女性选择通过社会教育获得学历和技能,以便在公共领域中实现价值,所以当你听到一位年轻女士呼吁大家要更加关注世界气候变化也就不足为奇了。在这个意义上,文学研究也很重要,它为我们更好地理解我们周遭世界以及各种观点提供了视野和途径。作为一名女性,我觉得学术研究可能是世界上最浪漫也最富有魅力的工作之一,因为它需要孤独并且一直在为自己的大脑带来挑战。当这些挑战能够使我们变得更加丰富而具有同情心时,人类就或许能够在和平与和谐的氛围中共同生活,这也是学术研究的终极价值吧。

马婧:作为一名域外汉学家,在世界文学的视域下,您对近一百年来中国文学的发展有什么评价? 怎么看待中国当代文学的学术研究现状?

朱西:我从1990年代就开始受邀参加很多中国文学研讨会,而且这些会议都非常有意思,会议名称和议题都集中在各种所谓的"新"之上。起初,我对这个问题很不解,这个"新"究竟代表什么? "旧"又是什么? 中国学者究竟怎么划分"新"和"旧"? 这对我来说一直是一个很大的困惑,毕竟你需要一个合适的定义和标准来说明"新"与"旧"。后来,我发现利奥·斯皮策(Leo Spitzer,1887~1960)的文体批评理论[①]可能是一个更为有效的方法。比如,在20世纪初,胡适、茅盾、郁达夫、鲁迅等作家的小说,他们各自的特点和彼此的区别都相当清楚,尤其是语言风格上的差异非常明显。与文言文相比,他们的语言是"新"的,但是胡适、鲁迅、茅盾的小说语言又有着中国古典诗歌的"旧"的节奏感和图像感。我们难以在鲁迅的《狂人日记》开篇中找到主语,茅盾的《创造》对空间布景的描写也相当有镜头感。他们的语言都是"动着的"的语言。对比之下,郁达夫的语言风格就有某种"巴洛克风格",其内在的情感相当充沛又剧烈的冲撞。可见,"新"就在于作家如何加工语言和情感。在这个视角下观照从"延安文学"到1970年代中期的所谓"工农兵文学"时,就会发现,从表面上看,这些作品的语言似乎单调乏味,但是每个作家作品之间语言又有很大的不同。我认为,尽管"工农兵文学"所用的语言是为了便于工农兵理解,但也并不是完全不表达作家自己的情感,这就

---

① 〔意〕朱西:《利奥·斯皮策的文体批评》,《汉语言文学研究》2013年第1期,第110~119页。

需要从文体上去认真辨析。

当代人对同代作品进行评论的时候有一个很大的问题,就是时间距离太近,没有距离感反而更难实施全面的评论。中国学者习惯去裁决(judge)"新"与"旧"的价值,而我是从另一个角度去看文学的。当代人是无法对当代的作品进行最终裁判的,所谓"好"与"坏"、"新"与"旧",并不是可以一一对应的价值标准。当一个作家按照自己对世界的理解来书写和创作时,作品都有属于他/她的内在逻辑和情感。作家之于语言,就像画家之于画笔一样,都是独一无二的。作为评论家,我的方式是发掘作家在作品中表达的方式及特征,他/她的词语、句法、意象选择、想象力等是否能与之表达的内容、思想相配合,从而形成了属于他/她的独特风格。

作为女性学者,朱西在个人经验上是一个完全的女权主义者,但是她的学术路径与性别研究以及性别政治并无绝对关联。成长于西方第二次女权主义浪潮的氛围中,同时又身处相对保守的意大利,她的生活风格和人生选择确实是相当女权式的。事实上,朱西的学术思想更多受到人道主义和社会主义的影响,例如,在对郑小琼诗歌的研究和译介中,朱西所偏向的讨论都集中在女工处境、底层身份与工厂生产等方面,这一点也明确反映在她对于意大利女性当下境况的认知上——经济危机首先造成了生存焦虑和竞争危机。总体来说,朱西的中国文学研究主要集中在1980年代的短篇小说和诗歌方面。在与芒克及其诗歌的偶然接触之后,她对于朦胧诗的兴趣逐渐生发,此后对多多和根子作品的译介和研究,引导她走向对陈敬容译介波德莱尔诗歌的研究工作,从而发现朦胧诗的知识谱系和美学追求。相比"只缘身在此山中"的中国学者,朱西的西方学术背景和域外视野更可能敏感地辨识出中国现当代文学对中国古代文学传统的某些变体式承继。同几乎所有的海外汉学家一样,朱西对于中国当代小说的译介和研究,都源于对陌生的东方古国的浓厚兴趣。二战后中国政治格局的剧烈变动和无产阶级政治体制的确立,中国人的现实生活状况和社会发展图景进一步吸引了西方知识分子关注。新文学肇始以来,现实主义文学一直被确认为反映真实人生、观察社会的一面镜子,是百年中国小说的主流。正如此,朱西所认为的中国当代小说家通过多样化书写共同织就了一幅中国社会的立体式全景画卷,就是指其表现内容的生动性、独特性和立体性,以及中国文学对西方读者的强烈吸引力。此外，与很多通过中国当代小说以及影视作品所反映的内容来研究中国当代政治变迁对于中国人命运尤其是知识分子精神状况影响的域外汉学家相比，朱西更偏向于发现诸如工人、农民、售货员等普通人如何运用独特的幽默和智慧来缓解非常的政治历史时期窘迫的经济生活带来的生存焦虑。就像朱西把研究者与研究对象之间关系的确认定义为一项"不可能完成的任务"那样，她的这种充满温情的人道主义价值观也与她所认可的学术研究意义"对人的关心和奉献"相一致。

约稿函

《中国女性文化》（*Chinese Women's Culture Studies*）（或《女性文学与文化研究》）（*Women's Literature and Culture Studies*）是由首都师范大学文学院、首都师范大学中国女性文化研究中心主办的学术集刊，半年刊，由社会科学文献出版社出版。

作为纯学术集刊，本刊致力于推动性别文化研究，着力搭建海内外女性文学文化研究和实践经验的交流平台。本刊设有理论批评、文学专题研究、文化研究、媒介传播、新作书评、作家访谈与创作谈等栏目，欢迎海内外同人不吝赐稿。

来稿须知。

1. 本刊选稿标准坚持学术性和规范性，坚持原创首发，不刊登国内外已经公开发表的文章（译文除外），来稿请勿一稿多投。

2. 《中国女性文化》所刊文章文责自负，编辑部有权对文章进行删改；如作者不同意删改，请在文末注明。

3. 译稿须附原文及原作者的授权证明，由投稿人自行解决版权问题。

4. 本刊实行编辑部初审与专家评审制度，审稿期限为三个月，如三个月后未收到用稿通知，可自行处理。

5. 本刊已加入 CNKI"中国期刊网"。作者著作权使用费与本刊稿酬一次性给付。如作者不同意将文章编入该数据库，请在来稿时声明。

6. 本刊稿酬从优，来稿发表后即付稿酬，并赠送当期刊物 1~2 本。

7. 所有稿件请采用 Word 文档，以 10000~15000 字为宜（不包括参考文献与注释）。来稿须包含以下信息：（1）文章中英文标题；（2）作者简介；（3）中英文摘要；（4）关键词。具体来稿体例请参考附录一。

8. 投稿邮箱：cnuzgnx@163.com（来稿邮件主题：投稿 – 作者姓名 +

论文题目）

编辑部地址：北京市海淀区西三环北路 83 号首都师范大学文学院《中国女性文化》编辑部

《中国女性文化》编辑部

附录：栏目设置与投稿体例

一　栏目设置

本刊实行 Email 投稿，来稿请注明所投栏目，具体如下。

（一）理论探索与批评栏目

该栏目以性别理论探索与女性主义文学批评为主题，包括对西方学界与华语学界女性主义文学批评的评述、对女性主义理论与性别理论既有成果的梳理、对性别研究领域内重要理论问题的前沿探索、在性别研究问题意识下的经典理论重释与概念重构，等等。

（二）文学专题研究栏目

该栏目涵盖女性文学与文化问题在古今中外文学领域的一切研究，包括女性文学研究、文学文本中的性别议题研究、性别理论视域下的作家身份与意识研究、性别研究视阈下对文学经典的重读，等等。

（三）文化专题研究栏目

该栏目关注的主要议题有：古今中外各种与女性、性别相关的文化及传播现象的研究；对于各种媒介载体上的两性形象呈现与性别话语表述的研究；文化与媒介研究中的性别观念变革、女性主义历史钩沉与理论建树；性别视阈下的文化产业生态、大众文化案例、青年亚文化动态的研究。

（四）综合栏目

该栏目具有一定的机动性和灵活性，它既可以刊发在前述栏目涵盖范围之外的相关稿件，也可以设置为临时性的专题。除学术论文之外，该栏目还包括海内外与女性/性别文化有关的书评、译介、对话、访谈、创作谈、人物评传等。

二 投稿体例要求

（一）稿件中文标题

标题之间用冒号或破折号相隔，不宜超过20字；

若论文为课题阶段性成果，在标题上以星号标示，以页下注的形式说明：本文系XX项目"XXX"（项目编号XXXX）的阶段性成果。

（二）作者姓名和简介

作者简介在作者姓名后以星号标示，采用页下注的形式，注明作者的姓名、任职机构、职称、研究方向等。

（三）中文摘要和关键词

摘要（篇幅200～300字，摘要质量直接影响论文的被引用率，请作者高度重视）。

关键词3～5个，之间用空格隔开，末尾无标点符号。

（四）以下条目请对照中文附于文末：

1. 英文标题
2. 英文作者姓名
3. 英文摘要
4. 英文关键词

（五）注释

1. 针对文章内容的注释，应统一使用页下注；当页连续编码，格式为①②③……

2. 引用马克思主义经典作家的著作,请尽量采用人民出版社最新版本。

3. 如出自同一著作的引文的注释有数条,则于第一次注释注明该著出版信息后,后文出自同一著作的引文的注释可从简:作者,书名,页码。

(六) 注释示例

1. 专著

(1) 中文

刘少奇:《论共产党员的修养》,人民出版社,1962,第76页。

〔英〕弗里德里希·冯·哈耶克:《经济、科学与政治——哈耶克思想精粹》,冯克利译,江苏人民出版社,2000,第28页。

(2) 外语

Michael Pollan, *The Omnivore's Dilemma: A Natural History of Four Meals* (New York: Penguin, 2006), pp. 99 – 100.

Geoffrey C. Ward and Ken Burns, *The War: An Intimate History*, 1941 – 1946 (New York: Knopf, 2007), p. 62.

JoyceHeatherton, James Fitzgilroy, and Jackson Hsu, *Meteors and Mudslides: A Trip through*…

Dana Barnes et al., *Plastics: Essays on American Corporate Ascendance in the 1960s*…

2. 文集

(1) 中文

〔荷〕杜威·佛克马:《走向新世界主义》,载王宁、薛晓源编《全球化与后殖民批评》,中央编译出版社,1999,第247~266页。

范文澜:《论中国封建社会长期延续的原因》,《范文澜历史论文选集》,中国社会科学出版社,1979,第41页。

李鹏程:《当代文化哲学沉思·序言》,人民出版社,1994,第2页。

(2) 外文

John D. Kelly, "Seeing Red: Mao Fetishism, Pax Americana, and the Moral Economy of War," in *Anthropology and Global Counterinsurgency*, e-

d. John D. Kelly et al. （Chicago：University of Chicago Press，2010），p. 77.

3. 杂志/集刊

（1）中文

何龄修：《读顾城〈南明史〉》，《中国史研究》1998 年第 3 期，第×页。

邓子立、王翠文：《冷战后中国何以参与非洲维和行动》，《国际政治科学》2012 年第 2 期，第×页。

（2）外文

Joshua I. Weinstein, "The Market in Plato's Republic," *Classical Philology* 104 (2009): 440.

4. 报纸文章

鲁佛民：《对边区司法工作的几点意见》，《解放日报》1941 年 11 月 6 日，第 3 版。

5. 会议文献

马勇：《王爷纷争：观察义和团战争起源的一个视角》，"政治与精英与近代中国"国际学术研讨会会议论文，杭州，2012，第 9 页。

6. 学位论文

陈默：《抗战时期国军的战区——集团军体系研究》，博士学位论文，北京大学历史学系，2012，第 134 页。

7. 档案文献

雷经天：《关于边区司法工作检查情形》（1943 年 9 月 3 日），陕西省档案馆藏陕甘宁边区高等法院档案，档案号：16/149。

8. 辞书类

（1）中文

《辞海》，上海辞书出版社，1979，第 962 页。

（2）外文

Encyclopaedia Britannica, "Psychology of culture contact," Vol. 1, 13th ed., Encyclopaedia Britannica, London and New York, NY, 1926, pp. 766–771.

9. 电子资源

（1）中文

邱魏：《吴兴钱氏家族研究》，博士学位论文，浙江大学，2006。据中国优秀博硕士学位论文全文数据：http://ckrd.cnki.net/grid20/Navigator. aspxID = 2。

王魏:《夏鼐先生与中国考古学》,《考古》2010 年第 2 期, http://mall. cnki. net/magazine/Article/KAGU201002007. htm, 最后访问日期:2012 年 6 月 3 日。

周纪纶:《生态学研究方法》, http://www. chinabaike. com/article. html, 最后访问日期:2008 年 3 月 29 日。

(2) 外文

Philip B. Kurland and Ralph Lerner, eds., *The Founders' Constitution* (Chicago: University of Chicago Press, 1987), accessed February 28, 2010, http://press - pubs. uchiago. edu/founders/.

Jane Austin, *Pride and Prejudice* (New York: Penguin Classics, 2007), Kindle edition.

10. 古籍文献

《荀子·性恶》。

(清) 沈家本:《沈寄簃先生遗书》甲编卷 43。

图书在版编目(CIP)数据

中国女性文化. 2020年第1辑. 总第22辑 / 艾尤主编. -- 北京：社会科学文献出版社，2020.6
ISBN 978-7-5201-6805-2

Ⅰ.①中… Ⅱ.①艾… Ⅲ.①女性-文化-中国-文集 Ⅳ.①D669.68-53

中国版本图书馆CIP数据核字(2020)第108071号

中国女性文化（2020年第1辑·总第22辑）

主　　编 / 艾　尤

出 版 人 / 谢寿光
责任编辑 / 吴　超

出　　版 / 社会科学文献出版社·人文分社（010）59367215
　　　　　　地址：北京市北三环中路甲29号院华龙大厦　邮编：100029
　　　　　　网址：www.ssap.com.cn

发　　行 / 市场营销中心（010）59367081　59367083
印　　装 / 三河市尚艺印装有限公司

规　　格 / 开　本：787mm×1092mm　1/16
　　　　　　印　张：18　字　数：293千字

版　　次 / 2020年6月第1版　2020年6月第1次印刷
书　　号 / ISBN 978-7-5201-6805-2
定　　价 / 99.00元

本书如有印装质量问题，请与读者服务中心（010-59367028）联系

▲ 版权所有 翻印必究